中公文庫

日本の民俗学

柳田國男

中央公論新社

目次

日本の民俗学

I

日本の民俗学

郷土研究ということ

偶然なる起原

郷土研究という語が、何か専門の一つの学科の如く世間から考えられるようになると、私たちは多少の責任を感ずる。本日の如き好機会に於て、一応日本に此の如き名称の起った事情を、申述べたいと思う所以である。

大正二年以前には、我国にはたしか斯ういう熟字は無かった。郷土文学又は郷土芸術という語は既に折々之を耳にしたが、それは単に農村現在の文芸、又は祖先から持伝えた技芸という位の意味で、弘く都市に発生する新文芸、乃至《ないし》は舶来流行の文芸に対立させた名目《みょうもく》に過ぎなかった。教育者の間には又郷土科という語も屢々行われたが、それは単に学校周囲の実地に就て、博物でも地理でも歴史でも、出来るだけ効果多く、教えてみようという方法の名であった。

ところが其年の春、我邦《わがくに》で最初にフォクロアの学問を唱えた故高木敏雄君が、我々少数の有志者を説いて、一の月刊雑誌を創立せしめたときに、この郷土研究という名称は始めて用いられたのである。其時の事情を記憶する者はもう二三人しか居ないが、何とかして世間に新らしい印象を与えるような題号をということで、我々が提案した沢山の候補者の中から、高木君は殊に此文字を選挙しようとしたので、つまりあの当時「郷土」という語の感じが、故郷・田舎《いなか》または地方などという語よりも、別に強い一種の観念を与えるように思われたからして之を採用したので、一方にはそれに附け加えられた研究という文字は、もうあの頃から相応に濫用せられ、少しでも注意を一つの問題に傾けると、それを研究といって人もわれも怪しまなかったのである。

高木氏は中々覇気《はき》のある学者で、或はわざと斯んな名を設けて、問題を起し又は世間の気を引いて見ようとしたのかも知れぬが、案外に反対の声は無くして、予期以上の共鳴者を得た。雑誌は決して繁昌と迄は行かなかったが、郷土研究という言葉ばかりは、一年もたたぬうちに普通語となり、最初はたしか群馬県かに、別に一つの郷土研究社というものが起り、且つ同名の著書を出版した。是が初めで次第に此名を用いた団体が各地に出来るようになった。東京では国学院大学の学生たちが折口教授を取囲んで月々開いて居た会も郷土研究会であった。此頃は更に府庁関係の人々が新たに大きな同名の会を作り、会員の数既に千人などと新聞は報じて居る。語音の響きの佳《よ》いことも恐らく一つの原因であろうが、それよりも主たる動機は、何か新らしい方法を以て、今後は地方の研究をしなければならぬという心持ちから出て居ると思う。

斯んな話は如何にも無益なる懐旧談のようであるが、自分が特に明瞭にして置きたいと思う目的は、なるほど雑誌などの標題としてこそ、盛んに我々は此語を流行させようとしたけれども、未だ曽て自分たちの携《たずさ》わって居る学問を、自ら此名称を以て呼んだことは無かったという点に在る。郷土研究は其文字が表示する如く、一つの専門の学問を区劃すべく、余りに広汎なる語であった。然るに拘らず世間の方では、或は我々のフォクロアが、訳すと郷土研究となるのだろう位に考えて居る人もあり、しかも一方には名は郷土研究と称して、到底我々の承認し得ない方法を以て、地方の前代を研究しようとする人もあるから困るのである。

我々はこのフォクロアの如く、資料採取の分野を出来るだけ小さく区劃し、個々の地方を単位とした考察方法、及びその沢山の比較を以て、或事実ある法則を明かにして行こうとする学問も、亦この郷土研究という汎《ひろ》い総称の中に包含させ得ると信じた故に、又私たちの学問、即ち民族固有の思想と信仰と感情、此等のものから生れて来る国の歴史の特殊性の研究ばかりで無く、尚他の方面の色々の学問にも、同じ態度と方法とを応用し得ると思った故に、更に又我々は便宜上、そういう学問の人たちとも手を繋《つな》いで進んで行けると考えて居た故に、郷土研究というが如き広い新らしい名称を、自分たちの雑誌の名に付けることを、必ずしも不当なりとは考えて居なかっただけである。

郷土研究の必要な国

諸君は既に幾度も考えて見られたことと思うが、世界のどの一国と比べて見ても日本くらい学問の地方的分業を必要とする国は無い。早い話が自分などとは縁の薄い動植物学の上から言っても、バナナ・甘蔗《かんしゃ》・甘藷《かんしょ》などの研究は琉球か台湾で、林檎・馬鈴薯・砂糖大根等の改良法は、北海道か奥羽かで試みられなければならぬ。同じ水産の実験でも、北と南とは丸っきり魚もちがい又其習性も別で、鱈や蟹は日本海の問題、鰹は太平洋岸の問題である。実験が精密になればなるほど、総括論の六つかしさが分って来る。しかも国が斯うして一つである以上は、同時に又常に比較と綜合との努力を怠ってはならぬのである。

ところが他の一方の社会科学の部面に於ては、昔から今日まで、如何に都市が衰え地方が隆盛であった時代にも、終始研究中心の偏重《かたおもり》、殊に中央に向っての学問上の屈従があった。西洋から持って来た経済の学問又法律論などに於ては、今や殆ど忍ぶべからざる中央集権がある。都会と其周囲の平地から遠く離れて行くにつれて、所謂学理と実地との間には段々に開きが大きくなり、書物の信者たちは屢々信ずべからざることを信じさせられて居る。多くの学問は暗記であり様式であり盲従であり、良心ある者には則ち苦悶であった。所謂劃一主義の打破は、到底小学校の読本《とくほん》を二通りにする位のことでは、何の役にも立たないのである。

農村生活の地方毎に単一で無いことは、斯ういう小さな一つの郡の中に居てもよく解るが、尚多くの府県をあるいて見て、例えば更級《さらしな》の田毎《たごと》の月、岡の頂上まで鎧畠《よろいばた》に切開いた人口の多い島や岬を見た揚句《あげく》に、更に例えば陸中閉伊《へい》川の渓谷の如く二十何里の間に三百とは家数の無い緑の山地をあるくと、同じ日本という国が、よくも斯う色々の外貌《がいぼう》を持って居るものだという感が深く、到底一冊の農業経済書を以て、人を平等に賢くする計画の、立てられぬということが考えられる。

地形学の上から考えて見ても、我邦は誠に珍らしい実例である。水内河内《みのちかわち》カッチなどと、全国共通の名称を以て呼ばるる処々の盆地は、其中流にたった一つの滝があると否とによって、林業の種類は丸でかわってしまわねばならぬ。況《いわん》や奥の深さ、山の向う地の状勢、谷の縦横等の相異によって、仮令土質や気温には是ぞという変化は無くとも、一般の土地利用方法、従って之を基礎とする村組織の上に、別々の影響を与えねばならなかった。一言で言うならば異なる歴史を成長せしめずには止まなかったのである。四本の指を斯う並べたような隣同士の谷でも、決して一方の状態を以て他を推すことは出来ぬのであった。然るにも拘らず、学問にまで過半数主義が入って来て、平地の経済が僻村《へきそん》の利害を無視して説かれるようになると乃ち孤島に住み山間に在る者が悩まなければならぬ。是が他力の学問の一つの悲哀である。

そこで我邦の学問が大《おお》いに進んで、行く行く世界全体の文化史観、乃至は宗教史観が之に由って立て直されなければならぬのと同じ様に、国内の地方研究が次第に全帝国の政治意見と、生活の理想との上に反映し、少なくとも今日の取次学問を駆逐する時代を楽しみにして働く者が、何れの方面にも段々多くなろうとして居る。殊に最近は其兆候が顕著に認められる。故に此意味からして自分などは、郷土研究という語の何か至って狭い範囲の、只一科の学問なるかの如く、誤解せられんとする危険に対して、責任を痛感せざるを得ないのである。

地方意識と歴史

其上に我々は一種の身贔負《みびいき》かも知らぬが、右の如き大切なる地方意識というものの根柢も、やはり亦我々の携わって居る所の、歴史的研究の中に在ると思って居る。学問に終局の目的というものがあって、それが若し人類の幸福増進に在るとすれば勢いこの現在の民族生活を作り上げた原因を尋ねようとする学問が、全体の事業の準備ともなり、又緒論《ちょろん》の部分を占めることになるのは、当然の話のように思って居る。我々が個々の郷土を以て研究の目的物とする場合に、最初に出現して来る問題は、人と天然との久しい間の交渉、それが如何なる変化を生活様式の上に及ぼして居たかということである。それを明白にするのを職分とする学問の、尊重せらるべきは論無きことで、知識の綜合という我々の大事業も、結局は其基礎を爰に置くことになるわけである。

国というものを一箇体として考察する場合にも同じことだが、自分たちの属して居る民族を仔細《しさい》に熟視すればする程、是だけ顕著なる差異懸隔《けんかく》を、他の民族との間に持って居るにも拘らず、尚他の一方には其中から、多くの争うべからざる共通性の発見せらるる事に心づくのである。是は到底偶然の一致などと、軽く見逃しては居られぬ程度の類似である。慣習も言語も宗教も政治関係も、丸々別であった異国同士が、近づけば自然に理解しあうことの出来る法則をもって居たということは、我々を驚歎せしめずには置かぬのである。それは或は人種がもと一原であった為かも知れぬ。記録を超越した遠い昔に、手を分った友であり同胞《はらから》であった為かも知れぬ。そうで無いならばまだ我々の知らない大動力が、人を一致せしむべく予め其原因を設けて置いたのかも知れぬということが、幽《かす》かながらも此の新らしい世の中に生れた者の、始めて抱くことを得た希望である。

異民族同士の間にすらも此共通がある。況や一国一民族の間に於ては、此経験は殊に感深く、又効果の多いものに相違ないが、それを真底から体得し得るのは、やはり各地方の個々独立した研究の結果でなければならぬ。未だ其実験の無い者に向って、以来は斯く心得べしというような押付けがましい学説とは、価値に於て最初から、雲泥の差が無ければならなかった。例を挙げる必要も無いか知らぬが、中世各地に崛起《くっき》して今尚繁栄して居る多くの名門の系図などを見ると、殊に此事が深く考えられる。系図は本来其用途から言っても、家が栄えて後に始めて作成せられたもので、初代からの家の祖先が、自ら書込んで来たというものは一つも無い。即ち作成以後の分は最も確実でも、其以前は漠たる記憶に拠ったものである。此頃覆刻せられた寛政重修諸家譜、さては群書類従史籍雑纂などの中に取入れられた家々の所伝を見ても、十中の七八は源平藤橘《げんぺいとうきつ》であり、その又六七は藤原朝臣《あそん》源朝臣に限られて居る。是は有り得べからざることでもあり、其誤謬《ごびゅう》は有り得べきことである。しかも歴史の学問が進まず、殊に年代の勘定や比較調査の最も行いにくかった時代に、この多くの家々の系図は出来たのだから、今見れば合点の行かぬことだらけで家伝に満幅の信を置かんとする家の主人すら、尚安心して人に説き得ざる記録が多く、そこで系図の書直しや訂正をして生計を営む者さえ出来て、系図屋系図買などという言葉までが、之に基づいて出来たという説もある。故に所謂万民同祖の国民的確信の如きも、若し斯様な史料に由って成立って居たとすれば、自然に動揺を受けずには居られなかった道理である。信州では古来美濃から此方にかけて、頼光《らいこう》流の源氏の末と称する旧苗字《みょうじ》が多かった。しかも彼等は各地に分立して正閏《せいじゅん》を争うばかりで、たまたま共通の家号《かごう》を持つ者でも、殆ど同族という感じが無かった。然るに之と同時に他の一方には、百里二百里の遠い国々に、何時《いつ》からとも無く分散して住みながら、産土神《うぶすながみ》に対する敬と信、農作に対する熱烈なる執著、血族及び婚姻から生ずる相互の義務心、其他之に伴なう微細なる慣例、俗信又はおかしな癖と名《なづ》けてもよいような小さな仕来《しきた》りに至る迄、無意識に全然同じ型に依り、同じ途《みち》を歩んで居る点が算《かぞ》え切れぬほど沢山に見出される。是が百篇の記録史論又は所謂精神講話よりも、遥かに有効にまた切実に、我々遠近の百姓の、久しく同族であったことを感ぜしめるのである。

関東などには古い記録に依ると、三韓《さんかん》からも支那からも、帰化して来た多数の異種族が入って居る。蝦夷《えぞ》の後裔《こうえい》もうんと此辺には散布して居る。故に若し系図を信じて、之によって立証し得られない部分は、当世の史論に従うとするならば、我々の結論は可なり心淋《さび》しいものに帰著するわけであるが、実際は如何に骨を折って捜して見ようとしても、そういう外来分子の痕跡《こんせき》は、もう拾い出し得ない迄の同化を完成して居るので、例えば武蔵高麗《こま》郡高麗村の高麗《こ》某という人でも、中世以来型の如き東国の武士であり、現在はその感情までも日本人になり切って居る。即ち縁組と交際の久しい関係によって、血は完全に混同して既に渾然《こんぜん》たる一体を為して居る。又それで無ければこの狭い国に、隣を連ねて永く住み得たるわけも無く、又今日のような大きな統一も行われ得なかったのである。

然るに今日までの中央学問の概括論又は平等観があまりにも単純なる演繹《えんえき》法で押切ろうとした為に、却って若い学者の中では例外を指摘したり、いや天孫《てんそん》系だの出雲《いずも》種だのと、碌に証拠も無い新しい分類をして見ることが、一時学問上の流行を為すに至ったので、それを又半ば面白ずくに持ちまわる者も地方には出来たが、自分などは諸君の地方文化研究が盛んになりさえすれば、久しからずして斯かる学説の混乱は、大部分之を整頓し得るものと信じて居る。それは只精確なる物の観方《みかた》、又親切なる疑問の提出が、果して諸君によって為され得るか否かの、根本問題次第であると思う。

研究単位としての郡

我々は誤解を避ける為に、なるべく歴史という字を用いまいとして居る。「歴史」には不幸にしてもう固定した意味があるからである。仍で《そこ》国民生活誌とでも謂ったらよかろうかと思って居る。その生活誌の限地的討査は、従来も私がいう程の深い趣旨無しに行われて居たのだが、今や次第に全国に普及し、且つ段々と著実になって来た。自分等は此調子で進めば大体先ずこれで結構と考える故に、無条件に之を賛成して居るのであるが、併し慾を言えば言いたいことはまだ沢山にある。

第一には研究の単位となるべき地域である。江戸時代の地誌は領分で定まって居た為に、例えば西讃府志《せいさんふし》は丸亀《まるがめ》領の飛地として、播州の一部分に迄も及び、新篇会津風土記は国《くに》堺《ざかい》の山を越えて、越後の小千谷《おぢや》地方まで書き及ぼして居る。新時代に入っては亦府県単位である為に、東京府の伊豆七島、それ程で無くとも福井県の若狭《わかさ》とか、島根県の鹿足《かのあし》郡というが如き、別に一箇体として考えてよい地域までが、府誌県誌というと其中に包括せられる。全体に稍大に失し、且つ机の上の穿鑿《せんさく》、文庫内の作業に傾き易い人々、即ち中央の修史官の令弟見たような態度の学者が之を取扱う故に、長所も短所も彼と共通になって居る。乃ち都から眺めたような地誌が出来上る。

中央歴史家の長所は、諂諛《へつらい》にわたるから事々しく之を説くまい。弱点というのは何であろうかというと、近世史の如き史料の豊富なる部分に於ては、研究の題目は出来るだけ小さなものを捉えて、深々と之を論じようとする。将軍家光公逝去の刻限に就てとか、大石良雄山科隠宅《やましないんたく》の窓の高さに関する考察と謂ったような問題を掲げて、必ず今まで誰も知らなかった二三の事実を発見して嬉しがって居る。しかも一たび中古以前の記録資料の二つか三つしか無い区域に入ったとすると、忽ちにして活き活きとした論理想像力のあるだけを働かして、百年五十年に跨《また》がる一国人文の趨勢を明晰に推断することは、宛《えん》として酷吏《こくり》が法を案じ律を擬するが如き概がある。殊に古代史に於ては、小説作家の如き天分ある者が世俗的には成功して居り、一方には又官府の充溢《じゅういつ》したる文書に面して、少し史料が多過ぎる、今少し少なくなってくれればいいにと歎息をする人さえあった。一言を以て評すれば如何にも骨惜《ほねおし》みの学風である。そんな学風を狭い諸君等の郷土に応用して見ても、我々が要求する歴史の完成する筈は無いのだが、悲しいことにはこの筆法に倣《なら》って、農民の前代史を書いて見ようとした人が、折々は今でもあるようだ。

是れ恐らくは研究の単位として、県は大に失し又事情の色々なるものが錯綜《さくそう》して居た故に、斯うしないと纏《まと》まりが付かず、しかも何でも纏めろという要求が強くて例えば小石を積み上げて石垣を築いて行くような、もどかしさを忍び得なかったのである。然るに基礎の工事ともいうべき用意は必《かならず》しも整ったと言われない。故に我々は研究の区域は、出来るだけ小ぢんまりと纏めて行く方がよいと思って居る。志あり又方法を解した篤学の士が、隅から隅まで知り抜いた我部落、即ち「我町村の史学」から、始めるのがよいと迄考えて居る。或はそれほどに細かく地域を分つことを得ずとすれば、責めては一つの盆地一つの渓谷を単位として、他に何等の解説者通訳者を傭《やと》うこと無しに、総住民の感覚と生存利害との解る区域に、限って見たらよかろうと思うのである。此趣旨から見ると、郡でも往々にして弘きに過ぎるかも知れぬ。ただ他に方法も無く適当な機関も無い場合にはそう贅沢《ぜいたく》なことは言えないと我慢するだけである。是でも勿論県全部を一体として調査するよりは便宜も多く実際又各郡では教育会の共同聯絡が中々よく発達して居るから成績が得易い。自分は此目的の為にも今後郡役所閉鎖の結果、教育部会の活力が衰えはしないかを、甚だ気遣わしく思う者である。仮令郡役所は無くなっても、どうか折角今やっと夜が明けたばかりの郡誌調査のみは、直ぐに県の方へは引継がぬようにしたいと思う。

郡誌の大きいのは既に幾つと無く世に出て居る。長野でも古いものには栗岩君が編輯《へんしゅう》した下水内《しもみのち》郡誌があり、又近年の東筑摩《ひがしちくま》郡誌を始め、まだ拝見せぬものもあるが、既に二つ三つも出来て居る。諏訪《すわ》郡からも巨大なるものが出かかって居る。えらい骨折な仕事ではあった。隣の岐阜県では益田《ました》郡誌などが面白かった。富山石川などの県にも段々大きなものがある。福井と滋賀とは此事業が殊に盛んで、越前大野郡誌二巻二千頁、近江坂田郡誌三巻三千頁、同蒲生《がもう》郡誌十冊六千頁、実に驚くべき精密な著述であった。此等は勿論無きにまさること万々で、現に我々も折々其恩沢を被っては居るのだが、しかも正直な話が、之を見てもう仕事は完了したと、感じ得た場合は一度もなかった。寧ろ此御蔭を以て是から大に進んで行けるだろうと将来を慶賀するばかりであった。得難き家々の旧記古文書が、何れも活字と為って読み易く又得易くなった。之を一々所在に就て探してかかるのだったら、無論大へんに時を取られる。それが助かったということは感謝しなければならぬ。

但し各郡の青年たちが、索引も何も無い此様な大冊を読終って、果して兼々抱いて居る不審に付て、何等かの解答を見出し得るかというと、其答は簡明に「否」である。つまり何という標題を付け、如何なる序文の賞讃があろうとも、是は単に史料の保存に止《とど》まって居る。地方人の真の史学は、之に基づいて是から漸く始まるべきものである。肝腎《かんじん》かなめの我々の疑問、即ち我々はどういうわけで今の村の住民であるか。何物の力が我々を某県人又は某郡人にしたかという問、それが答えられなければ実は我々の歴史であり、人文地理で有り得ない筈で、是が帝国全部の平民の総てが、此学問に対する唯一つの要求であると思うが、今日迄の「歴史」はそれに答えようとはしなかったのである。それでも致し方が無いという意味に於てのみ、地方にも「歴史」は存在したのである。

最近飛驒《ひだ》では大野郡史というものが出た。美濃《みの》からは不破《ふわ》郡史が出ようとして居る。前者は二千七百頁、後者は一千六百頁、凡そ公私の国中記録の苟《いやし》くも此土地に関する限り、目に触れた限りは皆集められて居るのだが、それが双方とも古今二千年間の、人の数から言えばざっと五百人か六百人かの伝記又は逸話集というに過ぎぬ。他の無数の普通人の普通生活が、間接に此から類推し得られることは至って幽《かす》かなものであった。しかも自分たちは方法さえ立てたならば、もっと何か古い世の中の事情が知れる筈と思うが、今迄の様に名士ばかりが人であった時代には、是でも済んで居た為に、それが癖になって誰もまだ苦情を持込むことをしないのは残念なことである。

地方史料の種類

御承知の通り二十世紀という今日になっても、地球の上に住む人の三分の二は、まだ文字というものの効能を知らず、従ってまだ其恩恵に与《あず》からぬ。又僅か百年の昔に溯《さかのぼ》って見れば、所謂文明国とても今日の支那と同様に、文字は官府と士人との専用品であった。かかる事情の下に書いたものだけで歴史を知ろうとすれば、其結果は知れたものである。中央に於て一国の政治史を書く場合にはそれで済むだろうが、平和にして又無事なりし一つの郷党で、郡史なり村史なりを書く場合にそれで済むわけは無いのである。斯ういう方法以外何か別途の手段を講じなければならなかったのは、最初から解りきったことであった。

元来我々の記録というものにも、実は二通りの種類があった。即ち作るに特定の目的のあったものと、別に其為に残そうという趣意のなかったものとで、仮に自分等は計画記録、偶然記録などと謂って居るが、偶然記録となればつい近頃までは史料にも入れなかった。系図証文訴訟状の類は何れも計画の記録、即ち或人々の利益擁護の下に成ったものである。中には家の名誉の為に、知りつつうそ偽《いつわ》りを書いたものもある。甲陽軍鑑《こうようぐんかん》江源武鑑《こうげんぶかん》などは其尤《ゆう》なるものだという評判である。そんな物でも無いよりはましと、言い得るかどうかも疑わしい。ところが郡より以下の小さな地方では、まわり合せによって此様な史料すらも、殆ど皆無なところさえあった。言わば絶対に昔風の地方史の書けぬ地方なのだが、それですらも尚何とかして引用書の沢山ある中央風の歴史を著わそうとして居たのである。此様な無茶な話は無いと思う。

我々は既に全然文字を持たぬ時代又は民族の為に、辛苦して他の之に代るべき方法を講じて居たのである。考古学と称して遺物遺跡により、旧事旧態を推測せんとするは其方法の一つである。今若し此の如き手段が長野県の所謂先史原史に就て認められるならば、何故にそれよりも遥か後代の中世近世にして、しかも文献無く若くはあっても極端に不精確なる場合の学問にも、同じ方法が用いられぬのであるか。遺跡は無論古墳貝塚のみで無い。遺物も亦土器の破片や矢の根石等には限らない。それよりももっと出処の確かな、数の揃《そろ》ってまんべん無く頭を出して居るものがあるでは無いか。それは何かと問えば生きた住民其ものである。彼等の生活の様式と色々の仕来りである。

家は今見る建物は二百年が大抵は古い止まり、米麦などは年々作って食い、衣服は年々のように織っては著《き》るが、しかも最近までの住み方食い著《き》方《かた》には、幾ら古くからのものか見当のつかぬものさえ沢山にあった。此等は中頃如何に変化して居るかわからぬ故、古物と断定し難いと気遣うかも知らぬが、生活の様式の如きは一定の法則無しには、そう勝手には変って居ない。又一つ処のみを見ては不確かのように思われても、懸離《かけはな》れた全国の隅々に一致のあることを知れば、比較と重ね写しによって次第に元の形が知れて来るのである。尚此等の生活風習よりも今一段と手固く、少数の人々の考では変えることの到底出来ぬものも多い。言語の如きも其一つであって、個人が勝手に改めれば、忽ち役に立たなくなる。乃ち至って影響の少ない部分から、ごく少しずつ変えようとして、まだ沢山に元のままを残して居ることは、古書の偶然の史料からも、之を傍証することが容易である。近頃になってから動詞や形容詞は急速に改まろうとする傾向があるが、それでも尚名詞迄を変えてしまうことは六つかしい。新しい名は新しい物と共に入って来るのみで、現に信州などの山国が保存した言語も多く、京都で入用無き為に忘れたというだけであって、それが国語の中から丸で消えてしまったのでは無かった。

府県従前の方言調査は、多くは所謂匡正《きょうせい》の為であったが、滑稽《こっけい》なことにはそれが我々の保存事業に役立って居る。匡正などの運動はつまらぬと謂って、もし夙《はや》くから中止せられでもしたならば、却って我々は資料蒐集の手段に苦しまねばならなかった。方言が果してどの程度にまで昔を保存して居るかは比較によって知り得る。書物などは二三の都市に於ける若干の古語を保存するのみで、例えば狂言記は足利後期の京附近の言葉、天草《あまくさ》版のローマ字書きはあの頃あの地方の或階級の用語だけであったろうが、今に於て多くの田舎の笑われる片ことが、決して出たら目の横訛《よこなま》りでなかったことを証明する。只それが余りにも各地区々《まちまち》になった為に、後々の文書は別に人工の可被下《くださるべく》や罷在《まかりあり》の如き、国内共通の文句を採用して、いよいよ以て古語の生存区域を制限したのであった。

史料の闕《けつ》を補うべき無形遺物としては、又各種の命名様式があった。人の名殊に女の名一つだけでも、細かに見て行くと色々の古風を保存し、従って社会家庭に於ける彼等の地位の変動までが察せられる。北信から越後《えちご》にかけて、我々が早くから不思議に思って居ることは、言語としては一見意味を持たぬような、二つの音を以て女の名とする風習である。此風は関東平原の田舎迄も及んで居るが、其最初の理由はまだ明かで無い。或は他人に容易に記憶させまいというような趣意でもあったものか。名を忌む風は農民の中にもあって、史上の女性でも多くは実名が伝わらず今伝わるものはアザナの如きものであった。従って同名が非常に多く、村でも父親の通称とか又は屋敷の名などを冠《かぶ》らせて甲乙を区別した。今日婦人の持つ二つの仮字《かな》の名も、此地方は例外かも知らぬが、元は種類が非常に少なかった。そうしてオサヨとかオサンとかオツルとかの類は、本名とは言われぬもので、最初何か宗教上の意味があったもののようである。今一つ前になると、阿茶《あちゃ》だの阿古《あこ》だの茶々だの禰々《ねね》だのという字を書いた婦人ばかりで、それは皆今日のボウヤ嬢チャンと同じように、只子供を意味する普通名詞の愛称を、其まま通称のように用いたものであった。カナとかオナとかいうのも元は其類で、カナはかなしい即ち愛児のこと、オナは単に女という言葉の省略であった。つまり本名の必要が、極端に少なかったのである。

それから又地名のことであるが、地名は其土地を利用して始めて出来るものである。例えば一本松とか獅子岩《ししいわ》の類は、そこに往来する者の目標としてのみ入用があったので、従って土地の利用の度の進むと共に、自然に其数は増加して行く。故に狩猟の時代より柴刈《しばかり》草刈炭焼の時代、それよりは又開発開墾の時代になって、互いに差別をする必要が愈《いよいよ》繁くなり、細かい区劃にもそれぞれの名を生じた。然るに五十年前の切絵図作成の時を絶頂として、其後は地番制度が始まって地名の数は減少し始めた。それを記録に保存しようとしたのが、明治十七年頃の全国の郡村誌であったが、惜いことにはたった一部しか無いものを、今度の大地震で焼失してしまった。この地名の沢山の比較と、其地形の一致とから、京都で失われた多くの地形語を復原することが出来た。例えばママとかハバとかハケとかいう類の名詞は、地名に残って居る為にはっきりと意味がわかる。陸軍などではそんなことに構わずに、色々の言葉を独乙《ドイツ》の地理書などから直訳した。タオ・タワという語があるのに鞍部《あんぶ》といい、河内という語があるのに盆地だの河盂《かう》だのといい、一つ屋があるのに独立家屋などと謂った。そんな文字では我々の先祖は生活の用を弁じ得なかったのである。或は又昔使った動詞なども、追々に地名の中から蘇生《そせい》する。信州で最も有名なる軽井沢などもカルウという動詞が不明になった為に、色々珍なる解説を生じたが、本来は嶮阻《けんそ》なる峠の麓《ふもと》、それから上は馬が通わぬので、荷物を人の脊に負うべき場所のことであった。カルウとは脊負うことで、其人足《にんそく》を元はカル子と謂った。即ちカルイ人である。それから又以前の土地制度、開発に関する以前の慣行も、田畠の小字《こあざ》名から考えられ、同時に又其種類によって開発の時代が知れる。古く行われた信仰が地名に保存せられて居るものも多い。例えば信州から北国に多い十二木又は十二前などという山中の地名は、此地方の山の神が十二座と考えられたか、又は十二本の木を以て代表されたかの名残で、同種の地名の行わるる地域だけは、此点に共通なる部曲《かきべ》の追々に住み拡がったことを推測せしめる。斯ういう風に考えて行くと、紙には書いて無いというのみで、偶然の記録としての価値は、却って空想をまじえた文学の書などよりは大きいわけである。

東筑摩郡では前年自分たちの説を容《い》れて、早く小地名の蒐集に著手して今整理の半ばにある。今迄の人の考では地名は到底わからぬもの、何の昔をも語らぬものとして居たのだが、其絶望の無益であったことが知れた。あの郡では之に次で尚色々の調査を企てて居る。家名の調査なども其一つで、其分布を見ただけでも、今の住民の大体何れの方角から入って来たかという見当だけはついた。家名は全体が乱雑なもので、殊に明治初年に在名《ざいみょう》禁止が解けた際、各家勝手放題な選択をしたなどと謂われて居るが、そんな例が若干はあったにしても、尚大数の上からは家の分れて出た道筋系統はわかって来る。是も遠からず一冊の書となって、必ず隣接地方にも或参考資料を供与することと思って居る。

是等は自分の今心づいた二三を例示した迄だが、此以外にも考えて見たら、まだ色々の種類と方面とから、興味ある郷土研究の資料を集められると思う。しかも此等は高木君などの首唱したフォクロアの外であった。四十余年前に英国の学者が説き始めて、僅かな間に国々の歴史を愛する人々によって、次々に発育させてもらった一派の研究は、詳しくは爰には述べないが、亦此以外の問題に於て主たる活動の舞台をもって居た。そうして其も我邦の各農村に、未だ手を著けられざる材料として豊富に残って居る。つまりは新らしい世になっても、尚何と無く改め難くして残って居る季節の行事、生産作業に伴なう仕来りと、冠婚葬祭等の作法、神社の祭日などに行わるる一般の催しもの、それから出て後に零落したかと思う児童の遊戯、更に考えて見ればおかしいような色々の怖畏《ふい》と不安心、之を散ずる手段としての積極的手段、即ちマジナイウラナイの類、消極的方法たる物忌《ものいみ》禁忌等の比較研究である。欧米人の新らしい生活の中には、そんな特徴も我々と比べるとずっと少なくなって、今では遠方に出かけて太平洋の島々、南阿南米などの土人の群の中に入り、又は寒帯圏内に僅か残った異民族から、辛苦して零砕《れいさい》なる事実を集め、之に基づいて是まで一向に心付かなかった人間発達の道筋を知ろうとして居る。二十年三十年の骨折を積んで、今もまだ夜が明けたように明瞭にならぬが、確かに調べ上げねばならぬ大切な問題だということだけは分った。それが我々の邦に於ては如何に冷淡のようでも、言語がわかり顔色や心持ちの察せられる同国人同郷人同士の間である故に、もしあったとすれば微細な点でも心付かずには居らぬ。議論は第二次として一通りの事がわかる迄、片端から誇張も無く又批判もせずに、それ等の社会現象を採集し記録して置こうとすること、是が我々のいうフォクロアなるものであった。

フォクロアの取扱って居た題目は、神道《しんどう》の歴史などを調べて居る人と近い。それ故に折々は飛んでも無い方面の学者と、一律に考えられて迷惑したこともあるが、我々には兎に角臆断の哲学は無い。人を教えて信ぜしめようとするような有難い新発見も無い。只この国の普通人の間に、実際持伝えた古風なものが若しあるなら、一応は見た通りに書留めて置こうとするのみで、それが誤って居る居らぬは手製の目安というものを持たぬから、之を判別しようとはせぬのである。ただ此方面にも他の一切の精神作用と同じく、時代即ち外界の複雑な感化を受けて、始終変形し又展開して止まざるものがあったと共に、つい其傍には残っても差支《さしつかえ》の無かった部分が、存外元の姿で其儘《そのまま》残って居ることを知って、それを出来るだけ精確に見て置こうとする為に、折々研究が所謂神道学に接近するだけである。教育者諸君の方とは、之に反して往々に興味の合致がある。又その大なる援助を期待すべき場合が多い。殊に児童の個人的な行為と、それが群集の影響に由って、突如として異常心理に移って行く場合の如き、彼等の心持の観察から大なる暗示が得られるのと、一つには又教え導こうとする人々の親切なる観察が、今まで怠って居た我々の研究方法の一面を、次々に援助し改良してくれられる点は、常に我々の希望し又感謝する所であった。

郷土研究の要件

之を要するに従来のフォクロアの領域は、行きがかり上今尚不必要に狭隘《きょうあい》であった。所謂郷土研究の中のほんの一小部分を要求するのみであった。その自然の成長は行く行く社会心理の側から、若くは経済組織の改造、公共倫理観の再建設、其他色々の実地の事業を準備する為に、研究を進めて行く人たちと、合同はせぬ迄も提携し得る場合は多いだろうと思う。彼等に向っての我々の援助、少なくとも経験から得来った有利なる進言は、感謝せられる時があるであろう。是は学問が段々に実際と近より、又次第に人間的となる自然の結果であって、同時に又歴史の人間生活に対する本当の意義が、いつ迄も考えずには置かれぬ世の中になって来たからである。自分たちの現在取って居る態度は、此意味から

して弘く一般の郷土研究者にも適用せられ得る。それを今一度列記して見るならば、

一、最終の目的はどんな大きくてもよいが、研究の区域は出来るだけ小さく区劃して、各人の分担を以て狭く深く入って行くこと。

二、其便宜の為には、成るべくは自分の家の門の前、垣根のへりから始めて、次第に外へ出て行くこと。即ちよくわかるものから解らぬものへ進むこと。

三、文書の価値は勿論軽んじないが、その材料の不足な場合が多いことを知って、常に力を自身直接の観察に置くこと。

四、それを志を同じくする者との共同の宝物とする為に、最も精確且つ忠実なる記録を遺《のこ》すこと。

五、如何なる小さい、俗につまらぬということでも馬鹿にせず、もと人間の始めた仕事である以上は、何か趣旨目的のあったものに相違ないという推定から出発して、一見解りにくいものは殊に面白く且つ重要なるべしと考えてかかること。

六、之を解釈する手段としては、出来る限り多くの地方と聯絡を保ち、互いに相助けて比較をして見ること。必要があれば其比較を国の外、世界の果までも及ぼすこと。

七、沢山の無形の記録を保管して居る人々に対して、常に教を受ける者の態度を失わず、正に文字通りの同情を以て之に臨むこと。

などが、殊に大切なる諸点である。

学問は本来至って寂寞《せきばく》なものである。殊に斯様な人を見る学問に至っては、久しい間の一国の同胞と、自分等ばかり対立したような地位になって、国民が「見る人」と「見らる人」との二つの組に分れなければならず、自分は彼等の群に混じて、浮かれたり酔ったりすることが出来なくなる。言わば是は人が大昔からもって居た太平無為との御別れである。尤も今一段と社会が意識的になれば、再びこの差別も無くなって、同時に又見られるに値する古代からの伝承も消え去るであろう。現に二三の外国に於ては、資料の減少からもうフォクロアは行詰まろうとして居る。日本も末にはそうであろうが、まだ消え行くものが消え残り、恰も過渡期なるが故に特に我々は忙しいのである。其上に我々の過去を名残惜《なごりおし》く思う情は、この五十年間の史学が、少しでも我等に欲する所の知識を供与せず、殆ど此方面には何一つの成績が挙がらなかったのを恥じて、一層発奮して祖先の精神生活を、出来る限り鮮明に且つ感深く、開展し且つ説明して見なければならぬと思うのである。何のことは無い地方研究の振興は一種の罪滅しである。過去世《かこぜ》と当来とに対する、現代人の免がれ能わざる義務である。

（大正十四年十月十七日―十九日、長野県埴科郡教育部会講演）

日本の民俗学

先ず名前が問題になる

本日の演題は課題の如きもので、自分の御話は言わば其答案である。果して諸君の予期せらるるが如き陳述が出来るか否かは心許《こころもと》無いが、兼て考えて居たことのあらましを、兎に角御聴きに入れようと思う。

先ず最初に爰にいう民俗学とは何か。耳馴れぬ語だから一応は主催者側と打合せて、誤解の無いようにして置かなければならぬ。自分としては今日迄、実はまだ此名称を使っては居なかった。併し段々成長して行く者が、名無しの権兵衛では不自由さも不自由だから、仮に斯うでも言って置こうかと思案して居た所であった。諸君は多分之を英語で謂うフォクロア、又はエスノロジーの意味に解して居られるのであろう。此二つの中ならば私の方でも差支は無い。其積りで日本の民俗学の現状を御話して見ようと思う。

但し二つの英語のどちらに該当して居ても差支無しということは、或はあまり大ざっぱで不精確だという御感じがあるかも知れぬが、実際は最近の稍成長したフォクロアは、例えば英国でいえばリバース博士などのエスノロジーと、目的及び研究方法に於て大様一致する所まで来て居るから、何れに解せられても実際に於ては殆ど御答にかわる所は無い。只気遣わしいのは之を民俗学などと訳する為に、仕事の持場が狭くなりはしないかという点のみである。

世間には、殊に日本のように行掛かりに忠実な国では、勿論この二つの名称を混同することに、不安を抱く人のあるべきは明かである。併しそんならどうしようか。一方フォクロアを民俗学、他方エスノロジーを土俗学とでも訳して置くとしたらどうか。如何に文字は差別の符号に過ぎぬとしても、是は又あまり機械的な馬鹿げた無意味である。或は今までの英和字書の通り、後者を人種学として置けばよろしいと謂っても、実際今日のエスノロジーは人種学ではないのだから致し方が無い。英国の方には人種起原論人種分派論などを、エスノロジーと名けて講説した人もあるが、少なくとも日本には、そんな人は昔から居なかった。

二つの学問の以前の差別

多くの学問は始めて名の出来た頃には、幼稚な世間見ずなあたり構わずなものであるが、このエスノロジーほど時代により国によって、内容の変りちらした例も珍しい。とても何の某氏が斯う申されたからという一つの記憶を、義理固く守ったり又文字そのものの語義を穿鑿《せんさく》したりしては居られない。フォクロアも其通りで、最初は道楽の、強いて学の字が附けたければ随筆学とでも名くべきものに過ぎなかった。それが最近半世紀足らずの間に双方から歩み寄って、斯んな一つの大きな愉快なる学問の合奏になろうなどとは、最初之に関係して居た人たちすらも、考え及ばないことであった。

出来るだけ簡明に其顛末《てんまつ》を述べてから、自分の課題に移るが、前年私は伯林《ベルリン》の或古本屋で、盲捜しに参考書を買い集めようとして居た時、実はまだフォクロアを独乙《ドイツ》語で何と訳すのかを知らずに居た。ちょうどそこへコロムビヤ大学のボアス教授が来て居て教えて貰った。貴君はフォクロアの本を捜すならフォルクスクンデと謂わなければ解らぬ。フェルケルクンデと謂えば独逸《ドイツ》ではエスノロジー又はエスノグラフィーになるのだと教えてくれた。即ち此国では二つの学問は近いけれども別々であって、そうして其名称の相違が、ちょうど二つの学問の成立ちと相互関係とを適切に説明して居たのである。即ち同じくフォルク又エトノス（民族）に関する智識であっても、一方は単数の形を使って我民族のことを、他方は複数名詞で多くの民族、自国以外の異人種の生活を、概括して研究すべきもので、もとは此通りはっきりとした自他の差別があったのである。

英国人などは殊に旧弊だから、今以てエスノロジーという学問を以て、自分等の生活をも管轄せしめることを許さぬようである。あれは元来異国異人種の社会を討究する学問の名であると謂って居る。仏蘭西《フランス》其他にも恐らくは同じような語感があることと思う。字引を見るとアンディジェヌという語は、其土地生れの住民ということだが、自分たちをそう呼ぶことはしないらしい。オートクトンという語も殆ど自らには使って居ないようである。だから巴里《パリ》人とか里昂《リオン》人とかいう語が、頻々《ひんぴん》として用いられるのである。又私は或英人に、君たちをネチーブスと謂ってもよいのかと聞いて見た。よろしい些《すこ》しも差支は無い。ただ普通にはそうはいわぬと答えた。其癖東洋人に対しては始終此語を使おうとして居るのである。是は其語に生れた人々のみの、知って居る感覚であって、本で語学をする者のわからぬことだが、気をつけて見ると日本でも同じことである。

日本でも江戸期の漢文家などは、村民ということを土人とも書いて居るが、今日長野とか群馬とかに旅行して、此辺の土人はなどと謂えば怒られるにきまって居る。土俗土俗学なども略之と同じことで、現に招魂社の祭典両国の花火等を、一寸我々は今の東京の土俗というと失礼なような感じがする。しかも田舎に対しては或人は敢てそう謂って居る。私たちはそんなつまらぬことで地方人の機嫌を損ずるのは愚だと思うから、まだ一度もそんな語は使用したことが無い。

人を見る学問

然るにエスノグラフィー又それから出たエスノロジーは、実際最初には其土人のみの土俗を記述し又考察する学問であった。ヘロドトス以来、是が学者の常の癖であって、自分等の生活様式思想又は信仰は、普通のこと当り前のことで、ただ是から隔絶した奇異なるもののみが、智識として後代に伝うる価値あるものと考えられて居たのである。つまりは蛮夷《ばんい》即ち憐むべき者、中世以後の耶蘇《ヤソ》宗の立場からいうならば、まだ神の道にも恵まれぬ気の毒な人々、即ちこの人類文明の畷道《なわてみち》を、豆ほどに見えて遥かあとの方から、附いて来るような境遇に在る者の事蹟のみが、彼等の博学の一つの対象となり得たのであった。時節とは申しながらそれが後終に我々のフォクロアの、一つの清き流れに落ち合うことになったのは、奇縁とも名くべきものである。

フォクロアの歴史は前者に比べると遥かに日は浅いが、始めて起った時の事情は亦略之と似たものであった。日本でいうならば足利時代迄の田舎のように、殿も下郎《げろう》も一様に常は粟《あわ》の飯を食い、一様に麻の衣を晴れに著て、同じ氏神《うじがみ》の広前《ひろまえ》に額突《ぬかづ》いて居る間は、フォクロアの如き学問は成立つ余地が無いのであった。それが一方は本を読む、京に上って遠国の武士や法師と交際することになって、所謂有識階級の意識が生ずる。そうすると自分たちとちがった心持ち、又は今まで見馴れて居た慣習でも、それを守ろうとする彼等のみの熱心さが、目にもつけば興味を惹《ひ》くことになる。即ち諺《ことわざ》にいう京に田舎ありとは反対に、田舎にも京の破片が飛び散ることになって、後漸く田夫野人《でんぷやじん》が視察せられるに至ったのである。殊に城下の町などに出て住む者は、間接に之に由って寧ろ各自の新生活の幸福を味おうとさえした。彼等にとっては在郷は異郷であった。其生活の自分たちと違って居ることが、代を重ねるにつれて愈々目について来た。

奥州白石噺《おうしゅうしらいしばなし》の宮城野《みやぎの》信夫《しのぶ》が面白い芝居であり、江戸の落語芸人が新田の杢十《もくじゅう》だの飯炊《めした》きの権助《ごんすけ》だのを興じた如くに、一方はやや高く、他を見て怪み笑う迄に生活が変ってしまったのである。固より彼等の観察には軽い侮蔑《ぶべつ》は交って居た。しかも相手も亦言葉の通う同国人であり、つい近い頃までの親類であり朋友であったという心持ちが、特に之に対する親切な考究を促し、何か隠れたる古い理由、書物には書いて無い大切なる歴史が、此中に潜んで居るに相違無いと、思わしめるに至ったことは事実である。

フォクロアの成長

たしか西暦一八四六年に、フォクロアという語が始めて使われる迄は、英国では此種の研究を民間故事（ポピュラー・アンティクィティ）などと名けて、単に切れ切れの奇事異聞を集めて、話の種を豊富にして見ようとする風であったことは、我国百年以前の随筆文学も同様であった。近年書物の形を以て地方別に分類覆刻《ふっこく》したジェントルマンスマガジーンの投書集なども、つまりは後年のフォクロアに他ならぬのであった。古い民謡俚諺《りげん》地名家名其他の方言、珍しい迷信暦法禁厭《きんえん》の類を、互いに紹介して知見を弘めることは、日本の風俗画報などと似たものであった。ノーツエンドクェリーズなどは引続いて今も出て居る。近頃綿密な索引なども出来て、学問上に利用し易くはなったが、要するにまだ総括した名目が無かったというのみで同じ様な学問は日本にも早くからあったのである。

　このフォクロアは如何にも気の利《き》いた名前だと謂って褒《ほ》められて居る。此名一たび発明せられてより、英国には久しからずして今の学会が起り、之に次いで近隣の国々でも其顰《ひそ》みに倣《なら》うものが多かった。仏蘭西ではポール・セビヨーの著述に、詳しく此間の消息が載せられて居る。或は英人の思い付を其儘採用したくないという考から、別に民間伝承などという語を流行させようとした者もあるが、それよりもフォクロアの方が便利だから之に従うがよいと謂って居る。

　英国人は殊に学会に興味を持つ国民である。斯ういう会が出来、旅行が盛んになり、又国際の交通が益々自由になると、僅かな年月の間にも学問は著しい進況を呈せざるを得なかった。今日では殆ど最初の出発点が有閑地主等の道楽半分の事業であったことを、忘れてしまったような有様である。併し我々が青年時代の愛読書ハインリッヒ・ハイネの諸神流竄記《りゅうざんき》などは、今からもう百年以上も前の著述であったが、夙《つと》に其中には今日大に発達すべかりし学問の芽生《めばえ》を見せて居る。アナートル・フランスの如き敏感なる文人たちが、いち早く此研究の究竟地《くきょうち》に就いて、深い意義を認めたのは申す迄も無い。要するに耶蘇《ヤソ》の宗教が一世を席巻した欧羅巴《ヨーロッパ》大陸でも、猶百千年を隔てて豊富なる上代が活き残って居た。それが容易に平民の日常生活の中から掬《くみ》取られるばかりで無く、新しい社会の動きさえも、暗々裡に之に由って左右せられる場合が多かった。之をしも書斎の学者たちは、夢ほども心付くこと無くして、単に紳士級の表面事相のみによって、文化の消長を説いて居たのであった。

さては尚大いに進んで考察せざるべからずという心持ちが、フォクロアをして一隅好事の徒の博識に止《とど》まることを許さなくなったのである。ゴンム翁の村落生活研究が公けにされたのは一八七八年であった。或寒村の小さな寺の新築に、鶏の血を入口の敷石の上に濺《そそ》いだというたった一つの小さな異聞は、今まで怖ろしい蛮民の中にのみ、行わるるものときめて居た生類犠牲の風習が、白人の諸国にも実は弘く行われて居たことを発見せしめる端緒であった。人は斯くの如くにしてフォクロアの微々たる破片が、語らんと欲するものに耳を傾けたのである。

一の国に既に消失したものは次の国の同一事情の下に保存せられて居た。要するに人類は必ずしも手軽に親々の遺産を抛棄《ほうき》しては居なかった。優勢なる新文明が社会を改めて行く力は、存外に表層膚浅《ふせん》のものであったということが、次第に会得せらるると共に、フォクロアは本来各国独立（ナショナル）の学問ではあるけれども、屢々同一の法則の古今多くの他民族に、共通するものが無かったか否かを、尋ね究むる必要に出会ったのである。

民俗進化の跡

時代の最も健全なる学風、即ち比較研究の方法は是にも応用せられ、更に又ダーウィニズムの啓示が、此方面に於ても切実に学者の推理力を刺戟した。サー・ジェムス・フレエザーの如きは、其師タイラーの勇猛な学説を祖述して、所謂文明の中に残留する野蛮の痕跡を、指示すること最も丁寧であったが、彼の著「旧約全書のフォクロア」三巻に至っては更に同一研究法を押及ぼして、次々に昔今の多くの民族の前代を知得する手段とした。自分等をして言わしむれば、是れフォクロアとエスノロジーとの婚約であった。日本の学生が目に触れて居る書物でも、或はブリークのブッシュマン・フォクロアや、エヴンスの馬来《まらい》フォクロアの類は多い。即ち所謂蛮民土人の社会にも進化があって、今現前するものは同時に又、彼等が歩んで来た前代を説明する。そうして只之に由ってのみ、彼等の将来を推測することが出来るのである。

フレエザーは又多大の勤労を以て、パウサニオスの全紀行を註釈して世に公けにした。

紀元後第二世紀に生息した此希臘《ギリシア》人の漫遊時代には、アッチカもペロポンネソスも既にパルナシヤンの神代を去ること遼遠《りょうえん》なるのみならず、ソフォクレスやオイリピデスの世の中に比べても、亦遥かに近代となって居ることが、之によって具体的に開示せられる。即ち古典時代の文化にも亦成長があり変化があったことを、あまりに単純なる今迄の崇拝者に理解せしめたことは、小さからぬ学問の功績であった。

しかも今日は既に世界諸民族に関する所謂土俗誌の類が、真偽雑然として篤学者の書架に充溢《じゅういつ》する世となって居る。異聞採集の旅行に次いで、準備の整った学術探険隊の発遣《はっけん》は比々として企劃せられ、年毎に打寄せらるる報告書類の大波は、いとど学海の茫洋《ぼうよう》として無際なることを感ぜしめた。単なる智識の整理から進んで、更に系統立った積極的論証に、入込むべき時代になったのである。比較研究の興味は大に起らざるを得ない。乃ち過去の完成を以て目せられた希臘の文化にも、はた埃及《エジプト》古帝国の燦爛《さんらん》たる展開にも、必ず其背後には一つずつの蒙昧《もうまい》時代があって、其状態は北欧諸国の原始宗教の社会、乃至は蠢爾《しゅんじ》として愚なる濠洲黒人や、ヴェッダやネグリトの今日の文明と、同じ卓子《テーブル》の上に並べて見なければ、互いに真の意味の解らないものであることが明かになったのである。所謂文化の偶発多源論と一源移動説とは、新たに此資料に拠って其正否を判定せらるべき世の中になったのである。学問が鎖国の小さな太平の中に於て、徒らに眷属《けんぞく》知友の賞賛に陶酔して居られなくなったのは、厄介かも知れぬが亦一つの進歩である。

白人の先入主

けだし従来の民俗学文献は、久しい間忠実なる宣教師たちの貢ぎ物であった。彼等の親切は先ず土人言語の習得から発足して、常に微細なる感情知能の働きをも無視せず、悉く其見聞を記述しようとした。しかも虚誕《うそつき》は十戒の随一であったが故に色々の真実なる報導の彼等から出でたことは事実である。ただ一つ困ったことには彼等には先入主があった。彼等は牢乎《ろうこ》として自分の宗教の神意を信じて居たばかりに、五洲各色の種族の文化を目して、一つの大道の上を後《おく》れ先だって、歩みつつあるものの如く解せざるを得なかった。此法師等に伝道費を供する欧米の姥嬶《うばかか》連中の如きは、幾ら反対の明白な証拠が現れよう共、尚この狭隘《きょうあい》なる民種優劣観を棄てられぬ者が多かった。それが実際の土人教導の上に影響して、どの位不自然且つ不幸なる干渉を以て、弱い者を悩まし妨げたか知れぬのである。其中でも殊に惜いと思うのは、天分素質には沢山の特長を持ちながら、単に小さな飛び飛びの島の島人であったばかりに、何度と無く沈淪《ちんりん》と奮起との苦痛を繰返し、今又新たに外部の新勢力を以て捻《ね》じ曲げられ、結局不適応の為に永遠の衰亡を見ようとして居るポリネシヤ種の民族であった。

此事実が甚だ時おくれたりと雖、兎に角にエスノロジーの進歩に由って、段々に白人統治者をして旧来の錯誤《さくご》に心付かしむるに至ったのである。環境か遺伝か、はた又隠れたる第三第四の力であるかは知らず、何にしても世界多くの民族には、それぞれ別の人種であるが故に、即ち又別の文化の流れがあった。外界感化の勢の強烈なる今日ですらも、尚欧羅巴人の学問が前以てきめて置いたような、途筋《みちすじ》ばかりはあるいて居なかった。白人たちは実は年久しく誤った独断をして、それを少しずつ悟ろうとして居る時しも、恰もよし我々の国には、日本独得のエスノロジーが今将に起りつつあるのである。

支那印度《インド》のことは問題を簡単にする為に之を外に置くが、兎に角に日本人の社会構成、之が原動力であった生活の様式と、其の久しい間の沿革というものは、此道に習熟した白人たちにも、尚学問上の一異彩であった。ラフカディヨ・ハーンの如き帰化観察者ですらも、最後の書の評言は却って最初のものよりも混迷に向って居た。其他のわれ日本を理解すという者の説に至っては、十巻の書は即ち十巻の見であった。つまりはまだわからぬのである。それも其筈である。我々国人でさえも実は手ん手んの事しか考えて居ないのだから。

日本人の学問上の使命

而うして幸いに今や所謂フォルクスクンデの真の趣旨が、世界の学問国を一貫して、略諒解《りょうかい》せられて来たのである。日本人の如き唯一無二の境遇に立つ者が、受売飜訳を是れ事とするなどは、出来るわけ合いのもので無いと自分は思う。乃ち自ら研究しなければならぬ。之に由って自分を知ろうと努めるに止らず、更に又迷える外国の民俗学者を導かなければならぬ。是が我々の今直面する所の本然の使命であって、学問の歴史として客観すれば、此希望此抱負は是も亦至って当然なる人文進化の過程である。個人の手柄とか力量とかいう様な小さな問題では無いのである。

またそればかりで無く、今の日本に生れてフォクロアの学問に携わる者の幸福は別に大なるものが存在する。我日本の所謂開国、即ち国内有識階級の分立したのは至って日が浅い。国民の中の旧分子、英語でいうフォク、漢学者等のいう田夫野人はまだ大多数であって、時あっては我々新人自身の、胸の中にさえ住んで居る。現に自分なども其一例で、今でも敷居の上に乗らず、便所に入って唾《つば》を吐かず、竈《かまど》の肩に庖丁《ほうちょう》を置かず、殊にくさめを二つすると誰かが蔭口をきいてるなどと、考えて見る場合は甚だ多い。即ち日本には今尚豊富なるフォクロアの資料が現存するのである。之を新教国などの、片田舎の貧家の老嫗《おう》を捜しまわって、漸く僅かなものを見付けて珍重するに比べると、固より同日の談では無いのである。我々が昨日も聴き今日も耳にして、一向に気に留めぬ一つの俗信、一つの小さな慣行でも、之を確めるが為にわざわざ大洋の孤島に出かけ、辛うじて見付けて鬼の首の如くに吹聴して居る例は多い。北でシャマニスムと称する巫覡《ふげき》管理の霊魂信仰は、或は昔物語の中の魔法婆《まほうばば》とも関係があって、西でも南でも調べて行くほど其区域が弘くなり、しかも熱帯の諸島のものにも、窮北の地と類似する点は一二で無い。そうしてその中間の鎖は切れて居るのである。其際に在って日本はそもそも如何なる地位を占めるか、丹波市《たんばいち》である綾部《あやべ》である。又はそれよりもずっと小さい村々のさかしき女たちが、相競うて彼等の無意識に相続したものを、どしどしと我々の間に開展して見せてくれるのだ。そうして比較によってその歩んで来た途は大凡は知れる。僅かな労力を我々がこの問題の為に費すならば、証拠のある幾つかの論断を以って、この南北二者の溝渠《こうきょ》に橋を架けることも出来るであろう。そうなれば蟻《あり》が砂糖を見付けたよりもより大なる熱心を以て、向って来る者は必ず遠国の学者である。

ただ今日迄の採集方法は、自分の知る限に於ては稍雑駁《ざっぱく》であった。地方研究ということは盛んに口にせられるが、何をするか何の為に働くべきか、実はよく考えて居らぬ人が多かった。勿論そんな種類の採集も尚歓迎せねばならぬ。書物はあまり役に立たぬものだと考えつつも、我々は屢々書物からさえも材料を見付けようとして居る。併し結局は民俗誌家（エトノグラフ）は同時に民俗学徒（エトノログ）で無くてはならぬ。そうで無いと第一に選択の緩急を知らぬ。早く消えそうなものを後廻しにする。それから又採集の時に毀《こわ》してしまう。是は小鳥の卵や巣、苔《こけ》や茸《きのこ》類を採集する場合と同じく、よほど気を付けて大切に持って来る必要がある。又顕微鏡を使う為には、プレパラートの技術にも堪能でなくてはならぬ。そうで無いと苦労をした割に、恩沢が弘く及び得ないのである。

社会学との関係

日本は既に社会学の盛んな国であり、又斯ういう問題を社会学で取扱うて居る先例はある。だから別に新なる学問として功能を述べ立てるも無益なようであるが、自分等の実験を遠慮無くいうと、我邦の社会学者は親切なことは確かだが、ただ非常に上品な親切しか持って居ない。よい材料があるなら持って御出で、見て遣ろうと言われる。本に書いて御覧、読んで遣ってもよいと仰《おお》せられる。ところが不幸にして国の文化史の資料などは、小学校生徒の如く従順でない。先生の室《へや》の戸を叩《たた》いて、御註文の品を持参しようとはしない。やはりこちらから在る場処に臨んで、関係者と共々に考え且つ感ずることを以て職分とする所の、フォクロリストを必要とする所以である。講壇の社会学が如何に活躍しても、尚其中間に一つの民俗学という商売が、薄元手を以て取続き得る余地はあるのである。

私などはいつもよそ心で、碌々身にしみて本も読まず、旅をしても確かな故老とも話をする折を得なかったが、それでも永い年月の間には意外な実験なども少しずつあって、少なくとも此方面の学問が、どの位奥が深いかわからぬということだけはわかって居る。それを手柄とは考えぬ迄も、幸福なことだとは思って居る。他の何れの科目に就いて比べても、是ほど未開の沃野《よくや》の広々と残って居る学問は一つも無い。又我々が日本人に生れたことを仕合せとすべき学問は、そう幾らでもあるわけで無い。独り大切なる人間成育の法則発見に付てのみは、日本が幸いに一通り片付いたとすれば、隣には支那があり馬来と印度《インド》との、三世《ぜ》に亘《わた》った大問題がある。其間々を点綴《てんてい》して、南亜細亜《アジア》の曠漠《こうばく》の山地には、衣食の主要なる点に於て我々と若干の類似を有するシャンが住みカーチンが居り、其他ミャオとかリーとかローローとか、名前さえも列記し得ないほどの色々の種族が居る。顧みて南に海の路の跡無きものを辿《たど》るならば、台湾呂宋《ルソン》から先々の島の人、殊にミクロネシヤの若き弟たち、其又隣のメラネシヤ・パプアの見分け難い沢山の種類が、何れも日本の学問が明るくなるならば、少しは自分たちのどうして貧しく又哀れであるかの、隠れた原因が知れるであろうかと、待って居るらしき様子が見える。人が仮りに武内宿禰《たけのうちのすくね》等ほど活《い》きられるとしても、仕事が尽きて手持ち無沙汰《ぶさた》になる気づかいは先ず無いのである。その宏大なる道の山口まで、今我々は辿り著いたのである。声高く笑い興じつつこの学問の峠の麓《ふもと》に差しかかった処である。別の語でいえば早朝の花やかな欣《よろこ》ばしさである。少しは意気揚々《ようよう》として、斯ういう御話がして見たくなるのも、尤もなことだと、認められんことを希望する次第である。

（大正十五年四月二十二日、日本社会学会講演）

Ethnology とは何か

政治と植民地研究

或は皆様の夙《と》くに御承知の事を、今更事々しく御話し申すことになるか知らぬが、日本人が新たに国の為に学問をする必要と、一方にはその特殊の興味効益とを説明すべく、只今我々少数の者の携わって居るエスノロジーの大体を御耳に入れたいと思う。

エスノロジーとは全体どんな学問であるか。之を二三の辞書類に依って、知ることが既に容易で無い。現に自分などは学校で講釈をするのに、今尚訳語の決定に苦しんで居る。民俗学と訳して見たいのであるが、困るのは「民族」という語と響が紛わしいのみならず、別に民族学と謂う方がよいという者もあるので、俄かにそうきめるわけに行かぬ。ただ今夕の御話には便宜上仮に其語を使うというだけである。

国により又学者により、Ethnology くらい区々不同の範囲を持って居る学問は無い。仏蘭西《フランス》ではこの一九二六年の二月、巴里《パリ》に Institut d'Ethnologie 民俗学院を置いて之を大学に附属せしめた。Lévy-Bruhl の書いた其創立趣旨に関する一文が、Revue d'Ethnographie 民俗誌評論に載せられて居る。元来あの国に於ては、エトノロジーとエトノグラフィーとは、略《ほぼ》同じ心持ちに用いられて居る。二つ別々の学問とは考えられて居ない。従って新設の学院は当然双方を包容するので、其目的を具体的に言うならば、亜弗利加《アフリカ》土人の生活の研究事業といってよい。仏蘭西の属領は印度支那《インドシナ》もあり、また南太平洋にも大西洋にもあるのだが、国民普通の感覚では亜弗利加とは比べものにならぬ。一般に欧羅巴《ヨーロッパ》の社会に於ては、我々が満蒙や東部西伯利亜《シベリア》に対すると同じ心持で、この対岸の大陸を視《み》て居る。殊に仏国は戦に克《か》って、以前独逸《ドイツ》が経営した大地積を引継ぎ、黒人大陸の重要部分を支配することとなり、大勢に於て此大陸を英国と山分《やまわけ》にした形であるが、欧羅巴と近い西北方面では、少なくとも自ら許した覇者である。サハラの大砂漠を自動車で横断する世の中になると、土人同士の交通は益々盛んになり、此に白人資本家の大小が参加して、利害が錯綜《さくそう》を極める。其間には又日本と同じように、国内の政治費を植民地で調達しようという下心は尚抑え難く、一方此に対抗しては土人の中に智能の著しい進歩があり、又耶蘇《ヤソ》教伝道の宗派別の背後には、国別の理想なり野望なりの之を支持するものがあり、若くは之を超越した最も進んだ人道主義の主張がある。所謂ペールブラン白い神父の公平なる慈悲心と入交《いりまじ》って、ペールノアル黒い神父の幾分か反抗的なる批評が現出する時代となった。問題が其解決力よりも、一足先きへ成長するのも止むを得ない事情である。

しかも政治は今日の仏蘭西などに於ては、所謂雄弁宏辞の術であって、日本の如くどんな古臭い愚説を述べても、人が相手をしてくれるような国柄では無いのに、其材料元手が将に種切れになろうとして居るのである。新たなる問題の系統的研究は、学界よりも実社会の方に其要求が有るのであった。乃ちあの貧乏財政の中から工面して、反対も無くこの民俗学調査の大機関を公設した所以である。

英仏二国の相異

巴里に始めて Société d'Ethnologie 民俗学会の出来たのは、今から八十五六年の前であった。其頃からつい近頃まで、仏蘭西では我々日本人の人類学と訳して居る Anthropology と略同じ意味に、このエトノロジーという語を使って居た。勿論国際的学問の盛んな国だから、英国などで謂う人類学の何であるかは十分に知って居たのみならず、中には異を立て割拠して自分の学問を、Anthropologie と呼んで居た人も国内にあったが、普通の人の概念では今尚アントロポロジーの方を狭く解して、単に人類を対象とした生物学くらいに、考えて居るものが多いのであって、此点も亦例の通り、わざとか偶然かは知らぬが、仏国と対岸の英国とは、ちょうど黒白裏表の相異を示して居る。

英国でも隣国に倣《なろ》うて、僅か四年ほどおくれて同じエスノロジーの学会を創立したのであったが、其内容は最初からちがって居た。例えば我々のいう民俗学の方面の最も有力なる学者、日本の坪井《つぼい》正五郎《しょうごろう》氏などの先生、E.B. Tylor 教授の如きは、とうとう一生の間Ethnology という語は使用せず、ちょうど仏蘭西のエトノロジーと同じ内容の学問を、終始 Anthropology という名称の下に講説し著述して居たのである。其門下の出身にして藍《あい》より青しの評ある Sir James Frazer の如きも、我々の知る限りに於て最も精励なる学者であり、劃時代的大著を幾つも発表して、七十の老翁となっても尚孜々《しし》として学問をして居る人だが、彼は師匠のタイラー先生とは違って、骨の寸法や目の色毛の色、又は地下の石器人骨にはさして興味を有《も》たず、今の東京帝国大学の人類学教室などで、少しも遣ろうとしない方の学問、例えば呪術《じゅじゅつ》の盛衰、霊魂不滅思想の発達、旧約全書古伝の構成、又は同族避婚の慣習の分布及び意義という類の題目に、其生涯の精力を傾注して居たにも拘らず、尚自分の学問を Social Anthropology、即ち社会人類学と標識して居った。其心は人類を研究する学問に個人と社会との二つの立場、即ち生物学的と社会学的との二つの方面があるからというので、暗に後者の殊に枢要又深遠なるべきを意味して居るのは勿論であるが是が若し仏蘭西又は米国の今風の学者であったら、そんな割長屋式《わりながやしき》名称は使わず、必ず独立して Ethnology の名の為に、光を放とうとしたことは疑が無い。斯ういう国々の差別がある故に、自分は偶然渡来の一二の書物から、定義などを訳して間に合わせようとする人の説に、うっかりと耳を傾けられざらんことを御勧め申すわけである。我々の学びたいのは名では無く、其内容であることは言う迄も無いことである。

最近五十年の進歩

自分は曽て故坪井教授から、右のフレエザー教授の噂を聴いたことがある。後に瑞西《スイス》で逢った時にも成程と思った。此先生は日本の民間の学者等が一つもって居ても羨《うらや》まれてよいものを、四つまでも兼ね有して居る。四つというのは第一には完全なる文庫、第二には優秀なる助手の数名、三には良き細君四には金である。有名な Golden Bough 金枝篇《きんしへん》が、中二十年を隔てて三版を重ね分量を五六倍にし、索引と引用書目のみで厖然《ぼうぜん》たる一大冊を為すに至ったのも、第三以下は兎に角、他の二つの条件の具《そな》わって居た為と言って宜しい。日本のことが如何に取扱われて居るかと、大なる興味を以て注意して見ると、我々が満足する迄には無論材料を精撰してはい無いが、少なくともアイヌの土俗の如きは、日本では得られまいと思うような十数種の書物を渉猟《しょうりょう》してある。行届いた研究のし方であると思った。

斯ういう事業は英国の如き学問国でも、五十年前には出来なかったことである。というわけは前世紀の央《なか》ば過ぎまでは、学問の為に特に企てられた調査旅行は、殆ど一つも無かったと謂ってよいからである。有るものとては冒険家のホラ話、船乗り連の誤解と誇張、最も親切なものが宣教師又は其女房の日記であった。勿論近世に入って来るにつれて、此等のものも段々に著実且つ学問的となった。少なくとも化《ばけ》の皮は容易に露《あらわ》れるから、そう無暗《むやみ》なことは書かぬだろうと、安心してよいようになったが、尚資料の集積と共に、其整頓と価値批判とが愈々容易の業では無くなった。古い紀行の好い資料を拾い上げ、それが其後変化しないか、又どう変ったかを確めるには、大いに学者の才能を要としたのである。

ところが約五十年の此方になって、漸く真面目なる学術探険の旅行が、十分の用意を以て企てられるようになった。就中《なかんずく》巨大なる植民者として、他国に負けてはならぬという義務心又は自重心が、最も多く英帝国の世論を刺戟《しげき》した。そうして永遠の事業の色々と企てられた中で、殊に代表的なる労作は Spencer と Gillen と、二人の旅人の濠洲旅行記の三部作である。斯んな周到なる又精確なる視察録は、今後も恐らくはそう沢山は出来まい。少なくとも個人の力では到底再びこんな難旅行を濠洲大陸に企てられず、又必ずしも改めて之を繰返すにも及ばぬと思う程、完全なる報告であった。之に由って気楽な素人《しろうと》の三十回二十回の漫遊よりも、志あり又素養ある者の只の一度の調査の方が、遥かに役に立つということは一般に承認せられ、其後は政府や学会の計画に基づいた学術調査隊を派遣するために、多くの金と準備とをかけることが、日本を除いた他の文明国の、重要なる文化事業の一つになったのである。自分等の聞いて居るだけでもケムブリッジから出たトルレス海峡諸島の探険、英仏の競争になった中央亜細亜《アジア》から新疆《しんきょう》の考古学的調査、ジェサップ隊の遠征を始め、和蘭《オランダ》でさえもセレベスニューギニヤ等の調査の為に、引続いて大なる努力をして居る。米国に至っては元々世界を驚かすのが商売だから、是から先も何をするかわからぬが、今迄の事業でも赤色土人の綿密な調査は、殆ど此学問の表面を変化させ、又日本に近い方面ではフィリッピンの人種言語等の Survey 実測の如き、我々の利用せずには居られぬものが多々である。フレエザー教授ならずとも、完全なる書斎で学問を続けようとする国々の学者には、全く隔世の感ある新学術の曙《あけぼの》であった。そうして其時運は又我々の門口にも近づいて居るのである。

合理的民俗誌学

要するに Ethnography が Geography や Topography などと併立して、社会科学の大切な一科目となったことは、確かに全世界的ともいうべき気運であった。英国に於けるタイラー教授以来の Anthropology は、乃ち此気運を背景として、能く今日の隆又盛を見るに至ったのである。タイラーは其著述の中に屢々 Rational Ethnography 合理的民俗誌学という語を使って居る。即ち亦仏国人と同じく、自分の学問の基礎がエスノグラフィーであることを認めて居たのである。人類は同じく人類である。幾ら世界の隅、所謂蛮夷《ばんい》の地に住むとても、眼が真中に一つあったり、腹に穴があって棒を通して之を担ぐという類の人種は有り得ぬと同じく、人の生存方法と之を導く所の心意性情には、彼と我と共通の点ばかりで、ただ単に千何百年程前に今の文明国人がして居たことを、所謂未開人は今遣って居るという差あるのみである。文明もあらゆる自然界の現象と同じく亦進化するものである。そうすると事によれば同じ一つの太い大道の上を、おくれ先だって歩んで居るのかも知れないということを、俗人に迄も考えさせたのは手柄であった。

但し若しそうであったら、白人は永久の先輩ということになって殊に結構だが、仮にそうで無い迄も Culture 文化相の進みにも必ず法則がある。法則があるならばいつかは発見せられずには済まぬ。だから少しでも早く発見して見ようということが立派な学問になるわけである。但し其法則を尋ねるには、草木や小さな動物の遺伝を検する如く、時間のかかる観察をすることは到底出来ぬ。そこで多くの種族の種々の環境に在るものを比較して、甲から乙への推移を辿《たど》り、若くは一方の前代記録と、他の一方の現在の状態との間の類似共通を究めること、それが必然的に将来のエスノロジーの中に、包含せらるべき学問ということになるわけである。

仏蘭西は前に申す通りである。他の欧羅巴の丸で植民地を有《も》たぬ国でも、大か小か此学問に手を著けて居らぬものは無いが、何れも此意味に Ethnologie という語を解して居るのである。米合衆国でも大抵は此通りで、細かく比べたら少しずつの定義の差はあるか知らぬが、先ずは諸民族の生活状態、殊に社会の諸制度の起原を尋ねて見る学問となって居るのである。然るに独り英国のみは、前からの久しい行掛かりがあって、そういう意味には此語を用居ることが出来なかったようである。例えばキーンズなどの名著を見ると、エスノロジーの目的は専ら人類の生物学的起原、古代人類の痕跡、それから人種分派及び差別の理由ということに限られて居る。略これだけの問題を調べるのがエスノロジーだと謂って居る。日本では早稲田大学の西村教授鳥居竜蔵博士などは以前から此説に従い、今でもエスノロジーを人種学といい（寧ろ人種学がエスノロジーだと思い）、全然エスノグラフィーとは別系統の学問のように説いて居る。つまり古くからの英国風である。

名称などは何れでもよかりそうなものだが、学者が中途から自分の携わって居る学問の改名届も出来ぬわけだから、存外に一度用いた名称には拘泥《こうでい》する。相似たる語で隣国同士、異なる内容を表示することが、国際的に不便であることは百も承知しながら、先ずは互いに他方の折れて来るのを待って居る。併しそれは英仏の如き永年の行掛りある国での話で、日本は今以て何もして居ないのだから、是から先は名前よりも、内容によって必要緩急を決すべきであった。

人類学との関係

自分の観た所では、幾ら英国で Ethnology の範囲を、人類起原と種族分派の二つの題目にきめたからとても、それだけは人類学の中から取除《の》けて置くがよいと、思って居る者は無いのであった。人類学が若し此二点に触れなかったら、差当り仕事が無くなってしまうのみならず、恐らく学問全部の体系を具えることが難かったであろう。其中でも人類起原論の如きは、実は百年以来の基督《キリスト》教国の流行題目であって面白いといえば面白い問題だが、きまりもせず又是非きめて貰わねばならぬ必要も無い。之に反して人類差別の原理に至っては、実は人類学の最も大切な中心であった。種族異同を度外視して、人間の発達は考え様もないのである。或は又字義の穿鑿《せんさく》を事とし、Anthroposは人のこと、Ethnosは即ち其集合体のことだから、群を研究の対象とするならば、Ethnologyの方が正しいなどと謂おうとする者もあるか知らぬが、そんなことで一方が承知する見込は無い。人の研究は成程新らしい学問かも知れぬが、それは社会の一員としての人であって、個人の生存だけならば、もう久しい以前から解剖学や生理学で早く手を下して居るのである。故にこんな所を境にして二つに引分けることは、魚の片身の骨附きと否とよりも、尚不公平な分配であるのみならず、又斯うして対立させることは学問上の利益でも無い。結局は双方から名は何と言おうとも、同じ高根の月を見るかなということに、帰著せざるを得ぬのである。

ところが本元の英国に於ても、最近は動揺が始まって、もう永くこの旧習を守って居られなくなって来たのである。例えばごく通俗の書であるが、ジェームスの人類学入門などには、次のようなエスノロジーの定義を下して居る。曰《いわ》く

Ethnologyとは通例左の如く考えらる。即ち人類学の一部門として人類の種々なる

派別を系統的に細論し、人の起原・最初の住地・初期移住と分裂、並びに異種の接触より生ずる結果を究明せんとするもの云々

御覧なさい此定義の前半は純英国風、後半は外国との新らしい妥協である。しかも爰に列挙した様な大部門を取去ってしまえば、差引き本家の領分として残る所は幾らも無いのだから、即ち最初から重畳《ちょうじょう》して居たことが解るのである。つまり今日迄は呉服屋といい太《ふと》物屋《ものや》と謂って二通りの店と認められて居たが、気を付けて見ると双方同じ物を幾らも売って居る。御客にもまごつかせるから一方に商いを縮小させようというと同じである。言わば定義などの器械的なものであることと、学者にもやはり分業専門の弊多きこととを、感ぜしめる一例証という迄である。

専門割拠の弊

我々日本人は成程受売と飜訳とによって、今迄は大きな便利を得て居るが、そうかと言って何もよその国の行掛かりに迄、囚《とら》われねばならぬ義理は無い。弘く捜して見て一番入用の多い内容を有《も》った学問から始めて行けばよい。名前などはあまり早く、学問のまだ進まぬうちから附けて置くと、今日外国が経験して居るような難儀な目に遭わねばならぬ。だから自分たちの雑誌が採って居るような方針で、特に定義を立てず史学でも言語学でも、

聯絡があり関係があると思う分は、次々に包括して行けばよいようなものだが、それでは核心がはっきりせず、人によって興味が動き易い上に、領分が定まって居らぬと見落しが出来て困る。多分誰かが遣って居てくれることと思って居ると、誰も手を出す人が無くて、結局其点だけ穴があいて居たということがあってはならぬ。故に少なくとも是々の問題だけは、是非一纏《ひとまと》めにして遣る方が利益だと思う区域を、劃定して置く必要を生ずるのである。

色々の学科が対立して、内々は価値を競うような気風のある国では、説いても或は無益のことかも知れぬが、若し将来人間の智能がよく働いて、簡明に大体を要約することが出来るならば、少なくとも社会諸学は全般に渡って、一人で知って居るに越したことは無い。それが今日はまだ殆ど望み無く、如何に狭い前面でも深入りをすれば、人の一生涯を費すに十分以上である為に、せん方無しに専門の厚薄を設け、手分けをしてそれぞれの研究に従事して居るわけである。其中の人の研究とても正に其通りで、多くの社会学者の如く現在の実状と其意味を明らかにするだけで結構一人前に余るほどある故に、是だけは他に托して人類学は先ず「今まで」という区域に立て籠《こも》ったのだが、そうして置いても尚学問の範囲が弘きに過ぎて、例えば我々は動物学者や生理学者の手を下して居る数字形態の解説、顕微鏡下の発見の如きは、要点を理解するだけでも骨が折れる。それだけは一任して置いて只報告だけを承わることにしようと謂って居ると、早同じ人類学の中にも二流が出来て、互いに相手を疎遠にする傾きを生ずる。例えば人類学とは骨の形や髪の毛の太さ色合いの類を、詳しく調べるだけなのだという人もあれば、其人たちは他派が Ethnology と呼ばれることを希望するかも知れぬが、タイラー先生などは承知する筈がなかった。或は之だけを Anthropometry 人類測定学などと別置して、残りを正統の人類学のように考えようとする者もある。つまりは現在では余りに一つの学問の領分としては大きいので、自然に分立の必要が促されたが、名称の争奪という一点を除きさえすれば、是は少しも悲しむべきことで無いのであった。

二面協力の急務

学問の名称は結局多々益々弁ずということになって、甲乙丙丁などと番号を打って聯絡を付けるよりも、兎に角古くからあった Ethnology というような語を、活かして適切に使う様にするがよいということになろうと思う。問題はただ分業が孤立を誘致し、各人がそれぞれ狭い区域で、一本立ちに昔のような大きな成績を、挙げ得ると誤解する危険は無いかどうかである。所謂補助学科の必要は誰だって認めぬわけには行かぬ。余計な心配をせずとも入用なだけは役に立てて居るという人もあるか知らぬが、この相互の関係にも実は著しい親疎の差があるので、例えば今我々が人類学と名けて取掛かって居る事業の如きは、単に時折片方の仕事場を覗《のぞ》いて見るというだけでは用が足らず、始終手に手を取って一つ道をあるかぬと、いつ迄も完成の見込が立たぬほどに、其目的が入組んで居るのである。

日本の実際を一寸御覧になっても解るが、東京の大学では故坪井正五郎先生の地盤関係から、此講座は理学部に置いてある。京都と仙台では医学者の中から、此学問に手を著けた人が出た為に、少なくとも研究の中心は骨骼《こっかく》調査に置かれて居て、勢い受持区域を狭く限り、さっさと此方面の業績を挙げようとして居る。恰かも屋根屋の不在中に、左官が塗ってしまおうとするようなものである。分業も斯うなると確かに弊があって、一方所謂文化人類学の人々の、空想沢山の独断にも指摘しなければならぬ欠点が現れて来ると同時に、測定家の方でも只結果だけを報告しようとして居るうちはよいが、何か仮定を立てて次の調査の見当を付けようとすれば、不自由なことだらけである。よく人が例に引くのは、日本でも夙《はや》くから有名であったラボックなどの本に、太古人骨の発見せられる岩屋の奥の壁画のことが書いてある。又は金属も知らぬ世の人が大辛苦を以て、骨や牙《きば》に動物の姿を彫刻して居る。それが何の為だったろうという誰でも提出する疑問には、駄法螺《だぼら》以上の答がまだして無いのは、つまり提携すべき二通りの研究が、提携しなかった結果であった。日本でいうならば事は小さいが、時々耳たぶに小さな穴のある人を見かける。多分耳環《みみわ》を附けた為の永い変形が固定して遺伝するものであろうが、果してそんな事実があり、又どうしていつ頃絶えたかは全然之を知る方法が無い。Physical Anthropology の側では確かに興味ある題目だが、此実験だけでは一足も進んで行かれぬ。それとは反対に面白い事実が、気づかれずに済む場合も多い。例えば最近京都の清野教授が、北海道で古い人骨を検して居ると、奥歯の根元を磨擦した痕跡の、至って顕著なものに出くわせた。恐らく歯ブラシを使って居た為だろうと手軽に看過して居られるが、是は有り得ないことである。日本人の生活風習の一端を知って居る者ならば、或は可なり大切な発見の端緒が、こんな一点からでも得られたわけである。それよりも実地の効果から見て、我々が将来の協同に期待して居るのは、我民族の衣食住の変遷と、体質の古今の差異との関係である。日本人ほど近い数百年間に、度々日常の慣習を改めて居た国民は少ないと思う。家屋衣服も同様であるが、今の平民の食物と調理方法で、千年前のままというものは算《かぞ》える程も無い。魚はといえば生のまま食うことは昔の人はせず、米はといえば今のようには炊《た》かなかった。毎日のことであれば、体質に効果を及ぼして居らぬ筈が無いのだが、そんな後天的要件によって、全国的に又地方的に生じたる変化は勘定に入れず、単に血の混淆《こんこう》のみを主要のファクトルとして居るのが、今日の体質人類学であった。私等はその研究の成績を待って、これが人の感覚を改革し性情に影響し、一方経済上の再整頓と之に追随する法制とを誘致し、他方芸術批判や倫理観の推移を左右した原動力を究めようとするのだから、待遠しくもあれば心もと無くもある。従って他の空想で手軽に片付けようとする者を責めることも六つかしいのである。木綿と触覚との関係は、もう自分なども辛抱しきれずに独立して考えて見ようとした。木綿が入って来てから日本人は肌膚のみならず、精神的にも多感な鋭敏な民族になったことは、史学一面の調査だけからでも、大凡推測し得られるのであるが、他の体質研究者の協力が無い限り、精確を期し得られぬことは所謂ヴィタミンBなども同じである。是が人類学を細分して、やたらに独立の科目にしたくない私の理由である。

国別研究の機運

そんな事は欧羅巴の誰が言って居るかという類の、詰問をしたがる人は相手にせずと宜しいが、実は如何なる小さな経験でも、同じ先例が他の方面にあるか無いかによって、結論の信用に大きな相違のあることは、新らしい国では殊に争われない。ところがどこの国でも此学問には入門とか階梯《かいてい》とかいう本が少なくて、其癖各人の研究が微に入り細を穿《うが》ち、どんな論文が出て居るかを知るだけですら容易で無い。フレエザー教授はいつ迄も羨《うらや》まれる。図書の分類索引の事業を、社会が引受けて後顧の煩《わずら》い無からしむる急務はあるのだが、そんなことを今説くのは無益である。そうするとどんな超人的博覧強記でも、尚受売さえ碌々は出来ぬ位に、今日はもう著述報告が多くなったのである。そこで自然に生じたる分業は、大体此頃では地域的になろうとして居る。例えば米国でいえば印甸人《インデアン》に関しては大抵のことは知って居る。その他は大勢に注意して居て、入用なときに調べるだけにとめて置く。太平洋でもポリネシヤの学者とか、又は濠洲土人の事だけ、パプア人の問題のみに心を潜《ひそ》めるという風になるのは、止むことを得ざる趨勢である。

是にはやはり全体の組織方法を改定すること、例えば今日の経済の学問などのようにして、総論原論の時世におくれぬものを、社会の手で供給して置く必要があるが、それを完備する前にも我々はまだ大に働かねばならぬ。地球の表面が全部一様にこの学問の対象であるのだが、其中で極東の亜細亜《アジア》、北の太平洋、此部分が今では一番に、地図を塗るとすればまだ色の薄い部分である。日本の内地なども最暗黒では無い迄も、学問上に知られて居ないことは、或は中央阿弗利加《アフリカ》の或部分に越えて居る。古い丁髷《ちょんまげ》時代の画や紀行が引用されて見たり、そうで無ければ開港場の芸者などの風俗の、日本風として報ぜられて居るのが多いことは、諸君も定めて御経験でござろう。固より英文で書けば読んでやろうという外国人も不熱心なものだが、全体に是だけの国になると、幾分か外から手を著けることを遠慮するのも尤もで、つまりは我々日本人が自ら何かして居るのであろうと、幸か不幸か大いに買被られて居るのである。

学問は貿易とはちがうから、始終借りどおしの貰い通しでも、暮して行けぬことも無いようなものだが、それは科目にもよりけりで、斯ういう調査区域の拡張と比較の周到とを財産とすべき学問に於て、自分の受持を疎《おろそ》かにして置くことは、確かに二重の損失であった。単なる体面とか国の声望とかの問題ではないのである。殊に我々の文化史学は、世界の実験のただ一つの機会である。我々が果して大陸を見棄てて島に入込んだ種族であろうとも、乃至は洋海を漂泊して此島に辿《たど》り著いた種族であろうとも、異なる環境が異なる文化を発生せしめた特殊なる一つの例として人間社会の可能性に、兎に角新らしい前面を展開して居ることは一つである。そういう国民の学問に対して、多くを期待する外部の学者が無理か、彼等に失望させるのが当然か、ほんの少しばかり考えて見ればわかることである。

日本民俗学

此意味に於て私たちは、人種研究の学問の少なくとも半分、即ち Ethnology と呼ばる る方面だけは、行く行く次第に National 国民的になるべきものと思って居る。そうなるのが正しいか否かの問題には異説もあろうが、そうならなければ本当に進んで行かれぬ時代は、もう到来して居ると云ってよいのである。然るに西洋の学問国には、そう考えることの出来ない人がまだ沢山居て、実は今頗る煩悶《はんもん》して居るらしく思われる。という理由の一つは希臘《ギリシア》の大昔、又は中華民国の古代に於ては、此学問は実は蛮夷《ばんい》を知る為に起ったものである故に、自分たちの生存を Ethnology の客体とすることが、感情上好ましくなかったこと、又何もそんな学問に掛けずとも、もう分って居るという誤断があったことである。是は近年心付いた人が多くなって、改めて今歴史の考え直しをして居る最中である。第二には世界の文化は既に進んだと謂っても、まだ自分の事を自分では考え得ない民族、内から外から能力の制限を受けて居るものが、多くの学問上の宝をかかえて踞《うずくま》って居ることである。彼等の為には宣教師なり撫育官《ぶいくかん》なり、はた旅人なりが考えて遣らねばならぬ。しかも所謂「白人の足手まとい」という語が、盛んに行われて居た時代よりも、今日は段々に私心無き代表者を得るようになった。墺太利《オーストリア》とか瑞西《スイス》とかの属地を海外に一切れも持たぬ国が、所謂土人等の立場に立って、運命の過去未来を考えてくれるのみならず、「黒い心臓」の持主たちも、よき友人さえあれば之に導かれて、各自の文化の隠れたる隅々を語り得るようになったのである。

学問のみが人の考え方を自由にする実例は、著々として旧教伝道師たちの業績にも顕《あらわ》れて来るようになった。隣国支那などもいつになったら、無学者の歴史が明かになることかと思って居ると、却って日本人よりは御先きへ、民俗学の国民化が始まろうとして居る。是は我々に取っては何よりも心丈夫なことで、斯ういう民衆心理のつかみにくい国で、外人ばかりが寄ってたかって所謂観察をして見たところが要するに群盲の象を評するに過ぎない。それが片手を世界の思想学問にかけた自国人によって、解説せられようとするのは大きなことである。昔は白人も甚だ乱暴で一言も土語を知らぬ者が、合の子や改宗者を通弁に雇って、暫く滞在すればすぐ見聞記を書いたものだが、そんなものはとくの昔に信用せられなくなった。次には土語の習得を手段として、各階段の住民に接近するといっても、是とても限りのあるものだということは、現に日本などでは都会の青年の大部分が、古書は読めず方言には通ぜず、無我夢中の田舎旅行をするのを見てもわかる。其上に必ずしも旧文明の同情者で無い者に、托して置いて完全な調査が出来ようとは、考えることが六かしいのである。即ち先ず日本の如き学問能力ある国の国学者に向って、自身の詳しい説明を要求しなければ、此学問の前途が開けぬというところまで、もう世界の智識慾が押寄せて来た所以である。

フォクロアの新生面

是は全くタイラー教授などの謂う合理的民俗誌学の自然の帰趨《きすう》であった。等しく愛の宗教の感化を以て、中世以後其社会相を一変し、つい此間まで一つの法王に統御せられて居た欧洲諸国でも、又は其国々の各部分でも、それぞれ自分には当然で外からは不思議に見える何物かを持って居る。それが仲よく附合って居ても又戦って見ても、すぐに気が付くことは同じである。人から不思議がられると自分にも気がつき、或は敏感な人ならば、外へ出て内を顧みると自然にわかる。所謂常識は時により土地によって互いに著しくちがって居る。そうかと思うと遠方の色も姿も丸で別な種族の中に、亦或程度までの共通性はあるのである。結局文明は通観した上の分析によって、始めて本当に其意味がわかって来るのであった。別の言葉で謂うならば、白人等の歴史の観方が、異民族研究の御蔭によって、最近改まって来たことは誰にでもよくわかる。其中でも殊に我々日本人の研究は、必ず又別途の恩沢を弘く施し得るに違いないのである。

英国などは古風な且つ高慢な国であるが、もう此節では国内民俗の研究を、Ethnologyと謂っても人が怪まぬ迄になった。そうして従来は特にFolk Loreと名けて、全然別途の学問の如く考えて居たものが、次第に合体して広義の人類学の大切な一部分を為すようになったのである。此変遷は至って新らしい為に、僅か以前の字引を引いても、或は反対の証拠は挙げられるが、それが将来の予言として、何の価値も無いことは勿論である。フォクロアは其文字の示す如く、最初は単に珍しい民俗の蒐集《しゅうしゅう》と排列に過ぎなかった。しかも比較の進むにつれて、それが暗々裡《あんあんり》に重要なる前代事蹟、殊に基督《キリスト》教化前の記録乏しい過去を解説することを実験して、人は之に対して粛然《しゅくぜん》として容《かたち》を改めたのである。乃ち文書に恵まれざる弘い民衆の為には在来歴史と名けて居た方法を断念して、曽て蛮夷の国にのみ適用して居たものを、試みに此方面にも当てはめて見ようということになったのである。そうすると言語と感情の共通ということが、始めて非常に大きな要件であることがわかって来た。日本人の自ら此点に心付くと否とに拘らず、此学問の本当の世界協力が、各国民をして自ら調査せしむるに在ることを、彼等が言い出すのも近いうちのことだろうと我々は信ずる。

私などは根が俗人である為か、学問に世用実益の有無を問われるのは当然だと思って居る。そうして結局政治を改良し得れば、学問の能事了《おわ》れりと迄考えて居る。ただ現在の有様では一方を実際といい、他の一方を空夢と名けて、両々相容れぬものの如く見られるのは止むを得ぬというのみである。東洋人の休戚《きゅうせき》に関する人種差別論なども、今はまだ先決問題が打棄ててある為に、諍いが怨恨《えんこん》に変じ易いが、順序を立てて進む路は、実は夙《と》くに開かれて居るのである。個々の民族の自身の立場から、その今日の国情を作り上げた諸原因、殊に種々なる文化階段の併存と、落伍《らくご》者の不幸なる生活とが、必ずしも天分とか運命とかいう空漠の法則で無く、それぞれ原因を挙げて説明し得るようになれば、結論は自然に変化せざるを得ぬのである。フォクロアは今日でもまだ独立した一派の学問とは認められず、言わば研究の一つの方法に過ぎぬが、二十世紀のEthnologyは全く其力によって面目を一新した。そうして其の新しい資料を以て充満する我々の母国を、非常に重要なる人類学の研究所としてくれたのである。而うして日本の学者は、既に洞察と発見の能力を持って居る。今まで受売に終始したのは、全く古い行掛かりに囚《とら》われて居たからである。外国でも此学問は、つい近頃まではそう自由な学問ではなかった。

（大正十五年五月十八日、交詢社文話会講演）

郷土研究の将来

一

郷土研究という言葉には、誰が考えてきめたとも無く、今では大よその内容が出来て、明るい前途の希望を我々に抱かしめて居るが、最初のうちは各人思い思いの好みから、時としては互いに相容れぬような学問のし方を、同じ名を以て呼ぶような滑稽《こっけい》もあった。しかし大体に於て、いつも此言葉には人望があった。一つには研究という語音が、日本人の耳には快く、たとえば其深意は呑込めぬ者にも、何か新らしく又優れた事業に違いないと、思わせるようなよい響きであったからでもあろうが、それよりも一層力強く我々を動かしたのは、郷土の語によって運び出された、無垢《むく》な行掛りの無い前代の懐かしさであったろうと思う。

郷土は其実質に於て故郷郷里、乃至は生れ在所《ざいしょ》という言葉と、格別の相異を持って居ない。ただ後者は使用の永い月日に於て、当初予期しなかった色々の聯想を蓄積して居るのである。中でも最も露骨な例は、近世始まった藩閥という語などに伴なうものであるが、是は自愛という以上に、他のものを押伏せようとするような、濁った感じをさえ伴ないがちであった。そうで無くともお国自慢、故郷に錦《にしき》などという印象の深い諺《ことわざ》が、我とよその人とのけじめを、往々にして余りに際立たせて居たのである。ところが「郷土」は新らしく起った言葉だけに、其文字通りに万人が万人とも、一つずつ持って居るものという心持に、使用せられることが出来たのである。ちょうど小児という語が其一般的の可愛《かわい》さを我々に味わしめるようなもので、比べて見るならば無論我児の方が心を惹《ひ》くが、さりとてこの数多《あまた》のいたいけな者を、只何でも無く見過すことは不可能である。この気持を以て御互いが、他人の郷土を視る気になったのは其頃からであった。

郷土芸術という名が世上に親しまれたのは、郷土研究よりも又少しばかり前からのことである。是などは確かに誰彼の故郷ということで無かった。都市に成長しもしくは新たに外国から引移したものと対立して、我々の田舎の、元からあったものという意味に於て、人は成るだけ弘く其全景を見渡そうとしたのである。それに次で程無く現われたのが郷土教育という名称であった。あの頃の教育家の議論は今でも記憶して居る者が多いが、是は言い換えれば教育の実際化、どこの事やら子供には解らぬ地理歴史を暗記させたり、符号同然の博物学を詰込んだりせずに、物に就き場に拠って、各自の一生に入用な知識のみを自得せしめなければならぬという趣旨から、学校の周囲を天然の教室とさせようとしたのであった。其方法が正しいと言わるる割に成功をしなかったのは、指導者の用意が足らぬ為だとあって、心有る教員は皆苦慮し始めた。この二つの「郷土」という称《とな》えは、或は広さに於て差等があったか知れぬが、外に在って之を説く者の思う所は、大よそ一つであった。この日本が十万二十万の小さな郷土の集合に成ることは、判り切った事実であったが、実は此時まで気付かぬ人もあったのである。

郷土愛という語はもと文芸上の新語である上に、時には寄附金などの為に之を濫用する奴輩《どはい》もあったけれども、是とても以前の偏頗《へんぱ》なる執着を、代表するものと迄は考えられなかった。ちょうど見ず知らずの切なる母性愛が、よその袂《たもと》を湿《うる》おすに足りたと同じく、人が其生地を慕う情は認められたのである。彼等が各自の郷土を理解し、其知識を又後に来る者に引継ごうとすることが、些しでも手前勝手な所業で無いとせられたのは勿論、近年は又進んで之を稍冷淡であった者に勧説《かんぜい》し、各地心を揃えてこの事業の為に働くならば、結局は国自体も亦その利益を収め得るかの如く、漠然ながらも信じようとする人の多くなったことは、前代には曽て見られなかった一大進歩である。地方誌の調査を政庁が訓諭したり、又は直接手を下して之を試みたりした例は、我邦にも支那にも何度かあったが、其動機は今と別であって、一国文華の隆盛を標識する為で無ければ、単なる行政上の用途からであった。だから往々にして余りに実地に近い記述の、領外に洩《も》れ伝わることを忌む者さえあったのである。今日の郷土研究は之に反して割拠では無かった。とくに明かにして居なければならぬ生活の状態を、先ず知る必要もあり能力も具わった者に、明かに会得せしめようとして居るのである。従って此気風は、遍《あま》ねく全国に及ばなければ効果が無い。異なる郷土に居る者にも其成績が役に立って、始めて国家として之を慫慂《しょうよう》した意義はあるのである。だからあらゆる郷土研究は、常に相互的のもので無ければならなかった。然るに今日まだ狭義の郷土史だけが、今なお案外に分裂孤立して、僅かに其利益を郷人の間のみに分とうとして居るのである。

二

是は近頃の歴史の学風に基づいて居るかと考えられる。今までの歴史は一言でいうと、甚だしく伝記的であった。人でいうならば特殊の偉人豪傑、もしくは十年に一度も起り得ぬような大事件を透して、我々に時代の推移を会得させようとした為に、其記述はいやが上にも綿密で無ければならず、又其史料の採択は、どこ迄も厳格且つ決定的で無ければならなかった。ということは一つの新事実の発見に因って、しばしば時代観の組立てを改める必要を生ずる程に、大いなる重点を個々の事蹟の解説の上に置いて居たのである。可なり明瞭なる三つばかりの結果が、其影響として現われて居る。一つには歴史を読む者が、其興味を二三の珍らしい事件の劇的展開に傾注すること、是は此学問の社会的用途を立証せんとする人々に取って、決して感謝すべき現象では無かった。第二には世の中の要求に応じて、進んで今一段と平凡通常なる事跡を説こうとする者までが、なお是までの史料の取扱い方に倣《なろ》うて、たった一つの事実に拠って其他を類推せしめんとする癖である。最も極端な例は風俗の方面などに於て、貴人上流の僅かな記録を引き、輒《すなわ》ち全国も亦此の如しと言うの類である。終りにもう一つ是も現在はもう普通になって居るのは、地方の多くの郷土史家が各その域内の事件大人物を追究して、それを著名ならしむるを以て能事了《おわ》るとすることである。是などは郷土という言葉の起るより、少なくとも千数百年の昔から、個々の部曲《かきべ》が抱いて居た自然の願いであって、今更全国が一致して新たに之を開始する必要も無いものであった。

つまりは現代の史風の長処は夙《つと》に認められ、其弱点のみは爰に始めて現われたのである。日本の大事件は勿論どこかの地方の史実ではあった。併し太閤《たいこう》も弁慶も一つしか出身地を持ち得ない如く、記録に名の伝わらぬ土地の数は極めて多い。それが競うて郷土の誇りなるものに力を傾けようとしたら、其結果はどうなるであろうか。単に境を越えたら忽ち省みられないような事柄の為に、割拠の博識を楽しむというだけで、満足して居るうちはまだ無事だが、事によると久しく煩わされて居た式内古社地の争奪、乃至は養和の若みかどの御隠れ家の証明のように、作り設けても他に打勝とうとするような、恥がましい私心さえも其中から頭を出すのである。全国一様にこんな研究がもし行渡ったとしたら、其結果は断じて幸福なものでは有り得ない。

郷土史の特長は、素より此方面に求むべきものでは無かったのである。国の歴史が最初から解説を任務として居たに反して、此方は新たなる疑惑を抱かしめる様に、予め準備せられてあったと言ってもよい。つまりは世が現代となって始めて開かれるべく、今まで残されて居た区域である。自然が後世の働き手を手持無沙汰《ぶさた》にさせぬ為に、わざと仕組んで置いたのでは無いかと思う事業は、必ずしも学問の方面ばかりでなく、野にも里にも幾つとなく転がって居るが、殊に歴史の知識に於ては、この永年の苦しい経験を積み重ねた後で無いと、人が求める気になり得ないものが、豊かに過ぎるほど手付かずに保留してあった。そうして郷土研究の夜明けを待って居たのである。最近に我々によって新たに認められたことは、文字の技能が以前或少数の階級、且つ僅かばかりの郷土に住む者の、修養に限られて居たことである。人が自分の見聞した範囲外に、記述の筆をさし伸ばすことの出来ぬのは当然であるが、其上に彼等は記録というものの本来の目途《もくと》に遵《したご》うて、自身書き伝うるの価値あり、又其必要ありと信じた事実のみを、忠実に選択して引継いでくれたのであった。それが中古の兵乱水火によって、更に分量を減じたことは別にしても、少なくとも末世の我々が、あの時見て置き又考えて置いて貰いたかったと思うものと、喰い違って居ることだけは疑いが無い。所謂史料が文字を以て表示したものだけでは足らぬこと、もしくは記録の外にも尚大切な史料があることは、もう大分久しい前から、専門の人が却って之をよく知って居たのである。

もう一つの真実は正直なる昔の人が、わざわざ計画して書き伝えた記事以外のもの、殊に平常の目に立たぬ問題に於ては、史料はその類型の幾つかを寄せ集めて、何度とも無く一致点を抽《ぬ》き出して見ぬ限り、安全に是を全般的の前代事実と認められぬことである。この集積が中央の少数者だけでは、実はそう容易の仕事では無かった。乃ち郷土史家の出て手伝うべき役割になって居たのである。是まで史料の本山の現わして居た功績は、主として消極的の方面であった。乃ちたった一つある記録の、そう容易に信ずべきもので無いことを、比較によって教えたのは有難かったが、個々の至って微弱な証跡をうんと重ねて、我々の要求して居る隠れた過去の事跡を、強い確かなものにしようという処まで手が届かなかった。というわけはその類のこまごまとした文字以外の史料は、大部分は地方に落ち散って居て、多くの人の協力に由らなければ、之を物にする途は無かったからである。

三

歴史は元来或処まで達すれば、それから以上は判らなくなってしまうのを、当然の性質として認められて居た学問であった。たとえば太古は邈《ばく》たり矣、得て尋ぬべからずと言うことは、どんな確かな研究の書にでも書いてあった。それも強いて知るべからざるを知るなという訓誡《くんかい》によって、ただ諦《あきら》めて居ただけならば、時には不満を抱く者も出て来たろうが、一般は寧ろ是だけ学んで居ればもう宜しいと心得て、別にそれより多くのものを問い求めようとは念じなかったのである。好奇心は却って発見によって誘導せられて居る。西洋の例でいうと、基督《キリスト》教が欧羅巴《ヨーロッパ》の大陸を席巻したのは、我朝の聖徳太子の御時よりも遥か後であったに拘らず、それより以前は何を信じ、何によって此世を道づけて居たかを、訝《いぶか》る者も無い時代が永く続いて居た。羅馬《ローマ》とそれを教えた希臘《ギリシア》や東国の学芸が、僅かずつ明かになった頃を復興期と名づけて居るが、其際は単に学べば学ばるるという大きな望みを、多数の俗衆に鼓吹してくれたことが尊といので、実はそれから此方に何倍か遠い昔、何倍か大きな事蹟が見付かって居るのである。簡単に神がそうなされたといえば、合点し、世界は今から六千年ばかり前に、七日間に作られたと聴いて之を信じた人々に、新たにそれよりも又何万年と無い古《いにし》えから、人が住み且つ群を成して活《い》きて居たことを報告する者があって、彼等の疑惑は勿論多岐にはなったが、同時に又何故に今ある信仰が弘く行われ、今ある制度が衆力を以て支うべきものになったかを、改めて熱烈に又底深く、究めて見ようという者をも生じたのである。

だから限られて居た歴史の障壁は、先ず向う側の古代史の堺から、取払われもしくは押《お》し拡《ひろ》められることになったのである。今は何処に行き何種と混淆《こんこう》してしまったやら、わからぬ様な古民族の生活が、ぽつぽつと知れて来たのである。文書記録の類に的確なる所拠の無い限り、歴史は説くなかれと言った古い教訓が、但《ただ》しを爰には附けなければ済まぬことになった。考古学は曽ては史学の補充を旨として居たのが、忽ち得意になって人を先史無人の地に導こうとするのみならず、更に其方法は新たに生れた人類学にも伝授せられて、頗る此あたりの縄張りを複雑なものとした。そうして国によっては人類の芽生えを以て肝要の主題とし、歴史をイの一番から説き立てることが出来るような、骨の折れた野望を抱く者さえ出来て来た。日本でもこの起原論の興味は、相応に深くなって居るようである。しかしこの切れ切れの地方事実が、果して厳峻《げんしゅん》なる近代の証拠主義に照して、安全に史料として採り用いらるるに足るか、はた又単なる注意すべきもの、もしくは驚くべく軽んずべからざるものというに止《とど》まるかは、寧ろ門外漢の平心に解決しなければならぬ難問題であって、それには又一方の史料競立区域、即ち文書古記録を詮《せん》として、歴史は完備し得べしと信ぜられた時代の、書外史料というものの価値如何《いかん》が、大なる参考となるのである。

けだし現在社会生活の需要からいうならば、遠き上世の物の始まりを究めるということが、今を知り又近き過去の実情を詳《つまびら》かにする事業ほど、適切なもので無いことは知れて居る。それにも拘らず、一方の太古史のみ先ず流行して、解釈は区々《まちまち》であり、議論は紛々たる中世以後の沿革が、依然として判っただけしかわからぬということは変な話だが、是は此学問の順序が偶然に斯うなったのであって、もと我々の思慮を以て排列したもので無いことを意味する。

其上に尚一つ、神武天皇以後の日本人の事蹟ならば、既に判って居るという予断も之を促して居る。何がわかって居るものか。めいめいの家でいうならば五代七代前は戒名と俗名ばかり、村でいうならば二百年か百五十年ほど昔に、誰かがもう居たということを知るのみで、甚だ信じ難い伝説すらも、自分等に関するものは無いのが普通である。一言でいうならば郷土史はまた零であった。国史は一国の最も重要なる事項に就て、二三の記述を存するというのみを以て、そこに有史以前と以後とを劃《かく》しようとしたことが、そもそもの大きな誤謬《ごびゅう》であったのである。我々をして言わしめるならば、別にこの左右に大なる有史以外が有ったのであり、個々の常人から見れば、現に今朝までが有史以前であったのでは無いか。勿論是は書いた物、文字に著わしたものを歴史とする結果で、人が省みずとも歴史は儼存《げんそん》し且つ進展して居る。しかも一昨年の空の虹《にじ》の如く、消えて痕形《あとかた》も無く過ぎ去っては居ない。孫が祖父母に似、生き残る者が友を懐《おも》うように、記念は寧ろ永く故地に留まることを努めたのであるが、奈何せん我々は特に此間より獲るもの無しとして、未だ史料の整理法を講究せざる前に、片端から之を忘れて来たのであった。だから新たなる郷土研究の必要を覚《さと》らしむる為には、先ず其可能性を立証すべく、若干の興味ある発見をして見せなければならない。今日はそれも早無用になって来たかも知れぬが、兎に角に考古学人類学は先ず栄え、民俗学は後れて尚とぼとぼと歩いて居るのである。志ある者が一たび其注意を此問題に向けてもよい時期は、今頃になって漸く到達したのである。

四

民族学の起りは、必ずしもそう新らしいことでは無かったが、是も最初のうちは遠い処の、どうあろうと格別のことは無いという事柄に、うき身をやつして居る道楽のように考えられて居た。実は其気味も多少無いでは無かった。是が史学と同様に一国各自の生活の内景を、鏡に向う如く窺《うかが》い知ろうということになったのは、ごく近い頃の進歩改良に由ると言おうよりも、是からの仕事と言った方が却って事実に近いのである。始めて我邦へこの未完成のままの新学を持って来たのは、日本人類学の創立者たち、殊に故坪井先生の忘るべからざる功績であった。人生を自然の現象の一つと観るということは可なり修練を要する技能であったと見えて、まだ其頃までは我々自身の存在は、批判せられるか無視せられるか以外に、単に記述せられたというものが至って少なかった。異民族に就ても長崎見聞の雑書を除けば、僅かに寺島氏の和漢三才図会《さんさいずえ》が、漢土の古い記録を丸写しにしたのを見る位のものであった。是が始めて世界地図の各部分と照して、そこに今住んで居る蛮民の名と姿と特徴の若干とを、知るというのだから新らしかったに違いないが、実際は我々の歴史などとは、至って縁の遠い学問であり、従うて又いい加減粗末に取扱われても居た。今でも土俗学などと之を訳して、済ませて居る人があるのは其痕跡である。土俗という言葉は久しい前からの漢語であって、字面から言うならば或郷土の習俗、土に即して古来存するものというだけかも知らぬが、此語を用いる人々の心持には、卑《いや》しく鄙《ひな》びた又奇怪なる所作、自分たちならそうはせぬものという意味があったようだ。是がちょうど又Ethnographie という西洋語の、最初その本地に於て帯びて居た語感でもあった。少なくとも人が此学問に期待して居た所は、聴き馴れぬ珍しい話によって、一種微笑を伴なう驚駭《きょうがい》の如きものを、味わわんとしたのであった。此類の旅語り乃至は異国趣味を世に弘めようとする者は、当節になっても決してまだ絶滅はして居ない。今後も或は斯ういう好奇心をたよりに、次第に通俗の間には入って行くのかも知れぬが、何にしても其様な限られた目的に遊んで居るうちは、到底まだ我々の郷土研究を、躍進せしむるには足りなかったのである。

学芸の発達は如何なる場合にも相関的であった。如何に古く始まり永く重んぜられて居た史学などでも、そういつ迄も既に定まった型を保守することは出来ない。それと同じ理由で前世紀の所謂土俗誌学なども、顕著なる衝動を他の多くの社会科学に与えたと同時に、自分も亦いつの間にか大なる感化を、隣の研究から受けて居るのであった。殊に此種の知識は歴史地理、又は博物等の記述の学問と比べて、より速かに一旦の行止まりに到達すべき性質を有《も》って居た。始めて全世界の交通が開けた頃には、何を説いても人は珍らしがり、雲一重彼方《かなた》の国の生活ぶりは、どれ程欺いても人が之を信じ得た。中には珍奇の興味に絆《ほだ》されて、嘘でもよいからもっと変ったことを聴かせてくれと、冀《こいねが》う者さえ有ったのである。曲亭馬琴《きょくていばきん》が書こうとした朝比奈巡島記《あさいなしまめぐりのき》一味の読本は、あれより少し前頃には西洋にも流行して居た。是と今日民俗資料として、我々の持伝えて居るものとの間には、幾ら昔からでも当然の堺目はあったわけだが、最初専ら斯ういう話をもたらし還《かえ》った人は、老いたる船長で無ければ世間を股《また》にかけて、行く先々に友を得んとする冒険商人の類であった。此人々の特長は話上手、必要とあらば少しは法螺《ほら》もまじえ誇張はもとより幾らでもしようという伝統の主義をもって居た。其上に記憶の誤りと観察の粗忽《そこつ》は何としても免れ得なかったが、しかも一方にはそれが知識を此上も無く活き活きとさせて居た。今日の整理せられたるエトノグラフィーは、之に比べると遥かに面白くなくなっているのである。

大体に意外なる奇事珍聞が消え、不可測なる現象と見られたものから、もとの彩色が段々と褪《さ》めて行った。異種族殊に白人との交際が、年と共にその甚だしきものを改めしめたのも事実だが、第二には又うそと誤解との、発覚したものも若干はあるのである。そんなに宛《あ》てにもならぬ記録なら、唾棄《だき》して資料のうちに算《かぞ》えなければよいと言う者もあろうが、そうは出来ない理由は色々ある。独り最初の訪問者の不用意なる印象の中から、人類相互の交渉の今と著しく異なるを知り得ただけで無い。そういう不完全極まる旅人の記録をでも手掛りとしなければ、最早あの時代の蛮夷《ばんい》生活のどんなものであったかを、確かめる途は無くなって居るのである。その後幾通りも綿密なる旅行記は公表せられ、或は特に計画せられた探険隊の、調査しに行った地方などもあるが、どれ程それが確かであっても、既に変化して居るのだから昔のものの代りにはならない。彼も是も遠いものも近いのも、出来るだけ数多くの資料を集めて、比較をして見た上で無いと嘘も看破れぬわけであるが、兎に角に過去四世紀半の切れ切れの世間話を積み重ねて、始めて我々は全然自分の史書を有《も》たぬ憫《あわれ》むべき未開人にも、尚且つ彼等自身の無意識の歴史があって、それが痛切に先ず当人等の幸不幸を支配して居たという、発見に到着したのである。

五

今に於て回顧すればこそ、それは当然過ぎるほどの当然だとも言えるが、僅か二三十年前の土俗誌は、ちょうど其頃の地誌も同じように、単なる一冊の読み本として愛読せられる場合が多かったのである。特に一つの土人部落を知り、乃至は一つの美しい島に好奇心を起した者が、何か其事を書いたものは無いかと言って捜し、何だもう此頃は人を食わなくなったのかと、本意《ほい》ながる者さえ時々はあったのである。其種の文献が今は既に汗牛《かんぎゅう》充棟《じゅうとう》になった。愈々一般的の関心を以て、その全部に目を通すような人の存在は望み難くなって居る。ただ出版の分量だけから言うと、政治論策や人物評の類はもっと夥《おびただ》しいが、是は始めから残そう為に書くのでは無い。文芸はあれ程にも不朽を目途としたが、実はごく少数を除いては、悉く忘れられてしまう約束になって居る。それと或地の或時代の記録として、一つしか無いものとは話が別で、日本は有名なる孫引国だから、格別まだ気にも掛けぬようだが、斯う色々の書物が、入り交りに散在して居て、それを大よそは読んだ上でないと、何の意見も立たぬとあっては、どうにかこの資料を整理して置かぬことには、もう之以上の学問の進歩は期し難くなって居るのである。

すべての記述の学問の、向うべき末の落着きは定まって居る。最初には如何に粗末なものでも先ず問題の提起を歓迎し、次には出来るだけ豊富なる記述、殊に目さきの変ったような事柄の、其中から幾らでも拾われるものが喜ばれる。それからそろそろと法螺《ほら》吹きが排斥せられ出し、認めて真実とすべきものはどの部分ということになるのだが、是等は何れも皆学問の峠の口阪本の里である。此次はさてどう進んで行けばよいか。自然科学の方では既に決定したものもあり、又色々の段階に於て長々と路草を食って居る者もある。その悠々たる態度は羨《うらや》んでいいか否かを知らぬが、所謂考古学なども兄分の史学を真似《まね》て、個々の遺跡の寸法を取るのに一生を暮す学者が中々多く、しかも我邦にはまだ隠れたる材料が多いから、ほとほと団栗《どんぐり》の池に落ちるという、果無し話を聴くような感がある。斯ういう状態をすっかり通り切って、始めて綜合の研究に進むの他は無いか。はた又今ではもう少しずつ、二つの方法を併《あわ》せ行うことが出来るのでは無いか。一生の短きを歎き、学問に対する期待の大きい人々には、此問題は決して何れとも御自由にとは言って居られない。

ところが所謂土俗誌の方面だけでは、土地と種族と事項とが錯雑して、分類が甚だ面倒であった上に、時代の変化というものが最近は余りに顕著だった為か、案外に早くその一旦の行詰まりに遭遇して、是非とも次の局面を展開しなければならぬことになった。今から四十年余りも前に、英国では既にエスノグラフィーの合理化を唱えた学者がある。唱えただけでは無く人間生活の主要なる問題に就て、その大体の法則と傾向とを、当時尚乏しい資料に拠って立証しようと試みた名著もある。是は勿論大胆に過ぎた事業であって、事実又其後の周到なる調査の為に、幾らと無く反証を挙げられ改訂せられた点は有ったけれども、それが怖いからと言って、いつ迄も只記述を続けて居る人ばかりが多かったならば、此学問も結局は平凡なる紀行文学の列に堕《お》ちてしまったかも知れない。知識の進取的なる捜索ということは、全く此等の先覚によって指導せられて居る。今日学術が最も困難なる探険の第一次の目的となって居るのは、知ってその知識を何に利用するかということが、たとえ早合点にもせよ大よその見当が付いて来たからである。地方の此頃の採集家の中には、打見たる所徒らに博く識り、多く集めたのを以て満足する人も有るやに見えるが、実はその目の附けどころだけは、追々に変って行こうとして居る。少なくともただ道楽でそんなことをする者と、是を学問と考えて求めて居る人との境は有る。そうして後の者だけは、何処かに目に見えぬ共同の中心を予想し、他の一方は依然として割拠の競争のみを続けて居たのである。

日本で我々が同胞国民の久しく埋もれたる歴史を尋ね、国を此状態まで持って来た骨折と不可抗力、もしくは人の計画の適中と違算とを明かにしようとするのは、かの白人たちが伝道乃至は拓植の為に、もっと行先地を詳しく知って居ろうとしたのと、目的の重要さに於て固より大きな差等がある。しかし其手段として是から採用しなければならぬものは、曽て土俗学の成長を助けて、その今日の隆盛を導いたものを、一つの手本とするの他には無いかと思う。それを飛んでも無い事だと慌てて反対しようとする人は、最初土俗学が純なる記述の術であり、又専ら文化の劣ると信じた者を取扱って居たことを、余りにいつ迄も記憶し過ぎた人であり、そうして又諸国のフォクロアという研究の、僅か五十年足らずの目ざましき展開に、余りにも気の付かなかった人であった。幾ら優れた国民でも、史書の著わし伝えざるものを、文字を通して知ろうとすることは難い。人に新たに解こうとする疑惑、必ず原因を究めて置こうとする問題の生じた以上は、どんな英傑であろうとも、やっぱり可能なる方法を求めなければならない。今までは単に手段によって目的を制限せられて居たのである。

六

我々はいつも飜訳の為に悩まされて居る。一度気まぐれにきめてしまった用語が、却って後々の理解を妨げて居る例は、土俗学でも考古学でも皆そうのようである。フォクロアという語なども、当初英国の二三子に由って採用せられた時の意味と、現在の心持とは余程変って居るのみならず、其中間にも亦何度かの推移があった故に、下手に通弁すればどれかを取落す懸念があるので、どこの国でも今に原《もと》の語を使って居る。私は是がエスノロジーの土俗学と合体して、一つの学問となる時まで、それも格別遠い未来でも無いらしいから、先ず此儘にして置く方が便利だろうと思って居るが、人によっては之を俚伝《りでん》学と謂ったり、又は実質に基づいて民間伝承学とも言ったりする。実際はまだ独立した一派の学では無いのである。始めて此名の学会が英国に起り、次いで欧大陸の各邦に普及した頃には、是も土俗誌と全く同じに、単なる記述を以て共同の目的として居たのであった。両者の異なる所は一方は異種民族、殊に西洋の文明と縁の遠かった者の生活、他方は又国内古風な人々の間に、今尚現存して居る事実を見付けて、それを珍重して記録して置こうとしたのであった。フォクという英語はこの限られたる範囲には当って居る。単に気の置けない尋常の人たちという以上に、或は無知なる開けない連中、backward people のことだと説明をした者もあった。それで家々の年とった僕婢《ぼくひ》に注意して見たり、又は偏鄙《へんぴ》の村里まで、わざわざ採集に入込もうとした人も多く、始めはただ好意ある有閑階級の物珍らしがりを集めた迄であったが、僅かな年月に会員の種類は変って、もはやそういう人たちでは維持し難い団体となった。仏蘭西《フランス》の方でもこの隣国の新語を避けて、成るべくは民間の伝承という語を用いんとした人までが、やはりその民間 populaire は上流 supérieure に対する語だなどと謂って居る。しかし伝承はもと各個人の気質習性によるもので、必ずしも身分境遇貧富の度、乃至は居住地の相異によって、概括して其分布を予測することは出来ない。新らしい職業と是を準備する教育とは、勿論人々の注意を外に誘い、従うて発露の機会を減じ記憶を薄くする結果を見るが、是とても人により又場合次第で、そう簡単に古風と絶縁して居たもので無いことが、其後段々に認められることになって、乃ちフォクロアの概念は少しずつ変って来たのである。

近代の社会諸科学は、此方面に於ても互いに相啓発しつつ進んで行った。最初白人たちは自分の国の民間伝承と、未開蒙昧《もうまい》と称せらるる有色人種の土俗との間に、果して必然の一致があるべきことを予期しても居なかった。併し一方に人の生い立ち、群れて栄え行く法則に彼此の差の無いことが、安全に証明し得られた頃には、もう此方にも幾つかの動かすべからざる生活技術の共通が見出された上に、更に前代の最もさかしい人種、完全に近い古文化の創設者として、久しく渇仰《かつごう》して居た埃及希臘《エジプトギリシア》の住民にも、彼等の背後には亦遼遠《りょうえん》なる昔の野蛮時代があって、しかも其痕跡は永く次々の社会に迄伝わって居たことが判って来たのである。この三つの発見の照合は、各自の学問にとって可なり痛切な刺戟であった。人は環境のそれぞれに異なる中に生息しつつも、尚案外に似寄りの方角を向いて、後れ先だつ歩を進めて居た。蠢爾《しゅんじ》として動かざるが如く見えた者の生活にも、なお百年前の面影は尋ねて漸くにして之を知るまでになって居ると同様に、所謂二十世紀の文明とても、そう完全には新らしくは成切って居ない。ただ後者は其残留が特に切れ切れであって、又比較的他との関係が薄く、たとえば北の屋陰にのみ雪が消え残るようなものである故に、それを史料として前代の社会の、次第に面目を改めて来た道筋を突留めようとするには、弘く其比較を在来の歴史圏外に及ぼし、又新たに其方法を打立てる必要があるのである。

日本はその特殊なる国情を以て、今まで無意識ながらもこのフォクロアと土俗誌との提携に、よほど重要なる媒介の役を勤めて居る。二つの研究の実質的差別は、もはや今日では無いわけになって居るのであるが、それでも一方は外来の智者、文字を利用し得る白人の手を借りなければ、記録して之を学問の資料に供することが出来ず、独り他の一方の所謂民間伝承のみが、僅かに自国人の親切と理解力、又国の前代事情を明かにしたいという熱心を以て、直接に之を我学問に用立て得るものと認められて居た。其代りには後者の収穫は、通例は甚だ乏少なるもので、大きな根気を以て少しずつの異聞を拾い集め、それを何等かの断定まで持って行くには、屢々推測の仮橋を証拠の割れ目の上に、架けなければならぬ弱点があった。ところが我々の社会は、今ちょうど改まって行こうとする堺目に在って、古い風は尚豊かに存し、それに新らしいものが稍交って、寧ろ反映を顕著にして居る。産業革命後の百年を経過し、六七代の児童を引続いて親にした小学校教育の徹底した諸国とは、外貌に於て既に異なる所があるのである。だから我邦のフォクロアだけは、いと容易に民族学の実力を具え得て、之に立脚して歴史の埋もれて居る人々の為に、彼等の語らんとする所を語らしめることが出来そうなのである。

七

この今まで別々に育って来た二つの学問が、単に手を組んで共に働くだけでも大きな事であるのに、日本ではそれが重なって一つのものになろうとしている。西洋でも早晩は必ずそうなるものと予期して居る学者は多いようだが、その実験にはまだ色々の支障がある。独逸《ドイツ》などは理論のやかましい国だから、夙《はや》くから一方を比較民族誌学 Völkerkunde 、他の一方のフォクロアを一国民族誌学 Volkskunde と命名して、出来るだけ双方を近づけ又行き通わせようとして居るが、何分にも久しい間の仕事の相違、殊に其対象となって居る生活に、遠近寒暑の差などが甚だしい為に、もっと整理を重ねなければ、問題を共通にすることが六つかしそうである。大体からいうと、白人文明国の民間伝承は、或は稍採集の時期が遅過ぎて居たようだ。従うて是に対する方法も細かく、又幾分か余分のもの迄を搔き寄せて、あとで仕分けをするというような手数なことをして居る。だから片端から興味のある事実を、ただ採録して読んで居るうちはよいが、それがもう隅々まで一わたり済んで、さあ整頓という段になると、非常に骨折な仕事となって来るので、此点が自由で又自然であった異人種の生活観測と、歩調を揃《そろ》え難かった理由である。ところが我々の今日迄の習俗趣味信仰などは、この手あいの眼から見ればエトノグラフィー其ものであった。それを当の国民が自ら観、自ら理解しようというのが日本の今後の郷土研究である。他日中華民国を始め安南《アンナン》暹羅《シャム》緬甸《ビルマ》爪哇《ジャワ》等の諸国等に、そういう学者が嗣《つ》いで起る日が来るかは知らぬが、少なくとも現在は我々以外に、斯んな形勝の地位に立つ者は先ず無いと言ってよかろう。

たった一つの必要な条件は、折角自分たちの眼の前に豊かに繋って居るものを採り用いるのに、遠い西洋人の及び腰の観察法を真似たり、又は古風な道楽研究の跡を追うて、之を土人野人の生活ぶりを見て遣るのだなどと、いい気になってしまわぬことである。無智で教養の欠けた人たちの間で無ければ、前代の共同社会の痕跡は残らぬものと考えたのは、耶蘇《ヤソ》教国の年久しい宗旨かたぎで、それが為に心に古い事を多く記憶する者が、恥じて採集を避けていよいよ同じ彼等の資料を乏しくした。日本などでは事実は寧ろ反対で、貧しい其日暮らしのような境遇に居た人は、以前も何かというと伝統の拘束を破って、新らしい時代の風にどしどしと加わり、たとえ文字の教育には疎くとも、思慮あり感慨あり又若干の指導の能力を具え、且つ幾分の余裕のあった男女が、主として今までは古い慣行を守って来たのである。従うて多くの優秀なる伝承者、即ち聴く人が有るなら語りたいと思う者も其中に居た。是が急激に新たな世界文化を受入れようとする時代に入って、もしも誤ってそんな事を知って居る者は下等だというような感じを抱いたとしたら、其結果はまた略明白である。是も事によると欧羅巴《ヨーロッパ》諸国の失敗を真似て、わざわざよい種を絶滅させて後に、時おくれて捜査の苦しみを嘗《な》めることになろうも知れぬ。

範を外国に採るということは、通例は今は受売の申しわけになって居るが、それをする位ならば是非とも多くの意見の最後に決した所を見て、少なくとも失敗の模倣だけはせぬ方がよい。土俗学とフォクロアと、この二つの学問は日本でならば簡単に提携し得るが、それも双方の長処と弱点が、今までの経験によって大よそ明白になってから後のことである。そうして第二のものの他の国々での弱味は、求め方が悪い為に獲るより前に消えて行くことであった。此点こそ殊に我々の参考にしなければならぬものである。一般に時が遅かったという憾《うら》みは何にもあるが、それよりも研究者が自ら伝うる者の心になり得ずして、いつも高い処に乗って別世界の事物を観るような、いやに他人行儀な関係を保って居たからであった。歴史が是だけ進んだ比較民族学の成績を、まだ何としても利用し得ないで居るのも、やはり亦この悪因縁の絆《ほだ》しであり、日本でフォクロアがともすれば道楽者の天国と看做《みな》されるのも、言わば単なる先例のはき違えであった。

ここで一つの譬《たと》えを引くことが許されると、幾分か私の話はし易くなる。民族学とフォクロアの二つの学問の対立は、金礦と砂金との関係によく似て居る。双方尋ね求めて居る目的には異なる所無いのだが、国によって其存在の状態が別である故に、是まではちがった採集法を試みなければならなかったのである。一方は知識が一つの層を為し、脈を辿《たど》って順々に掘り下げて行くことが出来たに反して、他の一方も場処だけは大よそ定まって居るとは言え、しばしば時の力によって、下流に押流され、且つ埋没して大部分は知られずに居る。或時はクロンダイクのように急に出盛って、計画を立てて取る様な場合もあるが、永くは続かぬのが普通であって、其後はただ常住の注意を払う者のみが、稀《まれ》に意外な福運に打当ることが有るだけである。そうして此方にはもともと分布が稀薄なのだから無益な労力がどうしても多く費されがちである。礦山の技術は此頃になって進んだ。一旦其所在に取附きさえすれば、元々物が有るのだから計画は幾らでも立つのだが、それでも尚天然の事情によって、現に有りとは知りつつどうしても手の届かぬものがまだ残って居る。ところが或土地の砂金取りたちは今まで相応の獲物があるので、ついうかうかと表面の採集を続け、やたらに土石を掻き上げて踏み付けて居たが、やがて失業も程近くなった頃、そこが金山の一つの露頭の手附かずにあったものだということが知れたとすればどうであろう。誰だって一方で無駄にしようとして居た根気と慾とを、此方へ振向けるのが自然では無いか。と先ず是まで譬喩《ひゆ》を持って来て置いて、此次は双方の採集手段の、長処と短処とをもう少し詳しく考えて見たいと思って居る。

（『郷土科学講座』1、昭和六年九月）

国史と民俗学

一　史学の成長力

あらゆる今日の人文諸科学の中で、独り史学のみが持つ特殊の経歴、もしくは特権とも名づくべきものは幾つか有る。学問を時代の助言者たり又指導者たらしめる為には、先ず此点を詳かにして置くことが必要なのであるが、それを只其内部に在って働く人々だけに期待することは、今の処ではまだ少しく無理である。社会も一応は其評定に参加しなければならぬと思う。

人間が文字を知る以前から、既に有ったという学問はそう多くない筈だが、歴史だけは明白にその一つである。遠い洋海の離れ島に、分れて住んで居る諸民族の例を引くまでも無く、我々日本人の先祖なども、まだ言葉を文字に移す技術を習わぬうちから、夙《つと》に過去に関して学ぶべく又教うべき若干の知識を蓄えて居た。其集積が次第に暗誦《あんしょう》の力に剰《あま》り、且つ家々の齟齬《そご》を調和し難くなって、筆紙の入用は寧ろ是に促されて起ったとも見られる。だから我邦に於ても、他の多くの旧国と同じように、書物の一ばん早く出来たものは史書であった。

単に開始が古かったというだけの学問ならば、捜せばこの他にもまだ挙げられるであろう。しかしその或者は既に用を果たし、もしくは世が変って丸々面貌《めんぼう》を改めて居る。そうで無いまでもこの久しい歳月を通じて、斯ばかり社会の信望と敬愛とを、保ち続けて居るものは一つだって無い。たとえば支那で仙人の道を説いた学問などは、史学ほどには長命でないというのみで、或時代に於ては文献の豊富、是に携わる学者の優秀を以て、歴史以上に尊ばれたこともあったけれども、今は追求する人も絶え絶えで、僅かに存在の痕《あと》を後者の片庇《かたびさし》に寄せて居るばかりである。本草《ほんぞう》や錬金《れんきん》の原理法則も、結局は亦歴史のかかり人になってしまって、自ら其相続者と名のって居る新学が、却って誰よりも先に之を愚弄《ぐろう》しようとする。是等に比べると、史学は亭々《ていてい》たる喬木《きょうぼく》であった。啻《ただ》に数千年の老樹であるのみか、其枝は常緑である。朝夕其蔭に立って高く見上げて居る連中には、格別心づかれなかったのも無理はないが、それが風土の許す限り、どこ迄も成長しようとして居るのである。綜合《そうごう》せられたる世界歴史の、中々容易には望み得ない理由は、持主によって之を盆栽風に仕立て、又は多くの庭師を頼んで、摘んで撓《たわ》めて枝振りを好《よ》くしようとし、或は又出来るだけ天然の姿を、眺めて見ようとする者があるからである。時代と国柄との影響は誠に区々《まちまち》であった。しかも根本に於て歴史が伸び行く学問で無かったならば、此様な細工も実は施し難かったので、単に発芽の昔が悠久であったという以上に、その殆と無限に近い成長力こそは、何人《なんぴと》にも疑われない第一の特色であり、同時に又近代の若々しい諸科学と、肩を併《なら》べて行かれる根拠でもあった。

　但し史学の伸展性を以て、悉く時代が新らしい史実を次々加えて行ってくれる御蔭と解しては無論誤って居る。我々の最近世史は煩瑣《はんさ》を加えたことは確かだが、明確にはまだ何分にも心もとない。ましてや是を万人の学び得る知識に、要約する仕事は未来に転嫁せられて居る。時論が簇出《そうしゅつ》して正しい判断を曇らせる点は、学問としては寧ろ停頓《ていとん》である。この一時的の混乱が、間接に我々の光明を呼ぶ声に、又はじっと到達地を念じて予定の途《みち》を踏む足取りに、力を添えたというまでは信じてよいが、成長はまだ此方面には見られぬのである。我々の実験が証明し得たのは、却って眼前とは縁の遠い上代生活の探求法であった。人が記憶と其補助手段とのみを以て、歴史の唯一の根拠として居る限りは、時の進みは当然に過去を稀薄ならしめるの他は無いのだが、上古史には却ってその反対の事実が現れて居る。発見と称する新たに起った事件、もしくは注意再検討という現在の行為が、別れて数千年を経た大昔の人の生活を、より詳しく知る力になるという実験、それが成長で無くて何であろうか。書物に伝えられた往古は限られて居る。それより向うのことは尋ねても無益と、全くあきらめて居た期間は随分と永かった。其制縛が今日はもう解けてしまって、如何なる疑問でも有るならば出してよい時代になっただけで無く、其解答を求むる道が隠れて我々の内に在ったこと、過去が黙して告げなかったものを、未来が談《かた》って聴かせてくれるかも知れぬという希望が明かになって、一朝にして史学の地平線は展開したのである。この経験はほんの少しの類推によって、愈々其意義を大いならしめる。私たちに取って特に重要と思われる点は二つ、既に所謂有史以前の遼遠《りょうえん》すらも、新たなる方法の来り援《たす》くるによって、目に見えて視野が拡《ひろ》げられ得たとすれば、それよりもずっと手近に在る無歴史区域、或は名づけて有史以外ともいうべき人生にも、史学の働き得る未開地がもっと有る筈だということが其一つである。第二には歴史が之を後代に伝えんとする意図の有無に拘らず、今在る眼前の残りの形、大よそ我々の知り且つ認むるものの姿に拠って、それが映し出して居る限りの前代生活を正しく解説する学問だとすれば、他にも必ず利用せらるべくして未だ利用せられざる史料が、現在はまだ余りにも多過ぎるということが考えられる。我々の行住坐臥《ざが》飲食衣履言語社交等の万般相は、概ね顕著なる近代史跡であるが、往々に其間に伍《ご》してわけの判らぬという行事習慣が目撃せられる。其片端の最も小さなものでも、何の来由も無く又非日本的に、孤存突発する筈の無いことは、地下数尺の底に横たわる石器土器片よりも確かであるが、其歴史の大半は埋もれたままで、しかも消滅の危険は後者よりも多い。つまりは採集と整理の方法が、今はまだ此部門に及ばぬのである。史学が与えられたる前線を守って、自ら我活動を限局しようとせぬ以上、いつかは其関心の遅かったことを悔居る時が来るだろう。是が学問成長の自然の進みでもあれば、同時に又私が予め他日の計を講ぜんとする動機である。或は歴史には別に大きな問題がある、そんな些々《ささ》たる民間の事実は省みるに足らぬと、教えて居る学者も有るらしいが、問題の大小軽重の如きは、二人や三人の判断では決しられない。人間の力で出来ぬことは是非も無いが、抱負は少なくともあらゆる今後の疑問、いやしくもこの一国人生の過去に就て、人の知らんと欲することは皆知れるという究竟《くきょう》地を目ざさねばならぬ。この普遍性の有る無しは、実は科学と非科学との分れ目のようである。そうして史学は少なくとも其可能性を危ぶまれては居ないのである。

二　国史と教育

次に此学問の第二の特徴として、人からもほぼ認められ、自らもそう信じて居る社会上の指導権がある。現時の教育法令は商山の四皓《しこう》の如く、万全に歴史の優越地位を擁護することになったけれども、其羽翼のすでに成ったのは、是も亦遠い太古の世に在るのである。孤立した村の経験も同じように、小さな平和な平等の社会に於ては、現在の出来事は万人が共に知って居る。教えてもらう必要は全く無い。忘れたり老いたり生き残ったりして、知って居る者と知らぬ者とが両立し得る区域は、過去の知識の他には無かったのである。それが生存の光明であり又慰安であることがわかって、教えられる者の尊敬は加わり、教える者の立場は高まったことは、武力が一群を庇護する場合ともよく似て居る。どんな蒙《もう》昧《まい》な種族の中でも、猛威のみでは頭目《とうもく》の資格は成立たない。長者は必ずより多く物を知って居るが、それは必ず過去に属する知識であった。考えて見ると是は一面には困ったことでもあった。そういう昔語りは悉く歴史では無く、夢も誤解もあり又只の作り事もあって、知ると知らぬとが是ぞという効果の差にもならぬものが、若干は其中に交って居た様に思われるが、奈何せん聴く者には選択の力が無く、又それが一様に珍らしく且つ興味があったのである。その無知の従順と無判別の信奉、知識欲とも言えない好奇心は、まだしおらしく当世の片隅にも遺伝して居る。宗教は教とはいうけれども、実は後から出て歴史の教え方を借りて居た。呪術《じゅじゅつ》技芸は子孫に私せしめようという念慮から、之を知る者が屢々教え吝《おし》む形跡があったに反して、過去が斯うあったという知識のみは、寧ろ統一の為に出来るだけ弘く、之を公けにしようとする努力が試みられた。そうして一方には欣《よろこ》んで之を学ぶ者が多かったのである。歴史教育の所謂社会的基礎は、淵源する所遥かに又深いと言うことが出来る。

しかも歴史家の発生は、それよりも又更に前であり、もしくは異なった根ざしを持つようである。少なくとも教育の需要が之を促したものとは私などは観て居ない。我邦の上代史と最も緊要なる交渉をもつ稗田阿礼《ひえだのあれ》、あれと同質の女性はアイヌを始めとし、文字無き遠近の民族の中に今でも数多く見出される。偶然でなかろうと思われる通有性は、そういう暗記に優れ又人に説く才藻《さいそう》を具《そな》えた婦女が、大抵は名門旧家の血を引き、しかも其族党の聊《いささ》か衰えかかった際に出て来ることである。是とよく似てやや小規模なる経験は、我々の仲間にも稀《まれ》では無かろうと思う。母や叔母姉の家復興を至願とする者が、之によって子弟を激励し、乃至は有形無形の外部の侵略を、防禦《ぼうぎょ》しようとした言動は本性に出でて、労苦では無くして快楽ではないかと、思われる位の熱心さを示して居た。或は傾き聴く人が漸く少なくなって、却って其努力が目に立って来るということもあったろうが、もともとそう謂った家には語るべき過去が多かったのである。それが時めき富み栄えて居た頃には、聴いて口々に受け伝える者があって、どこに中心があるかを究めることが六つかしかったけれども、是にもやはり家々の特に聡慧《そうけい》なる者が、内に在って古伝を保管し、且つその適当なる承継によって、異説の紛乱を防いで居たらしいのである。それが主として女の役目であったか、又は男ばかりが之に任じて居たかは、無論国柄により又民族の文化程度によって、区々《まちまち》であったに相違ないが、兎も角も上世の歴史家は、出処が大よそきまって居た。たとえば素質がよく記憶が確かで、今なら十分にそうした物識りとして立って行かれる者でも、生れが悪ければ何にもならない。もしも凡庸無力な寄寓者などの家庭であったなら、其天分は恐らく永遠に埋もれてしまったであろう。或は一門の功績と栄誉を主張しなければならぬ必要が、特に此種の智能を其家に発達させたのかも知れぬし、又或は最初から、過去を鮮明に談《かた》り得る者が、推されて自然に社会の宗源を為すこと、恰も風貌体力の絶倫が、酋長《しゅうちょう》の資格であったのと同一の事情とも解し得られる。其遺伝の美質が漸く薄れる頃には、氏族の団結はもう強化して居て、必ずしも嫡流《ちゃくりゅう》の末から自ら説く者を出すに及ばず、欣《よろこ》んで本家の言い伝えを、支持し敷演《ふえん》せんとする人々があったろうのみならず、後には更に奴婢《ぬひ》郎従の中からでも最も優秀なる語り部を選抜して、之を重用することが出来たかと思われる。是が史官と称する制度の二葉であったことは、今日の比較研究法に由って、恐らくは十分証明し得られる。各国諸民族の上代史が、今まで例外もなく其力を系図と英傑の事蹟とに傾け、経済芸術はた信仰の如き、直接凡人大衆の生存と交渉した問題ですらも、尚且つ僅々《きんきん》若干名士の伝記を繫《つな》ぎ合せたものが、即ち其歴史であるかのように感ずる習癖は、現代までも持ち越されて居る。其原因の可なり大きな一つは爰に在ったようである。

歴史が国家の最も枢要なる学問であったわけ、もっと具体的に言うと、是が王者の教育法であり、又名相賢臣の欠くべからざる素養であった理由も、やはり此側面から之を見出すべきものと私は信じて居る。この知識は既に発端の際に於て、行く行く政治史を以て其主流とすべき傾向を具えて居た。或一つの郷土が特に神に恵まれ、そこに導かれて入って住んだことが、久しき平和と繁栄の基礎であるということは、今でも村々の居民が夢みてでも信じたがって居る伝説である様に、大よそ群の組織を持つ程の人類にして、此意味の開闢史《かいびゃくし》を記憶せぬものは無いと言ってもよい。ところが歳月には速かなる経過があり、幸福には波瀾《はらん》がある。あらゆる逆運を凌《しの》いでこらえた者だけが、無論活《い》き続けて居るのだが、彼等現実の経験は少しずつ其古伝を補正しなければならない。乃ち新たなる法則が追々に意識せられて、最も敬虔《けいけん》に是に順応した者が、次の安寧を引寄せる主力であったという、解釈は下るのである。是が益々拡充せられて、終に万国無比の雄麗なる伝統が確立したことは、余りにも畏《かし》こいから慎みて爰には言挙《ことあ》げをせぬ。小さな島々や引込んだ古風の村方《むらかた》には、今でも村長と神に仕うる者とが一家で、分れて対立して居らぬ例は稀《まれ》で無く、それが又生活の自然の中心とさえ認められて居る。祈願感謝の式典の色々の手落ち、乃至は仲間に対する不親切な心掛けなどが、幾分か内端に押包んで伝えられ、又は弁疏《べんそ》の辞を添えて叙述せられる嫌いはあったかも知らぬが、兎も角もそういう家々が現に栄えて居る以上は、手柄が多くて過ちの方は少なかったものという証拠になり得たのは当然と見るの他は無い。人を代表とし又指導者とする社会が続く間は、何と言っても政治史だけは個人伝記の集録になり勝ちであり、悪くすると頌徳表《しょうとくひょう》の連続のようにならぬとも限らぬ。自分たちで押立てた議員や大臣を、のっけから軽蔑《けいべつ》したり疑ったりする風は、有るのが変態で無いのが並みである。そういう中でも隣の一大国のみは、所謂天命が屢々革《あらた》まり、割拠が久しく続き、互いに利害が無いというよりも、寧ろその相反する者がよその歴史を説いて居た。即ち失敗して亡びた人々の過去が伝わった。是は主として文字の力であろうと思う。家々の歴史係りが浩歎《こうたん》して筆を投じた後も、尚跡を竹帛《ちくはく》に垂れる者があった。趙盾《ちょうとん》その君を弑《しい》すというが如き、最後の直言も稍認められたろうが、後世東方の史論を特色づけた春秋《しゅんじゅう》の客観なるものは、時とあの国の政情とが作り上げた、一種の安全地帯から生れた方法である。是が日本を感化したのは、単なる歴史的偶然の一つに過ぎない。しかも其効果は頗る良で、是によって我々の史学は、たしかに一段の健全なる成長を遂げたのである。無論或程度までの話には相違ないが、国史をある一つの国の歴史として学び、教え又批判する態度の、我邦へ入って来たのはすでに愚管抄《ぐかんしょう》や神皇正統記《じんのうしょうとうき》の頃からのことで、必ずしも徳川後半期の経学普及時代に始まったのでない。それが次々新たに歴史を作為する人々に、暗々裡《あんあんり》の牽制《けんせい》を与えたことは別問題としても、少なくとも読史の興味は之によって深くなり、同時に之によって教育せられる者の範囲が拡張したことは争えない。近世の多くの編輯《へんしゅう》国史は、言わば此需要に応じて現れたものであり、維新前後の人物輩出は即ちこの成長した学問の収穫であった。もしも地方が今日の郷土誌のように、各々割拠して形勝を誇り、名士を礼讃するだけに自得して居たならば、仮令《たとい》堂々たる上代の正史は有ろうとも、其力だけでは到底是ほどの国家意識を、全国に漲《みな》ぎらせることは出来なかったろう。だから半世紀前の制令者等が、自分たちの素養経歴に鑑《かんが》みて、歴史の学習を普通教育の枢軸に加えたことは、主義としては少しでも誤って居ない。たった一つの残念な事といえば、教える内容が政治と戦闘、以前記録を持ち得た家々の、自ら説こうと努めて居た過去知識に偏して居て、必ずしも一般民衆の需要に基づいた選択が行われて居なかったことである。乃ち教材は片よりがちであった。史学は是だけで沢山だという御意見があれば格別、もしも方法が無いから是非に及ばぬという次第ならば、将来の史学は更に其方法の発見の方へ、進んで行かなければならぬことにどうしてもなる。

三　記録文書主義

そこで問題は史料の種類を、限定することの当否に向わねばならぬ。在来の専門家は永い慣行によって、歴史は文字で書いたものに依るの他、知ることの出来ぬ知識だと思い込み、又そういう定義を掲げて居る人も幾らも有るようだが、之に対しては然らば文字以外の証跡に基づいて、探り究められた過去の事実は何だときいてもよし、或は又現在も眼に一丁字《いっていじ》無く、文字の有る旅人にも訪《おとな》われなかった土地の住民には、歴史が無いと言えるかと尋ねてもよいのだが、そんな憎らしい詰問をする迄も無く、是は明らかに誤って居るのである。史学は往古にも現代にも、決してしかく究屈なる埒内《らちない》に籠《こも》っては居ない。単に相応に久しい年月の間、主として此手段に由って仕事をしつけて居り、それで別段の不便を感じなかったという迄で、必要が少しでも生ずると、意識して又は無意識に、どしどし外へ出て証拠を求めて居るのである。日本の手近な例を挙げるならば、我々の維新史料は牛に汗し、棟木を突き折るほど既に集まって、人が忘れる頃まで其整理に掛って居るが、それにも拘らず老衰した人々を諸方から喚《よ》び寄せて、なお彼等の口から何事かを得ようとしたのである。無論其談話も記録には変形するが、誤植が有っても其方を採るという迄に文書主義では無い。江戸時代の初期に流行した聞書覚書も之に類し、事実其もののあった時から、既に実験者の半生涯を経過し、時としては幼年の頃の又聴きさえも交り、中途の誤伝は幾らでも想像し得られるのだが、他にはその一つの問題に関して、何等の手掛りも得られそうに無い故に、已むを得ず之に拠るというに過ぎなかった。だから幸いにもし其他の文字史料の、是と喰い違ったものが見つかった場合には、それ等を対質させて自由な取捨をするは勿論、時には各人の計算推理、甚だしきは漠たる常識を以てすらも、たった一つしか無い文書の内容を刪定《さんてい》する。是などは現代人の経験智能を以て、史料に供するものでなくて何であろう。証拠を必ず文字の跡あるものに限るかの如く思って居るのは、少なくとも今日の史学に於ては迷信である。

但し此方法は漸を以て浸潤して来たもので、顧みていつを堺《さかい》に斯うなったとは言われない。今でも三四の神聖なる記録に対しては、誤写を訝かることとさえ快しとせぬ感覚が我々に在ると同時に、昔も家々の家文などの、あまりに身びいきに過ぎ又は伝承の心もとなしと看做《みな》されたものは、特に疑を存し或はより正しいものとさし替えられて居る。その最も顕著なる例は中世以来、久しく保存せられてある訴陳両状、もしくは歎願の目安の類で、是等は作成の当初から、利害に繋《つな》がる一族徒党以外に、殆と一人としてその全部の史料価値を認める者は無かったのである。多くの贋《にせ》系図偽証文に至っては、其存在こそは我々に取って、誠に興味の多き事実であるが、内容其ものに是ぞという正しい知識の種があったのでは無い。即ち歴史は其文字の表面には無くて、寧ろ全然筆を下されない裏面が、人を教え又考えさせるのである。是をしもなお史学が文書を依拠とする例に引かねばならぬ程度に、実際の研究法は成長して居る。しかし大体に於て、此種の濫用が盛んに行われたのも、文字の証拠力が以前は強かった兆候ということだけは争われないであろう。殊に上代は紙墨が貴く、字を識る人の数が至って少なかったのだから、そんな重苦しい手段を用いてまで、私を営む必要は先ず無かった。よくよく大切な、又主観的に価値のある知識のみを、書いて伝えようとする念慮は行渡って居た。だから仏法の経典などは、ぱらぱらと開いただけでも功徳になり、弘法大師の硯《すずり》の水の遺跡は、永く眼病を治し疣《いぼ》を治し、いろはにほへとまでが山臥《やまぶし》の呪文であった。悉く書を信ずる気風は戒められつつも、終に円本洪水後の今日までも残って居る。最初厳粛に一字を苟《いやし》くもすまいとした人々の親切が、時過ぐれば却って其流弊の堪え難きものを見たのである。しかもそういう確固たる信条の間に於て、たとえ徐々にもせよ、近世のような史料の判別法を養い得たということは、即ち日本が学問成長の頼もしい一沃土《よくど》であった証拠で、独り支那風の読史術が、夙《つと》に習得せられた為のみではなかったろう。一つには又際限も無い書物の増産、分けても露骨なる贋物や作り話が、後から後からと競い起って、到底取捨無しには其全部を鵜《う》呑《の》みにしきれなくなった御蔭というようなものも考えられるのである。初期の軍物語《いくさものがたり》や演義体の読み本には、誇張を格別の悪事とは認めず、寧ろ肝要で無い部分には虚偽を加味して、面白く説くことを義務とさえ感じて居たらしい跡がある。それでも真実がまじり且つ時代が稍遠ざかれば、地理風俗にうとい者は是に写実味を味わって、歴史としてどしどし受入れていた。旧事大成経《くじたいせいきょう》一流の偽書すら、或時代には学者の断案を左右し、駿河《するが》の某神主が拵えたとかいう虫喰いの総国風土記は、久しい間国々の考古家に援用せられて居た。広益俗説弁《こうえきぞくせつべん》の著者の如きは、今見ると笑止な程真剣になって、浄瑠璃《じょうるり》や御伽草子《おとぎぞうし》の内容の誤りと闘って居る。その即ち是を正伝と信ぜんとした者が、まだあの頃までは読書人中に多かった証拠である。それが百年に余る歳月を費して、漸く少しずつ各書巻の持って居る本来の意味、歴史に入用な部分を見極めて、それぞれの箱に仕分けることが出来るようになった所である。只漠然と文献の豊富に陶酔して、是なら籠城《ろうじょう》の糧は充分だとばかり、古い方法の中に納まり返って居られる時代とは、今はもう時代が違うのである。

此点を確かめる為には、一応現存の文書史料の、時と処と問題とに対する、分布状態に当って見る必要がある。近年の採訪発見の成績は、如何にも目醒《めざ》ましいものがあるけれども、是が取扱って居る題目は略限られて居る。丹念な書目家ならば、統計によって其偏倚《へんい》性を示すことが出来るであろう。焼けた失せたは勘定の外に置いても、文書に書き残さるべき要件は最初からきまって居た。記録者もしくは其四周の者が判断して、或は伝うるに足ると認め、又伝えざるべからずとしたもの以外に、何も伝わって居ないのは当り前である。読者の側からすると、その有る限りのものを信受してまた他を省みないのが、前にも言う通り上代の史学であった。問題の選定権は全部古人に在る。如何に彼等の素志が親切であろうとも、千年の子孫の疑問までを、予想し得られよう筈は無い。其上に多くの筆者には私心さえあったのである。御寺が吾仏を尊としとしたと同じく、家々には守るべき利害があり、又高く掲ぐべき先祖の誉《ほま》れがあった。たまたま周囲の見聞に及ぶものがあるにしても、それにも何等かの動機を伴のうて居る。そうして期待せられて居た読者の範囲は狭く、従うて共同の興味も限られたものであった。仮に一つの散佚《さんいつ》も無く、それ等の文献が世に伝わって居たとても、やはり大小の政変と戦闘、是に用いられた若干の傑物の、智謀武勇と其収穫ぐらいより外へ、多く喰《は》み出して居ないにきまって居る。それがおまけに片端しか残って居ないのである。時代の片寄りも可なり著しいが、それよりも目に立つのは地図の上の疎密である。書いて書いて書きまくられて居る土地があるかと思うと、他の一方には京畿《けいき》近くの在所《ざいしょ》、又は関八州の栄える平原の中ですら、曽て一度も中古の軍談にも、独りよがりの紀行にも、其名を呼ばれて居ない町村が幾らあるか知れない。辺鄙《へんぴ》の片《かた》田舎《いなか》は今でさえ物を書く人は訪れぬ。それが文字の歴史から見落されて居るのは申す迄も無いことである。斯ういう無記録地域の住民は、仮に非凡の技能や行為を輝かしつづけて居たとても、其痕《あと》を書冊の上に留めることが出来ない。ましてや平常無事の間に、いつとなく其生活が推移したのだとすると、それを今日のような方法で伝え得ないのは当り前である。だから彼等は国史の教育を以て、最初から自分等の存在と交渉あるものと思うことが出来ないのである。単に連綿たる大御門《おおみかど》の世々の御跡を仰ぎ慕い、おのれも亦蒼人草《あおひとくさ》の一つのかき葉であったことを会得する以外には、ただ興味を追うて勝利や遠征の、花やかなる事件のみに印象づけられるのである。歴史を面白い学問とすることは結構だが、是がめいめいの生活の指導にも参考にもならぬ様では、普通教育には或は不向きである。

近頃流行の所謂郷土教育、殊にそれを目標とした郷土研究の着手は、幸いにして新たに又此点を考えさせてくれる。如何に天《あま》さかる鄙《ひな》のあがたでも、捜せば多少の書いたものは残って居る。社寺には縁起があり棟札《むなふだ》があり、名主が没落しなければ、帳面はまだ反古《ほご》にはなって居ない。殿様の御家には無論記録があって、時には婢妾《ひしょう》が何々院であったことまでも判って居る。問題は只それを寄せ集めて、果してどういう過去が明かになるであろうか。たとえば我々のように、或土地の昔は栄え今は衰微の自意識が隅々まで沁《し》み徹《とお》って居るという原因は何かと考えて見る者に、この現存の文献が少しは解説に近いことを示すだろうか。漁民も山に樵《きこ》る者も甲乙はないが、農民は特に数も多く又年処も古い。是がどうして暮らし、且つその如何なる部分が、富みて満足して子孫を永続させたのかは、自他ともに是非知りたいという者が少なくあるまい。然るに今現われて居る農民史はどうか。農民は自分も文章が不得手なのみか、相手にも読んでくれる人が殆と無い。その相互知識授受に、記録を雇うべき必要は無かったのである。だから村に関しては部外の者しか書かない。それも平常事は録するに値せずとして、独り自分の責任を逃れ立場を疏明すべき凶変にのみ綿密であった。愛すべき我邦の農民の歴史を、ただ一揆嗷訴《いっきごうそ》と風水虫害等の連続の如くしてしまったのは、遠慮なく言うならば記録文書主義の罪である。

四　記事本末体

この批難を意外に感ずる者は、もう段々に少なくなろうとして居る。ただ古来の制約の外へ出て行って、強いて不安なる新種の史料の、処置と識別とに苦労をせずとも、久しく扱い馴《な》れて居る大小の文書だけから、捜《さぐ》れば明かにし得る重要な問題が、まだまだ何程でも残って居るからと、自分たちのみは掛構《かけかま》いの無い研究が続けられるように、思って居る人が多くなって来たのだが、其実彼等にも時代の影響はあって、決して今までの如き窮屈なる解釈主義に、囚《とら》われてばかりは居なかったのである。近年世に送られる多くの論文を見てもわかる様に、学者ほど機敏に新たな問題を見つけ、又観察に前人未発を競おうとする者は他に無い。それが甘んじて限りある在来の史料と方法との中に、跼蹐《きょくせき》して居られる筈は無いのである。古人が是だけは心得置くべしと、選んで置いてくれた過去の知識のみを、ただ受け継いで史心を満足させることは、素人《しろうと》にも今は既に望まれない。寧ろ真向《まっこう》から斯うだと教えようとする家々の故老の強い語りは、一応は危み又疑念を挿んで、何か其以外に真相を伝えたものは無いかと、所謂某事件の裏面だの、異説日本史だのが、半世紀も前から段々に流行して居る有様である。永い由緒をもった我々の記伝学は、外囲いは元のままでも内側の造作は改まった。林家の通鑑《つがん》と水戸の修史とを比べて見ても、この証拠の採り方の拡張は可なりよく判る。そうして先輩は之を方法の進歩と解して居るのである。大学の史料は固より史料であって、其さながらを国史の実情と判じ、直ちに教育の上に移そうとするもので無いにきまって居るが、その博引旁証《はくいんぼうしょう》の自由さは、又驚くに堪えたるものがある。一つの記録の目的が全く他に在り、時としてはむしろ反対の効果を与えんとした場合でも、その意を経ざる筆のすべりが何物かを暗示し、所謂問うに落ちずして談《かた》るに落ちるものは、引捉えて決して放さない。或は又文芸遊戯の閑文字《かんもじ》の中にも、偶然に或一事件の存在を推測せしめるものがあれば是を伝承として存録するのみか、却ってうそはつくまいという安心を以て迎えて居る。此傾向は面白がって助長する者が多い。実際又計画した本物の記録の無い人生で、現に俳諧《はいかい》だの浮世草子だの、乃至は浮世風呂八笑《はっしょう》人《じん》などの中に、多分は写生であろうと思う筆つきを以て、精彩に描出せられて居るものは相応にたくさん有る。それを無視して置いて無い無いと空の本箱の底ばかり敲《たた》いて居ることは、出来ない方が当然である。そこへ捜しに出ることは手柄でこそあれ、心得ちがいでは決してない。ただ私たちの言いたいのは、それが以前の歴史家の、記録と認めて居たものので無いという点だけは、考古学の発掘品も、又我々の目で視、耳で聴き、心に感得して還《かえ》って来る民間伝承も、異なる所は無いということである。文字の形を仮りて現存して居ると否との間に、何で又其様な太い堺線を引いたものやら、率直な者なら不審を抱かずには居られぬ所であろうが、是にはただ永年の惰性という以上に、今一つは個々単独の史料に、あまり強大なる証拠力をもたせて居た習わしが、到底此頃もてはやされる各地の伝説口碑《こうひ》の類までに、推し及ぼすことを許さぬ故であろうと思う。それは殆と言う迄も無いことで、計画して後人に告げようとした記録なればこそ、真か偽かを鑑定して真なればすぐにも採れるが、その他の事実の如きは要するに暗示である。飛んだ間ちがいかもしれず、ほんの異例かも知れない。念には念を入れてそれが無責任な風聞でも無く、又通例のものの片端であることを確かめなければならない。即ち史料の取扱い方を是非別にすべきことは、常識に照しても明かだ。しかし其点では今日盛んに援用せられる所謂偶然記録も同じことである。従ってただ文字の存否のみによって、堺を立てることはやっぱりおかしい。

前に私が史心と謂った言葉は、日本でも誰か用いて居る人がある様に思うが、之に対立させて私は更に史力とも名づくべきものを想像して居る。二者は畢竟《ひっきょう》相応せずには居ないが、短い或期間だけはいずれかが先ず進むことがある。熱帯の森の奥に住む裸形の人たちが、神代を余りに長く、人の世界を余りに程無く考えて、それすら尚はっきりと年立てすることが出来ないのは哀れだが、もともと彼等には過去に関して、そう沢山の不審が無かったのである。彼等の物識りは我々の眼から見れば、貧弱を極めた者だけれども、それでも集落の知識欲一ぱいだけは教えることが出来て、仲間からは尊敬せられて居る。不倫な比較をするようだが日本などは、斯う見えても常に歴史力の方が前へ出て居って、今までは絶えず国人の歴史心を引立てる役にまわって居た、其代りには幾分か我儘《わがまま》勝手で、何を教えてやっても相手が欣《よろこ》ぶという独りぎめが多かったかも知れぬ。歴史家は必ずしも一言居士《いちげんこじ》では無いが、あんまり色々の事を知って居るので、何か問題がある毎に、あなたに聞けば判るだろうがと前置きして、鼻じろむ様な質疑を持掛けられた経験は皆持って居る。この大きな信頼には辜負《こふ》してはならぬ。国を賢こくする為には是非利用すべき機会であるが、実際はそう今日に入用な解答が、おいそれと出して与えられるもので無い。随筆に索引までもある便利な世の中にはなったが、種が一つでしかも偏って居るのだから、このまではやはり判ることしか判らず、科学としての普遍性を具足することが望めそうに無い。そういう中でも特に気になるのは、近世最も盛んであった起原論の濫用が、今に歴史家の所領の如く看做されて居ることである。事物の始まりが古いと聴いて、それなら大丈夫ともう安心してしまい、中途の変化をも尋ねず、又は名と実との睽離《けいり》を気にかけようともせぬ風は、ただに時代の考察に疎漫だというだけで無く、起原そのものの理解にも不親切なことであるが、初期の史学は前にも述べた如く、斯ういう点ばかりに力を注ぐ嫌いがあった。それが由緒を重んずる国風に扶《たす》けられて、意外にいつ迄も跡を引いて居るのである。足利期も末になると、弊害はやや目に剰《あま》るまでになった。しかも狂言記の酢薑《すはじかみ》や膏薬練《こうやくね》り等は、可なり皮肉に之を諷刺《ふうし》して居るにも拘らず、江戸幕府の簡略主義は、尚座頭勾当《こうとう》に雨夜皇子《あまよのみこ》の開祖を認め、木地屋《きじや》に惟喬《これたか》親王の綸旨《りんじ》を主張させる様なことを平気でやって居る。それが真実であってすら、今ある理由には不十分と思うのだが、是は恐らく統御の便法として、仮に彼等の言うままに任せたので、即ち歴史家の知ったことでは無いのである。ところが明治の革新後になっても、酒とか遊女制度とかの擁護に立つ者が、やっぱり同じ論法を以て古いということを味方にしようとする。よくよく此点には根の深い迷のもとがあるのである。改めて学者のとくと考えて見なければならぬ現象だと思う。

之に比べると、支那は流石に客観の歴史の、早く起った国だけあって、社会事物の存在を解説する方法は別に具わって居た。問題を現在に起し、史料は現在の知識に拠って、之を今ある状態まで導いて来た、過去の沿革を求めようとして居る。伝記が個人の人柄を主眼としたように、是には時を中軸にしてそれが与えたる変動を叙して居る。其中でも史記の貨殖《かしょく》伝などは、之を愛読した青年は多いのであるが、その骨法は我々には学び難かった。日本に此意味の記事本末体が行われたのは、新らしくもあれば又稀《まれ》でもあった。最初に心づくのは、ただ史料の排列《はいれつ》だけではあるが、朝廷の公事《くじ》を編纂《へんさん》したものが稍之に近い。即ち通例何々部類と呼ばれて居るものがそれである。臨時恒例の宮中行事は、殆と朝臣の第一の職分であれば、各人体得して有るべき型を履《ふ》めばよいのだが、それにも時世の損益があり、又時折の斟酌《しんしゃく》を要することに心づいて、中比《なかごろ》家々の日記に詳密に之を書き残す風が始まったのである。それを次々に取重ねて見ると、社会はこの保守国の最も慎重なる儀礼をさえも、状況に応じては改訂せしめる力があったことが明かになって、その訓育的効果は個々の所謂計画記録に数倍した。もしも要約して其大綱を知ることが出来たならば、是によって皇室の御事業を学び得る者が、又どの位増加したか知れぬのである。しかし此仕事は考えてみれば容易なものだった。日記は家々に確かな自筆本があり、項目はまとまって居り、写す人にも若干の予備知識がある。根気さえよければ時と紙筆とが完成させてくれたろう。其他の問題になるとそう簡単には行かない。たとえば有識故実《ゆうそくこじつ》の学が民間布《ほ》衣《い》の徒の手に移ってから、前代士人の生活諸相を明かにすべく、右の部類ものに擬して、何々図説という編著が多く起った。主として中古の書に散見する甲冑《かっちゅう》武具其他の名称を具象化し、同時に各年代の変遷を知ろうとする、非常に学問的な企てであるが、実物は多くは新らしくて、どの部分が元の形を保存して居るかを見分け難く、絵巻や古画の資料は偏よって居て数が乏しく、且つ注文通りの品ばかり揃《そろ》っては居なかった。そうして少しずつの発見は此頃までも尚続いて居て、頗る「前賢故実」ただ一部を種本《たねほん》とするような人々をまごつかせたのである。しかもこの一つの試みの未完成こそは、自分等に取っての大きな参考であった。是によって漸く明らかになったことが三つ以上もある。其一つは昔なら誰でも知って居るような、言葉でいえば直ぐに胸にえがくことの出来る位の平凡事が、今はもう六つかしい知識になって居ることである。次にはそれ故に、本を読むだけでは判らぬ事が多いということが二つ、第三には歴史は必ずしも即席には答え得ず、時と共に明かになって来るものだ、それ故に史学も亦近世のすべての科学と同様に、常に疑問を把えつつ進んで行かなければならぬということである。

西洋でも十九世紀は歴史の世紀であった。如何なる問題にも先ず其過去を問わねば承知をせぬという位に、国民の史心の勃興した時代だと言われて居る。我邦でもややおくれて此傾向を逐《お》い、あらゆる論文には殆と皆史的考察の第一章を設けたのみならず、別に何々史という独立の編述が、数限りも無く新古の書肆《しょし》を賑《にぎ》わして居るようだが、それが悉く教える書であり、且つ文字記録の編集であった。過去は終了した知識だから、新たに知られて来る事実は有るわけが無いという、立前《たてまえ》から出立したものばかりであった。歴史家は一種の忘れっぽい神様の如く考えられて居る。名前を挙げるのも少々痛々しいが、曾て官府が莫大の金と人の手とを掛けて、美々しく世に送った租税貨幣田制農務等の歴史というものを見るのに、何れも正史が国に有った上代だけは、其中から関係のある記事を抜いて並べ、それから数百年を一飛びにして、今度は江戸後期の記録煩多な時代だけに、又同じような抄録をして居る。日本を今見るような社会相に、持運んで来た主要なる動力の、もしや半分でもこの中間の闇黒時代にあるとするならば、是は兎に角文字通りの記事本末では無かったのである。公事の部類のように、人が全部を書留めようとした事項でも、世が降《くだ》れば若干の散佚《さんいつ》は免れない。況や我々の新たに知ろうとする問題は、多くは其提出をさえ予期せられなかったものである。たとえば史学の成長ということが、昭和十年になって評論の目標となるだろうと思って、誰が前方に其資料を調えて置いてくれる人があろう。だから史学史は文書によっては学べないのである。知らずに済ますまいとすれば、別途の証明法を求めるの他は無い。それが面倒であり又容易に結論に達しないことはわかって居る。其代りには迷える我々にとっては、是は大きな刺戟であり、又新たなる希望でもある。史学の健全なる成長の為には、先ず以てこの記録書伝外の史学史を、究めようとしなければならぬのである。

五　単独立証法

歴史がたった一度しか起らなかった事件だけを、書き残し又読み伝える仕事だということは、是も亦今日の実際とは反するが、至って古くからの我々の信条であった故に、依然としてそれで宜しいかの如く、思って居る若干の学者を世に留める。一つの特権とも言わば言われる点である。私たちから見ると、是は単に幼な児が一つ身の衣を着るようなもので、歴史の起りでは確かにあるが、又決してその成長した姿ではない。古い記録が稀有《けう》の大事件を列記して、其任務を果したと信じて居た理由は明白である。独り其力がそうそうは細微な項目にまで、及び得ないからという節約では無くして、別にこの以外のことは平凡にして伝うるに足らずとする、誤ったる判断があったからである。現代のような有為転変の目まぐるしい社会でも、なお我々は幾つと無き世間並、もしくは普通有りふれたというものを持って居て、それが翌《あけ》の日にも改まってしまうべきを忘れて居るのである。まして氷河の如き遅々とした歩みを以て、じりじりと移り動いて居た時の流れの岸に立って、末終に甑《こしき》で飯を炊《かし》ぎ、瓠《ひさご》で水を掬《く》むというような毎日の生活までが、不明に帰し去って歴史として尋ねられ、もしくは靫《うつぼ》と箙《えびら》との区別が、故実の学者に問わなければ判らぬという時代が、到来することを思わなかったのは無理も無い。ただ其為に後世の歴史心が、制限せられて居るわけに行かぬだけである。上古の平々凡事は今日は大抵皆珍奇である、僅かに片鱗《へんりん》を窺《うかが》い得ても、鬼の首を取ったように我々は騒ぐ。古人が吝《おし》んで其知識を書き伝えなかったのは、必ずしも我族我郷土の誉れを掲げるのみに急だったからとは言われない。読者も亦最初はそういうものを、読書によって学ぼうとは思って居なかったのである。名山石室に書を蔵して、是非を百代の後昆《こうこん》に問おうなどと言う人でも、もともと自分と同じ程度の、経験常識ある者を目標として居た。だから世が改まれば其親切は遠く及ぼし得ないのである。数多い江戸期の著述の中には、「後は昔」といい、「後の為の記」と謂った態度のものも多少あるが、其比較の対象としたものまでが、既に我々と縁遠くなってしまうと、興味は到底直接の子や孫が、感じた程度には濃《こま》やかであり得無い。貝原益軒《かいばらえきけん》や大田蜀山《おおたしょくさん》の如き、全部他人を益するが為に見聞したかと思う筆豆《ふでまめ》の紀行でも、是をケムペルやジイボルト等の、護送同様な旅の日記と比べて、前代駅路の活況を詳《つまびら》かにする点に於て、なお遥かに劣って居るように見えるのは、前者があの当時当り前と思って注意しなかった点が、今日は既に紅毛風に変って居るからである。史学を世と共に成長する学問としたい人々は、古い事なら何でも本に書いてあるという、一大迷信を棄てなければならない。

自分は正直に物を言うならば、風俗に安土桃山等の区切りのあることをちっとも信じない。是が単なる説明の便宜、或は回顧の目標というならば格別、もしも秀吉が出てから乃至基経《もとつね》が関白になってから、忽然《こつぜん》として異なる形の世相が出現した様に教えようとする者があったら無法である。仮に其様な法則が隠れてあるならば、現在も国民の生活ぶりは共通して居なければならぬと思うが、今日は正に其反対が認められて居る。ラジオや乗合自動車がよくよく行渡った最近まで、開けたという土地にすら色々の段階がある。水色ペンキで塗り立てることを、新文化と心得て居るような土地でも、背戸へ廻って見ると萱《かや》の穂で屋根を葺《ふ》き、祭の醴酒《あまざけ》と安珈琲《コーヒー》と、どっちが甘いという類の暮しをして居る。衣装は外形で最も模倣が容易なものとしてあるが、脱がせて見れば下は越中《えっちゅう》、或は灸《きゅう》の痕《あと》があり、又うぶ神様に捻《ひ》ねられたという痣《あざ》をもった子供も居る。それから更にもう一重の皮の下に、動き流れて居るものの働きなどは、人毎に皆生れがあって、各其類につれて異なる方角に向おうとして居る。誰がこの全体を以て時代精神なるものの産物と、解することを許されるだろうか。一家一郷の行き通うて居る間でも、何か変った機会には意外な行動や心持が頭を出して、旁《かたわら》なる者にさえ説明を困難にする。ましてや二つのかけ離れた土地の間に、互に視て駭《おどろ》くような様式の相異のあることは、寧ろ是から漸く明かになろうとして居るので、たとえば稗粟《ひえあわ》を主食とする東北の部落へ米の郷倉を建ててやって、始めてそれが彼等に迷惑だったことを知ったという話なども、つい近頃の奇抜な経験であった。是が或変人の気まぐれな思い付きでない証拠には、島や山間ならば遠方にも一致があり、又必ず隣近所だけの共通がある。便宜必要の促迫するものが無ければ、欲望も必ずしも外部からは浸潤せず、別に熟慮の上の選択では無くして、ただ古くからの状態に居残ったというだけのものも多いのである。日本は地形と交通関係の致すところ、殊にこの幾つかの階段が、地域的に縞《しま》をなして居る。政令制度の如き全国均斉を期したものでも、出来る限りは各自の立場、今までの仕来りと調和されようとし、それが出来なければ上辺《うわべ》ばかり、従うた形にして置こうとして、破綻《はたん》を生じた実例にも毎度遭遇する。ましてや銘々が勝手に生きてよい部分に、指導や統一の無いのは当然と言ってよい。それを国中に一人の英傑現れ、もしくは一大事件が生ずる毎に、廻り舞台の如く世相は転回するものと、解するに至った動機こそは不思議である。

察する所是は文芸技術の中部都市帯に於ける成績を以て、直ちに全国の記念碑の如くに速断したことが一つの原因を為して居る。ある少数の所謂歴史上の人物が、富を得勢力を養えば此方面の才能は保護せられ又引立てられる。同じ趣味は学ばれ其系統は慕われて、行く行く弘い区域を風靡《ふうび》することも事実だが、それは年処を重ねた後であり、又多くはやや落ちぶれかかった末流の作用である。もしも花やかなる当初の記録と作品に眩惑《げんわく》せられなかったならば、別に是と併行した旧来の流れが、幽《かす》かながらも尚きらめきせせらいで居ることを認めたであろうが、一方は多くの礼讃者と個人伝記とに囲繞《いにょう》せられ、片方はそれに押されて次第に弱り衰えた故に、言わば成功した者の世の中となり切ったのである。しかも国民を導いて今日あらしめた生活技術は、この種高級の芸能以外に、まだまだ幾百とも無くあって、それは必ずしも中央の号令によっては進まなかった。僅か三つか五つの特に文書に恵まれたる都市芸術の華《はな》なるものを雇うて、全国の文化を代表せしめる企ては誤まって居ると思う。そうでもしなければ、限られたる今日の史学の方法を以て、すべての新らしい疑問に応じられぬという、窮余の一策でもあったのではないか、万一そうならば人の悪い話である。しかも英雄が時世を作るといい、事変が人心を新たにするというなどは、之に比べると又一層空なことであって、誰もが詩人のように慨然と之に共鳴する間は格別、もしも無邪気にどういう手順を経てと、問い返す者があった場合、私は教育の役目をもつ人々が、如何なる語辞を以て是に答え得るかを知らない。

歴史は本来誰でも知る通り、毎一回の出来事を精確にする為に、教え又学ぶを目的として世に生れた。其真実は書伝に誤謬《ごびゅう》が無く、筆執る者の心が正しい限り、なお万年も永続することであろう。ただ一たびその指定の区域を出でて、曽て企てられなかった周囲の空気、乃至は時代の趨向を詳かにしようとすれば、如何なる緻密《ちみつ》の文書学も、往々にして蹉跌《さてつ》を免れないことは、なお石斧《せきふ》の一片にコロボックルの昔を談《かた》らしめる様なものである。当代史学の峻厳《しゅんげん》主義が、個々の史料の素性を窮追して、書字を重んじ、耳を経、又噂《うわさ》を通って来たものを危ぶむのは、一つの目的の為には安全なる用意と言ってよいが、もしも一方の証拠力の余りを、第二の道即ち書いても無いことの上にも及ぼそうという下心ならば、冒険は却って我々のものより大きい。我々が知りたがって居る歴史には一回性は無い。過去民衆の生活は集合的の現象であり、之を改めるのも群の力によって居る。それをただ一つの正しい証拠によって、無闇に代表させられては心もとなくて仕方が無い。斯んな問題こそは実例を重ねて見なければならぬ。古く伝えた記録が無ければ、現に残って居る事実の中を探さなければならぬ。そうして沢山の痕跡《こんせき》を比較して、変遷の道筋を辿《たど》るような方法を設定すべきである。以前の記事本末体は起原論に偏して居たのみならず、文献を重んじた結果、少なくともそれから以後の変遷を解説する力が無い。曽て史学会で公表した拙文も残って居るが、たとえば今日も六つかしい問題となっている婚姻の制度などは、往古の記録としては上流の儀式しか残って居らず、たまたま中世以降の文学の間に、散見して居る叙述を集拾しても、なおその今日に至った過程ははっきりしない。しかも人が社会をなす以上は一度は経歴した重要印象なるが故に、現在の統一傾向の中に於ても、なお各地の残留古風を並べて見ることに依って、以前の状態がわかり、それが亦意外に遠くまで遡《さかのぼ》れるのである。埋葬の風習については、只古墳が遺物として存し、又若干の上流記録がある。是によってもし万人この通りであったという歴史を書くならば、書く人自らが信じ得ないものが出来るだろう。しかも今日は幽《かす》かながらも、あらゆる屍体《したい》処理の方法がまだ伝わって居る。即ち曽ては或年月の後に全く跡を留めなくなる葬法が大衆の間に行われ、それが最近になってこちたき石塔制度に改まったのである。斯ういう問題には、今ある厳格なる単独立証法は役に立たない。文書は元から少なく又早く亡失して、残ったものの代表力はいよいよ覚束《おぼつか》なくなるからである。絵巻物の多くを展観して、結び灯台という類の画を集めて、日本灯火史というような本を書いた人もきっと失敗する。何となれば其中には、今でも山村に伝わって居る松焚《た》きの石皿を見落し、又炉の火だけで顔を見合って居た者の生活を忘れて居るからである。

六　伝説の史的意義

史学の如く由緒のある大きな学問、又是ほど多く事功を為し遂げて来たものに、今更らしく弁護などは無用である。私たちが一ばん片腹痛く思うことは、歴史は時代を動かすほどの偉大な人物、又世相を一変せしめる位の枢要なる事件を、出来るだけ精確に伝えればそれでよいので、其他の瑣末《さまつ》な社会事象は、手を著けるにも及ばぬという説である。是は仮に否然《しか》らずという反対説が克《か》った場合に、そんならと謂って取出す第二の手段があったときに、始めて男らしく聞える説であって、現在の如きはそうであっても無くても、先ず此部分より他には事は出来ないのである。時代が人によって動くのやら、社会の面貌《めんぼう》が事変と共に果して改まったのやら、それすらも我々は立証せられた様な気がしない。又問題の何れが小さく何れが大きいかは、現在に於てもそう簡単には決しられない。況や曽ては小さくして後世何物よりも重要になった例は、未来はさし置いても我々は既に十二分に実験して居るのである。出来ない事は出来ぬと言うがよろしく、又人が可能の如く希望して居るものを打毀《こわ》すにも及ばぬ。私たちにはそんな大小を測る尺度などは無いが、兎に角に今日史学の領分と目せられて居る過去の人生に就て、誰かが疑うかも知れぬことは皆答えられるように、なってしまわなければ完成で無いと思っている。そうしてそれに行く途《みち》のたった一つが、仮に日本民俗学の名を以て、此頃漸く成立とうとして居る一系統の知識なのである。或は之を補助学と謂った人もあるが、其資格はどうあってもよい。補助学という語は史学だけには少しばかり用法が変って居て時としては頭と額との堺を論ずるような嫌いもあるが、結局は今日通用の方法だけでは、今の時代の史心に応ずるには足りなくなったということが、認められたのを以て満足すべきである。

史料採択の範囲は現実に既に拡められて居る。史家は屢々記録無き区域に口を出し、又現代に対する過去の支配力を、綜括的に主張しようとして居る。そうすれば疑問は新たに起るにきまって居るのである。此兆候は我々の手を額《ひたい》にして欣《よろこ》び迎える所であるが、之に伴なう一つの懸念、殊に過渡期に在って警戒しなければならぬことは、前に私の述べた単独立証法の余弊である。古人が意識して後代に語りかけた記録ならば、信ずべきか否かを判ずるのは造作は無い。一つの旁証《ぼうしょう》が無くとも正史は即ち正しく、仮初《かりそめ》にも之を訝《いぶか》ろうとすれば、莫大《ばくだい》の弁証を要するのである。之に反して記録は記録でも、一つの採集記録はその一つの事実しか表明して居ない。其点に何の誤りは無くても、正確の範囲は知れたものである。ところが近頃の県史郡誌の、上代史の詳しいことはどうであるか。単に或地に土器の破片が落ちて居たという類の事実を以て、所謂有史以前の社会を報告したものの如く見たがるのである。是と同様なことはずっと其以前から、偶然記録に就ても行われて居る。本来は僅かに斯ういう事もあったらしいという迄の一節を、意外な古書の中から発見した者は、うれし紛れか大抵は其書証を濫用しようとする。是は無学の者が呪文《じゅもん》を尊奉したのと、五十歩百歩の思いちがいで、つまりは昔時筆札の無上に有難かった時代の遺風を取伝えて居るのである。是をそういう事実の全国普通であった証拠に、使うというのが既に甚だ覚束ない。況んや所謂記録初見を以て、発端起原の如く説くに至っては、幾ら先例があっても無茶な仕事である。

しかも此弊害は史料の博捜《はくそう》が、進むに従って愈々加わるべき虞れがある。我々の民間伝承などは、採集が今尚全日本の三が一にも及ばず、興味は狭く偏より、記述は必ずしも精細で無いにも拘らず、早くも其一片を採って古史を論断しようとする者を生じて居る。此態度を慎み避けない以上は、民俗学を以て無責任なひやかしの随筆の如く、批評する者を制することが出来ぬと思って居るが、是にも一方に外部からの期待、殊に史料の乏しい地方又は問題に入って行く歴史家の、所謂故老の説に聴こうとした態度が、幾分かこの無益の暗示を誘導した嫌いはあったのである。彼等は我々の記憶経験を目して、斉東野人《せいとうやじん》の語だの芻蕘《すうじょう》の言だのと軽《かろ》しめて置きながら、自分に都合がよい時のみは、以て史書の闕《けつ》を補うべしなどと、無造作にたった一つの口碑《こうひ》を採用して居る。そんなことをするから国史の知識は紛乱するのである。最近に東西数十箇所の郷土に、同時に出現して居る長慶天皇の御遺跡などは、誠によい見せしめであった。私は是が歴史の大きい問題か否かは知らない。ただ少なくとも土地に居て之を否認しようとすれば、忽ち郷土愛の欠乏を難ぜられ、事によるともっと大きな不道徳のようにも言おうとする。後世の人はきっと笑うであろう。如何にもそういう貴とい御方の、御在所と知りつつ之を無視するのはけしからぬであろうが、そうでは無いということが何で悪いか、実際又其様に数多く、御所や御陵のあるわけは無いから、つまり国民の全部はどこかでそうした否認を是非しなければならぬのである。私などの見る所では、この多数の自称聖跡の競立、即ち同種伝説の併存ということほど、興味の深い現象は無く、是を相持して譲らぬ土地人の感情の如きも、必ず其原由を前代にもって居る、未だ討究せられざる社会事実である。是が何物かに対する大切なる史料で無い筈は無いのだが、一国の全史しか説こうとせぬ学者までが、未だ之を利用した跡は無いのである。比較によらなければこの史料の本質が判らぬ為かと思う。信州の天竜川流域には、明治の初期から大いに問題になって居る尹良《ゆきよし》親王御旧蹟なるものがある。南朝の御系図にそういう方の名は無いのだけれども、浪合記《なみあいき》の一書があって此事を書き記し、南境波合村の某寺にある古塚が、ほぼ其墓所ときまって碑が建ち保存せられて居る。この史実の存否は、専ら浪合記が偽書で無いか否かによって決する。その事件があったという時から二百数十年の後に、美濃の南部に於て発見したという書であるが、それよりも心もとないのは其後の異本が多く、本毎に内容の可なり肝要な点が違って居る。土地に今ある一本は文化年間に持って来たもので、是が今日の伝説の所拠となって居るが、旧記は素より区々である上に、別に地方の住民の口で伝えて居るものも、亦到底是と一致しない。第一には皇子陣歿の日というものが二通り、場所に就ても色々の主張がある。第二にはこの一篇の哀史の主題歌ともいうべき一首の吟詠、

　思ひきや幾瀬の淀《よど》をしのぎ来てこの波あひに沈みなんとは

というのを、普通には御辞世の様に伝えて居るに反して、此一本のみは後に今一度、親王の御子良王君同じ土地に来て同じ野武士の倅《せがれ》どもと合戦し、此時は安全に三河から尾張の津島へ落ちられた。其際忠死をした桃井某という武士の腹切るときに詠んだ歌となって居る。此点が可なり不審であるが、それよりも更に目につくのは、尹良王という名前である。

浪合記以前には此文字は無かった。土地では今以て一人残らずユキヨシ様と称して、大小の伝説はすべてユキヨシ様に附いて居る。ところが南朝の皇子の良はナガと訓《よ》むことがわかって来てから、歴史にしようとする人がタダナガなどと謂って居る様だが、そうなると土地には全く縁の無い名称になってしまい、別にユキヨシ様の御蔭に猫が蚤《のみ》に苦しまず、又は草鞋《わらじ》を差上げなかった罰によって、代々足を病む家があるという類の口碑のみが、又再び浮遊することになるのである。大河原山村の旧記には、行義は足利直義の庶子で、母と共に此地に住んで居て、後に仇家《きゅうか》の為に害せられたという伝えもあった。南朝王孫の物語が時を得れば、是は勿論片隅に押込められるが、ユキヨシは本来此山間の通路の処々に祠《まつ》られて居た神の名かと思われて、今でも浪合記の覆い得ない東筑摩郡あたりの三州街道にも、ユキヨシと称する地名が分布して居る。波合はもともと斯ういう名の神を祭るのに、最も似つかわしい谿《たに》通りの小盆地であった。山合いに似合わぬ地名がもととなって、右に挙げたような手筒《てづつ》な歌の生れたのが、あの物語よりは今一段と古かったのだが、世良《せら》田《た》桃井氏の昔を慕う海道の旧家どもが、争うて自分の祖先の名を、王子の随従者の中に見出そうとしたことが、僅かの期間に沢山の異伝を簇発《そうはつ》せしめた原因かと私は思って居る。

この尹良親王の問題を論定するには、是だけの簡単な文句では不十分なことは判って居るが、それは私の志す所では無い。是で説明したいのは伝説の固有名詞が、時代の国史知識より前に出来たもので無いということである。平家や義経記が一通り普及してからでなければ、不意に牛若とか弁慶とか謂ったところで、何等の印象をも住民には与えないだろう。しかも斯ういう書物の学問は、医者とか寺の僧とか又旅人とか、一部の者だけが先ず具えて居て、外部から教えなければ村の者は知らない。伝説がもし此時始めて出来たのでなければ、以前はある一人の貴とい都の御方がとか、何でも非常に法力のすぐれた坊様がとかいう形を以て、信じて居た時代が有るに相違ない。それを弘法大師より外にそんな高僧はあり得ないとか、此土地ならば日本武尊《やまとたけるのみこと》がお出でになったのだろうとか、謂って聴かせたものは歴史家でなければならぬ。それに反対すべき理由はまだ一つもなかったのみならず、時代や人名がはっきりとして来たことを、悦《よろこ》ばぬ者は、恐らく一人も無かったのである。即ち伝説は大昔以来、いつでも些しずつ歴史化する自然の傾向をもって居たのである。其中でも越後東蒲原《ひがしかんばら》の山中の古墳は、多分木地《きじ》挽き等の首唱で、高倉天皇の御陵ということになっていたのが、後に地方の学者が干与して、高倉宮以仁王《もちひとおう》の御墓としたなどは合理化に近い。陸前田邑《たむら》の白鳥社古伝は、神主が京都に頼んで作成した縁起には、日本武尊の御事跡に改まって居るが、社僧側は尚久しく用明天皇説を固執して居ると、封内風土記には録してある。無論前者の方が正しい様に見えるが、しかも此地方に美しい王妃と御子《みこ》の話、ことに山路《さんろ》の笛の竹の遺跡が記憶せられて居る限りは、此合理化は成功で無い。用明天皇は御在世が短かかったにも拘らず、賢こき太子の御父という点から、西は豊後《ぶんご》にも又周防《すおう》にも行幸なされたように伝えられ、東北にも処々に此物語は流布して居る。

要点は土地に稀世の美女があり、召されて宮中に仕えて王子を生むという部分にあったのである。鹿角《かづの》の小豆沢《あずきさわ》の五社王子を始めとし、奥州では通例母子のみ土地に留って、永く神として斎《いわ》われたことになって居るのだが、所在が僻遠《へきえん》であるだけに、至尊流寓《りゅうぐう》の記録を確立することが寔《まこと》に難かったのである。越前は謡曲の花筐《はながたみ》以来、幸いに大迹《おおど》皇子の潜邸の日に託するを得たのだが、土佐と大隅薩摩の南の海岸に天智天皇を祀《まつ》って、茲《ここ》に木丸《きのまろ》殿《どの》の聖跡を打立てんとして居るなどは、隣国の者には合点の行かぬことだったろう。上総《かずさ》望陀《もうだ》地方の弘文天皇御遺蹤《いしょう》は、近頃の新説ながら、実はまだ国民の同情の上に、少分の支持を期待することが出来たかも知れぬ。三河その他の華山《かざん》天皇の口碑なども、御譲位の後の歳月が永かったから、まだそういう想像の余地があったろうと思うが、更に数歩を進めて宇多天皇を美濃に、孝謙《こうけん》天皇を甲州の奈良田《ならだ》に、文武《もんむ》天皇を東海道の田舎《いなか》に、安閑《あんかん》天皇を国々の山奥に、迎え奉らんとするような郷土史は、国史の教育がいつ迄も之を賛翼して行こう筈は無いのである。多くの地方学者の主張の根拠には、たしかに若干の同種事実の無識と比較の不足とがあり、又単独立証主義の余弊がある。それよりも更に欠けて居ることは、自分のただ一つの場合を除く外、他は悉く虚誕《きょたん》妄想、愚にもつかぬ拵えごとと見《み》縊《くび》ってかかることである。誤解にもせよ其土地では皆信じて居る。その割拠的確信という事実の全国に亘った一致が、何等の意味を持たぬわけが無い。独り海内挙《こぞ》っての皇室に対する渇仰《かつごう》が、古来連綿として絶えなかったというのみでない。地方の信仰は一様に、その長者の家のまな娘によって、遠く現われたもう顕《あき》つ神を款待《かんたい》し、且つ永く其光栄と歓喜とを記憶して居たのである。それに限りある歴史知識を以て、固有名詞を付与し年代を付与し、縁も無き若干の外部文書と結び付けようとした人々が、今はその燃ゆるが如き土地住民の確信によって圧迫せられつつある郷土史家の、昔の仲間であったのは是非も無いことである。

七　信仰と文芸

歴史と信仰との交渉ということは、仮初にも国史の教育の為に働こうとする者の、思いを潜めずには居られぬ重要な先決問題である。史学は大昔とても決して宗教ではなかったが、其知識を掬《く》む泉は偶然に下に行き通うて居た。村の長老の賢明なる者ですら、既に色々の大切な古い事を知って居る。ましてや神様ならば必ず尚一段と遠い過去の事を、知り悉《つく》して居られるに相違ない。人が好意を以て一門子弟の為に、告げ教えるものが精確ならば、神の言葉は更にそれ以上に誤りの無いものでなければならぬ。斯ういう様な信頼は今の我々には往々にして欠けて居る。神の御言葉はモーゼが沙漠《さばく》の声に聴いたような例もあるが、我邦では主として霊媒を介して居た。だから冷かなる批判の眼から見れば、巫覡《ふげき》の夢みた事が厳正なる史実と、交錯して編をなすとも解せられるのである。我々が古事記伝著者の態度に感激させられるのは、未だ曽て久米邦武《くめくにたけ》氏等の如く、史文は寓言《ぐうげん》であり暗示であるとして、その背後に隠約するものを掬むべしとは教えなかったことである。漢《から》心《ごころ》を以て旧書を読むなと本居《もとおり》翁は戒めた。古事はその記された通りの事が、まさしく有ったものと解するの他は無いと、厳然と言い切って居る。昭和の世になっても、国中を広く覓《もと》めたら、そう信じて居る人を見出すことはさして困難であるまい。只是までの推理法と自然の知識とによって、もしも腹の底から古記の或部分を其ままに承《う》け得ない場合に、果してどういう心掛けを持つのが正しいかを、問題とするばかりである。私一個としては記録の当時、しか信じて疑わなかった者があったということが、何よりも大切な事実だと思って居る。それが或形体を以て出現し、且つ千余年の久しきを経て、伝えて今日に至ったことが、更に第二のもっと重要なる史料だと言ってもよいかも知れぬ。単に筆者の公明なる意図を詳かにするだけで無く、之によって読者受教育者の過去をも推測することが出来るからである。此点にかけては現在各地に分布する伝説も変る所は無い。史料は結局古いから尊といのでは無く、現に目前の事実として存在するが故に、是に由って生きた我々の問題が解釈せられるのである。是を観察と名づけはた実験と呼んでも、用語法は誤って居らぬと思う。この現実の観察を進めて行くと、我々の千代の古道の、頗る紆余《うよ》曲折を極めたものであることを見出すであろう。一つの珍らしい国柄としては、神に託を受けて神話を宣するの任務が、往々に定まった或家の女性に相続せられて居たことである。家は他の原因からも盛え又は衰える。そうして是が活計の主たるたつきになると、無意識にもせよ少しずつは世に媚《こ》びざるを得なくなるのである。たとえば伊勢で天鈿女命《あめのうずめのみこと》と猿田彦《さるたひこ》との婚姻によって、始まったという宇治土公氏《うじのつちのきみ》、その同族で女を主にしたらしき猿女君氏《さるめのきみ》などは、幾分かその語りごとに滑稽可笑《こっけいおかし》の分子が多過ぎた。是が後々地方に分散して行くと、次第に其方面に潤色する所が多くなり、歴史は少しずつ文芸化せざるを得なかったかと思われる。一つの混乱は聴く者が素朴で、この語りの全部を過去の真実と解し、一方語る者は技術として之を練修し又伝受する場合に起る。我々の中古の伝説が、大体に民衆のそうであれかしと望んで居る通りに展開しつつ、しかも歴史として土地の者に信ぜられて居た原因は、言わば職業的伝承者の巡歴生活、即ち智能のやや異なる者の接触に在ったらしいのである。

諸国の大社霊場の起り、又は是とその近くの名門との関係などに就て、語り伝えて居る昔語に驚くほどの一致があるのも同じ事情からで、単なる模倣とはいうことが出来ない。たとえば貴き御血筋の若御子《わかみこ》を迎え申して、土地を拓《ひら》き事業を起したという歴史の如きは、神代以来ともいうべき斯邦《このくに》の最も誇らしい普通であって、渡来の外国宗教までが、其例を襲わずには居られなかった。越前に金碗皇子《かなまりおうじ》、但馬《たじま》に表米《ひょうまい》親王の来住を説く如く、出羽の三山に蜂子王子《はちのこおうじ》、摂津の勝尾寺に開成太子《かいせいたいし》等、皇子皇女を以て開祖と伝えて居るものは至って多く、時衆や空也《くうや》派のような民間の念仏団までが、尚且つ皇族の来って参加せられた事跡を主張して居る。独り盲人や轆轤師《ろくろし》の文書が、雨夜尊《あまよのみこと》又小野宮の御名を、借りて居るだけでは無いのである。しかし此類の簡単な由緒書ならば、作者が方便を認める人々であるだけに、虚構とも仮托とも疑う余地はあるだろうが、神社と是に仕うる家々の所伝に至っては、多くは又一段と複雑になって居て、大抵はその貴人を繞《めぐ》って優雅なる一場の恋物語が展開して居る。今日もてはやされて居る大衆小説の如きも、何かというと英雄と佳人で、殆と皆其フォルミュールを是から採って居るのである。私はこの歴史の文芸化の、踏固められたる路とも名づくべきものを、前代女性が神語に参与した名残だろうと思って居る。其形式は煎《せん》じつめると、僅かに三種か四種を出でない。その一つは立烏帽子《たてえぼし》もしくは葛《くず》の葉式ともいうべきもので、人間の男の勇武又は秀麗なる者に、霊界の女性の来り昵《むつ》ぶものであるが、此分だけは或は別系統として取扱う方がよいかも知れぬ。其他の殆とすべては舞う者は人間の清き乙女であり、是に恋い慕わるる相手方は、必ず旅人にして又素性を包み隠した貴人という形になっている。それに少しずつの趣向と模様替えをしたものが、近代の浄瑠璃《じょうるり》の冊子《そうし》であったと同じく、一方に物々しい記録知識の衣裳を着せかけたものが、即ち信州波合《なみあい》などの合戦記であったかも知れぬのである。少なくとも竹の園生《そのう》の御末であったことを説くものは、力を此点に注いで他の部分は省略するが、其他は八幡太郎であれ利仁《としひと》将軍であれ、多くは行途に恋をして、その別離の悲みを詞曲の上に留めて居る。其中には大磯《おおいそ》の虎《とら》や静御前《しずかごぜん》のように、泣いてすごすごと故郷に還《かえ》ったというもあり、又は会津の皆鶴姫《みなづるひめ》の如く、狂うて淵沼に身を投げたというのもあるが、その全体に通じたものは切なる思慕であり、又歓喜の日の追憶であった。能の多くの物狂いの舞などは、此感情を手ぶり足取りによって伝え、一方伝説はただ其事件の輪廓を記憶し且つ信ずるのみであるが、二つの者の伝うる所は、固有名詞に於てちがい、実質に於て往々一致して居る。以前神の祭の日に昔を語った者が女性であり、其方法が又発達して止まざる技芸で無かったならば、斯ういう奇異なる根本の共通を、現在まで持ち運んで来ることは出来なかったろうと思う。歴史がいつとなく小説になって行く傾き、又は面白く興あるものを歴史として信じたがる癖は、全く之に対する大衆の史心の立ちおくれに基づいて居る。それに加うるに名を霊界の指導に託しつつ、努力して現世人の悦《よろこ》び聴こうとする方角に、叙説を詳かにした人々が居たのである。正面の史料の片より且つ乏しく、辛苦して稍間接の事実の中から、各自の知りたいことを綜合しなければならぬのも復已《またや》むを得ない。此様な状態は或は今暫くは続くのでは無いかと思う。たとえば信仰を溝渠《こうきょ》としての、文芸の横《おう》溢《いつ》は堰《せ》き留め得たにしても、時の政治が文化の全面を蔽《おお》い包んで居るという様な考え方を、ただの人民にも抱く者が尚多く、何か事があれば政府を鞭韃《べんたつ》し、又は其功績を謳歌する。斯ういう空気の間に出来上る教科書と、若者等の好奇心とは喰いちがうことが毎度であろう。単に記録を内容によって受入れてよいものと否とに分類する以上に、進んで第二次の利用方法、即ちそういう歴史のみを選んで、此世に供与しようとした動機なり事情なりを、亦一つの現在事実として、観察する風を養って置くがよいと思う。

八　道徳律の進化

此問題はもう少し詳しく説いて見たいのだが、さきを急ぐので長くなることを避ける。私の言おうとしたのは、伝説の内容如何《いかん》よりも、それが今日のように歴史の根柢を揺がすに至った事情の方が、重要な意味を持って居るらしいということである。国史と民俗学とは、現在の所では二筋別々の途《みち》を歩んで居る。是によって我々の学ぶことも異なり、方法と働き手も共に左右に対立して居る。しかし幸いにして私たちの信ずる様に、双方が共に成長して行く学問であったならば、彼岸の到達境に於ては無論のこと、その途中に於てすらも、斯ういう疎遠の状態をいつ迄も続けるわけには行くまいと思う。一方の教え方も、既に新たなる不審を促すように仕向けられて居るが、他の一方の新しい書外史料に至っては、もともと疑問と好奇心とだけから、誘導せられて起ったと言ってもよい調査なのである。仮に謙遜《けんそん》して卑近と平凡との間に、その行動の範囲を限るにしても、尚幾度と無く前代の側面観察の旁証によって、今の仮定の当れりや否やを、検定すべき必要を生ずるのである。而うして何人《なんびと》も即座に心づく一事は、是ほど豊富を通り越して居る日本の文献が、よくもよくも思い切って其記述を中堅の至って小さな区劃に集注し、其他の広い世の中には眼をつぶり耳を押えて居られたということである。その顕著なる事実の原由を、尋ねて見ようとせぬ者は無いのが当り前である。史学そのものの今日の状を呈するに至った歴史が、内では格別の問題とならず、却って門外漢どもの大いなる疑いの種となったのは此理由からである。

関東では水戸黄門、西では備前《びぜん》の新太郎少将の逸事として、本に誌《しる》されて居る作り話が一つある。むかし或田舎の男が親を殺した。召捕えて鞠問《きくもん》すると、昂然として罪に伏しない。自分の親を自分で殺すのが何故に悪いかと謂った。そこで暫く刑を延期して、獄中で大学とか孝経とかを三年教えた。そうすると始めて飜然《ほんぜん》として開悟して、自分から進んで甘んじて刑を受けたというのである。斯ういう書物の記事は伝説よりも害がひどい。何となれば何人も信じ得ざることを伝えるからである。王仁阿直伎《わにあちき》の帰化以前は固より、眼に一丁字《いっていじ》無しという者は近世までもあった。経書の講説を聴かぬ為に、稀《まれ》にも此様な物騒な人生観を抱く者が出るとすると、社会が今日迄存続した道理は無いのである。しかし仮にも信じようとする人があればこそ噂《うわさ》は生れて来る。このべら棒な話は論外としても、大体に道徳が書巻と共に舶載せられたものの如く考えることは、国語を更改し過ぎた国の常弊であった。漢字使用に先だつ我々の心意用語は埋没して居る。その或ものは夙《つと》に忘却し、又他の多くは茫漠《ぼうばく》として未だ分化して居なかったらしいことは、古典の傍訓などを見ても察せられるが、しかも斯邦の住民のように、批判の厳しかった律儀者も少ないのである。

外から来る未知の者には概括的の不信用があり、群に属する者は内側の耳目によって、終始その行動を制御せられる風は、今とても実はまだ窮屈と言ってよい位である。其規律のすべて正しいか否かは別として、是が道徳で無かった気遣いは無い。つまりは互いに内に在るものを感じ合って居た為に、是を言葉に表わす必要が少なく、必ず二つずつ繫《つな》がった漢字を以て言おうとすると、却って当らぬ場合が多いのを感ずるのである。五の数八の排《はい》列《れつ》を以て方式的に、一切の倫理の約束を説き尽す習わしこそは、却って若干の古来有ったものを脱落せしめる。文筆を通して是非とも過去を学ばなければならぬときめたことは、或は一部の貴重なるものを無視するの結果に、帰するかも知れぬ懸念がある。堂々たる最近の精神文化研究熱に、全部の史学者が感染してしまうことは、私たちには一向有難いことでは無い。所謂旧弊な無学な連中の、まだ少しでも残って居る土地で、古風な雷同附和がなお傍観者の眉《まゆ》を顰《ひそ》めさせて居るうちに、寧ろ我々は急いで今までの経過を、文字以外の痕跡《こんせき》から尋ね出す必要を認めるのである。都会は以前の市《いち》の大きくなったもので、今以て冷淡なる異郷人の臨時の集合処たる状態を抜けきれないが、村落の結合には薄れつつもまだ古いセメントが残って居る。大体に今は家庭の生活の要求が強く主張せられ、学校は久しく一国民としての教育に力を専らにし、この両者の中間に在る郷党の同化力は、支持者が弱って衰えて行く姿はあるが、それでも古い生活様式の続いて居る部分、たとえば配偶の選定とか、是に伴なう家と家との新たなる提携とかに際しては、可なり明確に昔の制裁を保存して居る。我々の先祖が正しき人、乃至は尋常なよい息子などと謂って、期待しもしくは忍耐した限度や如何《いかん》。素より土地限りの偏見もまじり、又時勢の推移も少しずつは有ったろうが、斯様な空漠たる言葉でも通ずる以上は、兼ての合意が仲間には必ず有った筈である。記録に是を解明するものが丸で無いとすれば、実地に当って之を知るの他には、知らずに居るというやせ我慢が、たった一つの残された途である。

私たちの郷土研究は、此種の観察の機会を出来るだけ多くし、調査を有効ならしめよう為の分業であって、異種の民族に探険する殊俗誌《しゅぞくし》と、弁別せらるべき分界も玆に在ると同様に、一つ国内でも、平生の用語をちがえて居る者が、ともすれば見落し捉えそこなうべき要点を、ただ同郷住民の相互の感覚によって会得しようというのである。それが最後に於て綜合せられ又比較せられなければ、一般の知識とならぬのは言う迄も無い。個々の郷土が自分だけの収穫によって、自ら養うことは先ず覚束《おぼつか》ないのだが、そういう早合点が多いので困って居る。しかし其中でも資料によっては、今はもう蒐集《しゅうしゅう》が稍積り、各地協力して若干の難問題の解決に進もうとして来て居る。村の道徳の支持推進の方法なども、或はその一つに算《かぞ》えることが出来るのでは無いかと思う。是も正面からの探究は概ね徒労であり、又時には生物識《なまものし》りの独断によって、誤まられる危険さえあるのであるが、幸いにも人は日常不用意の言葉の裡《うち》に、幾らとも無く親代々の切なる感情を取伝えて居る。歌謡その他の民間文芸の、多くの聴衆と暗記者とを持って居るものは、それ自身が自然の共鳴者を集めるまでに、巧みに言い現わされて居る証拠と認めてよい。是にも理が詰むとか情が映るとかいう類の、当らぬ漢語を以て讃歎する者が出来て居るが、其実は万人の言わんとして能わざりし心理を、最も適切に表白した言葉が行われるのである。そういう中でも郷党教育の動機の、殊に著しく窺《うかが》わるるのは、諺《ことわざ》、日本で通例「たとえごと」と謂って居るものであろう。私などの意見では、この文芸の初期の用途は、武器と併用して敵を攻むる手段であり、近世に入っては人を説く術となり、もしくは単なる暗記の便にも供せられて居るが、そうなって来る段階には可なり久しい期間、是を部内の教育具として、盛んに利用した時代が介在するのである。我々の同胞民族の一つの特色は、笑いというものの最も古風な機能を、毎日の生活に体験して居たことであった。既に多数の学者が説き立てて居る通り、笑いは笑う者に取っては権利であり、又一種の快楽でもあるが、其原因になった一人のみには、何の面白くも無いばかりか、大抵の場合には苦痛をさえ与える。赤児が人の高笑いの声を聴いて、何のかかわりも無いのに啼《な》き出すのを見てもわかる様に、本来は是が優者の勝ち誇った威圧の声であった故に、他の一方の笑い得ぬ者を劫《おびや》かすらしいのである。敵陣に対して此声を挙げなくなってから、仲間の批評に之を利用する風が普及した。殊に多数が気を揃えて共に笑うときに、孤独なる一人の笑われて居る苦しみは、少なくとも村里の生活に在っては、武器の打撃にも超ゆるものがあったように思われる。我々の熟知して居る多数のたとえごとが、啻《ただ》に機智に富みたる短句形を以て印象を強め、絮々《じょじょ》の談義を節約するだけで無く、更に突然な比較や口拍子によって、聴く者の笑いを催さずには止むまいとして居るのは、恐らくは一種の意識したる訓誡法《くんかいほう》であった。勿論之を利用する群の長者などの、根本の動機は親切であり、又個人に向ってはすこし残忍のようでもあるが、一度其場に在って聴き且つ笑った者は、備《つぶ》さに其始末を経験して、自分だけは他日その不愉快な役割を避けるように警戒したであろうことは疑いが無い。即ち一つ一つの妥当なる倫理用語は設けられずとも、為すべく為すべからざることの学習には十分であった。俚諺《りげん》の演奏者が普通には故老中老であり、聴いて笑ったり笑われたりする者が、主として未婚の男女であることを考えると、是は最も重要なる口頭伝承の一つであった。若者たちは是を当座の修養とした上に、更に暗記によって又次の代に其術を施して来たのである。意外な発見は尚続くであろうが、現在集まって居る田舎のたとえごとも、もう大分の数になって居る、其中には単なる諧謔《かいぎゃく》、もしくは知識の保存のみに設けられたものもあるが、それ等を除いて残りを分類して見ると、大よそ我々が共に住み、共に働く人々の態度行為に、如何なるものを望み又如何なるものを忌んだかが略窺われる。時代が少しずつ細則を附け添えて来たことも、用語句形の上からわかると共に、又一方には全日本の隅々にかけて、そう著しい地方差も無く、共通した項目の多いということは心強い。人を殺すな盗をするなという類の、大きな箇条の無いのも不思議で無い。大体に毎日の課程として、嘲《あざけ》り憎まれるのは骨惜みと身勝手、臆病や間抜けが口汚なく笑われて居るが、是も反面から役割は精確に、機敏で注意深くて衆の為に身を労し、勇敢に任務を断行し得る者を、よき若者と認めて居たことを推測せしめるのである。その有力なる実地の資料も未だ省みられぬうちに、下品と謂って排除せられる世になってしまった。曽て「目くそが鼻くそを笑う」という諺を、議会で使って懲罰にかかった議員もある。斯ういう事実までが私等にとっては、今なお感慨の多い国史の跡である。

九　義理人情

我々の道徳に適当な唐様《からよう》の名が無いということは、回顧の遠望を妨げる不便はあるが恥がましいことでは決してない。寧ろ中世に招じ入れた外国語の範疇《はんちゅう》から、何一つ喰《は》み出すものが無かったらおかしいのである。それよりも更に用心を要することは、自分で勝手に当らぬ漢名を附けて置きながら、後に却って其字義に拘泥し、本来具有のものの理解に迷わねばならぬことである。人情という語は和製では無いが、向うでも用法が時々かわり、又我々の意味とも一致しては居ないように思われる。近来の文章では外国文の影響から、又新たなる内容が加わって、愈々誤解の種になろうとして居るらしいが、口の日本語としてはまだ全国一様に、略以前からの心持ちを保存して居る。是がどうして何時頃から日本には生れ、又何に由って永くその活力を支えて居るかという問題は、専らその実質に就て答えらるべきものである。我々の人情は義理と連繋《れんけい》して唱えられることが多い。或は一方の如く強い迫力が無く、義理には固いと謂い人情には篤《あつ》いというだけの、程度の差が有るのかも知れぬが、現に不人情という背反を責むる語もある以上は、趣味とか傾向とかいう一方の自由になる行為では無くて、弱いながらも拘束力のある法則であった。義理は今日ではもう漢語の「義」というものと、全く同じい様に思う者が多くなって居る。果して最初から其通りであったかどうか。日本にこの言葉が確定した時から、始めて認められた道徳では無いにきまって居るが、以前もやはり其限界を「義」と同じくして居たろうか、容易に然りとは答えられぬ問題である。是が現代社会の可なり有力な指導力であることを考えると、その成立ちは一篇の記事本末体の歴史を煩わすだけの価値がある。そうして其記録は偶然のものすらまだ無いのである。

言語現象の観察は、斯ういう場合に臨んで欠くべからざるものになって来る。物識りに考えて物を言わせたら、定めし勝手なことを言うだろうが、それは感想であって証拠では無い。今まで日本人がどういう意味に、この二つの語を使って居たかは、何と言っても現実の用例を比べて見るの他は無い。中には新らしい気持で使う人もあろうが、少なくとも一部は昔ながらの、義理人情をさして居るだろうし、それにも推移の段階が現われて居ることと思う。東京は此語の本場の一つであったようで、今でもやたらに使う人が居るから、比較の便宜は手近に有る。私などの実験では、大体に人が自然の情感を矯《た》めて、自らを指揮して別の道を行くときに、義理という語がよく用いられて居る。最も卑近な例は喪を弔うこと、人の憂いを慰めに行くこと、もしくは生計を割いて贈遺をすることなどの、社会上の義務ともいうべきものを意味し、いやだけれどもの前書きを持った義理は多い。単なる道徳律とも解し難く、一つの制度のようにも見られるのである。支那でも「義」という語には自然で無いもの、勉強して従事するという意味はあるらしいが、それと仁義礼智信の義との関係は、我々素人《しろうと》にはちょっと判明しない。我々の間に最も多く使われるのは義理の兄弟、義理の親子という変った形容語だが、是は今日では婚姻によって出来るものにほぼ限られようとして居る。以前は此以外にもまだ色々の義父義兄弟が我邦にはあったのだが、その根本の慣行が土地によって既に消滅したのである。中古以来の家々の系図に、猶子《ゆうし》という名目は多く見え、養子も今いう聟《むこ》養子もしくは一跡《いっせき》ともいう跡取養子の他に、単に数ある子の列にさし加えるというだけのがあって、現民法はもう是を認めて居ないが、地方には戸籍とは没交渉に、今もなお持続して居る例が頗る多種である。義理の親子という名はもうあまり使わぬが、この両者の間に必ず存在するものは義理である。義理そのものの本源を究めるのに、此慣習の今ある形を、集めて比較することを怠るわけに行かない。私は近頃になってから、少しずつ其種類を拾って見て居るが、現に知られて居るだけでも相応な数に達して居る。義理の親の最も重要なものは、今でも元服の年頃になって、生みの親が我子の為に之を選定するのを例とする。烏帽子親《えぼしおや》の名は稀に残るのみで、多くは之に代るにフンドシ親、又はヘコ親等の卑近なる名を以てして居る。是は男児が少年の群を出でて若い衆の仲間に入り、其労力が一人前として計算せられる時で、民法の成年よりも五六年は早く、小学校卒業期が偶然是と一致する。女の方は歯黒めをしなくなった今日まで、なお鉄漿親《かねおや》の名を襲用し、是に対してはカナ娘、又は筆娘などの語がある。山梨長野等の諸県では、其カネ親の意味がもう不明になったものか、屡々ハネ親と言いかえて、男女両方ともの親分に用いて居る。ハネ親の役目の主たるものは、婚礼の席に列することであり、従って又其式の日に近づいて之を決定する者が多い。此点が以前諸大名の嫁入に、わざわざ将軍の御猶子にして貰った風習と、偶然とは思われない共通性があるのである。

このハネ親は勿論仲人とは別である。媒《なこうど》は昔は必要も無く、有っても甚だ低い役であった。婚姻が家と家との結合を重視するようになると、追々成立の困難な場合が多くなって、仲人親という新らしい名は起ったらしい。事実橋渡しをして礼を貰う者の上に、別にそういう顔役の引受人が出来て、渋る親たちをも承知させるのである。若者宿や娘宿の制度のなお行われて居る村方では、そういう任務には宿親が当って居た。宿親は種々なる義理の親の中でも、最も起原の古い又重要なる親であったろうと思う。宿に朝夕を共にする同輩を、普通には宿兄弟と呼んで居た。家庭では付与することの出来ない教育、ことに真面目な意味での性教育は、宿を以てその唯一の学校として居た。新入の若者等は、黙って義理の兄や宿の二親の話を聴いて、次第に配偶の正しい選び方を会得したので、是が婚姻の成立に参与したのも、至って自然なる管轄といってよかった。だから宿親宿子の関係のまだ認められて居る漁村などでは、仲人親は勿論、カネ親ヘコ親なども別に其必要を見なかったのである。

是等の親分に対する子分の義理は、今でもかなり厳密に守られて居る。或は生みの親よりも尚大切だといい、あの世に行ってから共に住む親だとさえ謂う土地がある。それは或は放任して置くと粗略になり勝ちな為に、特にそういうことを言い出したのかも知れぬが、兎に角に表向きの勤めは盆正月節供《せっく》の礼から、吉凶の報告縁組の相談は申すに及ばず、葬式の供も一俵香奠《いっぴょうこうでん》の贈遺も、すべて実子や娘の聟と、同じことをしないと不義理と言われる。古風な慣例としては、正月に鏡餅《かがみもち》を持って行く風がある。それを今日は仲人親だけに、由来はわからずになお続けて居る所も多いのである。私たちが興味を感ずるのは、義理の起りが必ずしも世話を受けた報酬とは限らず、親になったが為に世話をするという、反対の場合も稀でないことである。たとえば家では子供の育ちが悪い為に、長寿者の揃った家を頼んで親になってもらう。是も取り親又は養い親と謂うが、実際は育てるので無いから此やしないは産養《うぶやしな》いの意味で、人になった最初の食物を供すること、即ち乳付《ちっ》け親などと同じ「養い」であったろうと思う。或は又棄児親拾い親などと名づけて、兼て打合わせの上で其門に棄てるということもある。斯ういう場合にも親子の縁は結ばれ、親になった者は其子の末々を見てやることになって居る。千葉県の一部で其拾い親を取上げ爺《じい》、及び取上げ婆《ばば》というのは面白いと思う。取上げ婆は通例産婆のことをいうのだが、其取上げも九州で子ずえと謂うのを見ると、単に抱き取るというだけの手軽な意味では無くて、特に生れ児を人間として存在させること、即ち生存権の支持とでもいうような心持があったのかも知れない。普通の取上げ婆も鏡餅を餉《おく》られ、又其子の祝い事には招かれる土地がある。わしが居なかったらあなたは斯うしてはござるまいなどと、冗談のようにだが威張る婆は今でもあるという。名付け親乳付け親と呼ばれる理由も斯うしてもう一度考えて見る必要がある。赤児に食を与え又名を与える行為も、是を現世と繋ぐ一つの大いなる力であった故に、親として一生仕えるだけの義理を生じたとも見られるからである。乳兄弟という関係は物語にしか今は知られて居らぬが、伊豆の新島《にいじま》には又守《もり》トゥ守カアという親がある。小娘は貧富を問わず、必ずどこかの家の子守になる。兄弟の縁は是によって結ばれるのみならず、娘の父母も亦嬰児《えいじ》の親になって、一生往来し且つよく世話をするということである。

是等の親々が義理としてその子に期待するものは、必ずしも財物労務の奉仕では無かった。死ぬ日に枕元に来、野辺に伴して行くだけで無く、婚姻その他の一生の大事にも、同意を求め参列を乞《こ》いに来なかったら、やはり義理に欠けたことになるのである。固よりそれだけの親しみがある故に、作業の協力や活計の援助も求められたのであろうが、それが目的で結んだ関係で無いことだけはたしかである。日本人の義理の少なくとも一部分は、斯ういう固有の一つの旧慣の上に打立てられたる約束であった。他国の経義によって説明の出来ぬのも已むを得ないことである。オヤに親という漢字を宛《あ》てたのも古いが、私等から言うと当って居たかどうかは疑問である。コという単語の古い用法は、弘く一切の労働する者を包括して居た。ウミの子ウミの親と一々断わって居たのを見ると、オヤも骨肉の父母親子以外に、すべての敬《うや》まい又礼《いや》すべき長者を、意味して居た言葉かも知れぬのである。そういう起原論は用が無いとしても、現在でもまだこの語の延長は広漠である。政界商界の親分子分などと呼ばるるものは、是も一面の惰性余習に過ぎない。古風なヘコ親や拾い親は省みられなくなっても、之に代って色々の、世話を目的とした新らしい親は現われる。命の親という語は芝居で聴くだけだが、助け親という名は用いて居る地方がある。其他仲裁親借金親財政整理親の類、殊に就職親ともいうべきものは重要になった。それを一々に動機によって名づけるも事々しい。一括してただ親分というのは自然である。是等の親分は都市には夙《はや》く起った。種々なる長処をもつ異郷人を収容して、それぞれに利用した人入れ稼業が、侠客《きょうかく》となったのには理由がある。寄り親寄り子というのが古い名かと思うが、後にはあまりに宛ても無く多くの子分を抱える故に、博徒も出れば盗賊も稀には出たのである。自己の門党に属せざる多数の人間を、集めて勢力を為すには親になるより他に方法は無かった。それを政治に適用したのが現今の選挙であろうと思う。義理という道徳の起りと機能、及び其限界を明瞭にして置かぬ以上は、人費を制限しただけでは選挙は清まるまい。そうして政治は策謀の巣になるだろう。是をしも国史の重要なる問題と見ないで、なお教育の実際化を説くのは、良心ある史学者の迷惑しなければならぬ、あまりにも古風なる学問の過信である。

一〇　結論

歴史を世を済《すく》う学問と見ることは、或は美しい空想であったかも知れぬ。しかし少なくとも是を迂遠《うえん》な知識、人の躍進を阻止する懸念がある如く解するのは、あまりにも又現状に拘泥した批評であって、誰かがもしも責められなければならぬとすれば、それはそう思わせた人たちが悪いので、史学其ものの与《あずか》り知る所では無いのである。未来の指導は成程その任務ではないが、過去に関する精確な知識を用意せずに、好い思案の浮ぶ筈は無い。もし当ったら無意識のまぐれ当りで、天祐《てんゆう》というより他の安全率は無いのである。国が一体として賢明で無かった為に、犯さずともすむ厄難を犯して居たことは、多過ぎる程の例を既に歴史が教えて居る。然らば将来の不幸も我々の努力によって、愛する子孫の為に予め之を防いで遣る望みが、有るという結論は導かれる筈である。あらゆる方法は試みられてよいと思う。強いて今迄の伝統的限界を守るべしとするならば、別に埒外《らちがい》に民俗学等を基礎にした新たなる史学の存立を容認することになるのだが、双方の史料は常に犬牙《けんが》交錯して居る。処理の手段にも共通のものが多い。自分等は頗る其様な割拠を不利益とする者である。問題は恐らく民衆の疑問、今後起るべき実生活上の課題の増加如何《いかん》に係《かか》って居ると思う。即ち我々のいう史心の発達であるが、是は教育の自然の効果として、既に顕著に拡大して来た。投げ掛けられたる不審はたまって居る。単に歴史が与える学問であって、未だ答える学問にはなり切って居らぬばかりに、暫らく其放置と、権利無き者の勝手放題なる答弁とが、許されて居るというだけである。代議制度の失敗の如きもよい例の一つであった。どうも日本には国柄としてうまく行かぬらしいという臆説が、内にも外にも起って居る。国柄であるか否かは歴史以外に、何の知識が之を判断するだろうか。我々の仮説は一つの仮説であっても、事実に拠って居る以上は、他人が其当否を判定することも容易である。此の如き試みがくり返されて居るうちに、段々に正しい過去の認識は生れて来ると信ずる。そうして少しでも早く、又少しでも多く物を知って貰わぬと実際困る。それには此国民の思い切りがよ過ぎて、本に無いことは判らぬものと、今まであきらめて居たのがいけなかったのである。

人類に有史無史の差別を立てるのは、単に現在の智能の未だ明らめ得ざる区域が残って居ることを告白するに過ぎない。しかも其未知を征略して、新たに確実な記録を世に留めたのも、好んで其語を使う考古学彼自身であった。我々の今持つ史書に広大なる空隙《くうげき》のあることを、始めてはっきりと教えてくれたのは民族誌、即ち私たちが混乱を防ぐ為に、仮に殊俗誌と呼んで居るエスノグラフィであった。此学問の起りは稍古い。曽て文筆の恵みを一たびも受けなかった未開人の生活にも、やはり改革があり変化があって、其外貌は無事凡庸の裡《うち》にも推移して居る。そうしてその若干の異なる環境に在るものを比較することに由って、甲の現状は即ち乙の昨日の姿であり、或は又丙丁のやや遠き過去と近似することを認めるのみならず、飜《ひるがえ》って文化の最前線にまで進んだ者の、古い経歴とも共通する点があるということを、明かに我々は彼から学んだのである。ところが民族の学問には悲しむべき制限があった。多くの発見は偶然の遭遇に待つべきものであった。近頃計画ある探険は漸く著手せられたけれども、是すら予め導かるる所があって常に自由なる疑問に応ずることが出来なかった。一つには領域が余りにも広く、機具が未だ整わなかった為でもあるが、又一つには是を普通の教育に資するというが如き、緊迫なる社会の要望が無いからである。是に比べると一国の民俗学などは、問と答えとの距離がよほど近い。今日は互いに其所在を知らず、いかにも暗中模索をして居る形はあるが、行く行く資料が整頓せられて、索引によって事実を知る時が到来したならば、利用は誠に文字通りの御手の物である。勿論是にも国によっての不便はあって、西欧の国々などは生活の激変が夙《はや》く起り、文化の様式に特徴は乏しくなり、元の姿を探るにも許多の辛苦を要するらしいが、日本では幸いに観らるる者が共に住み、解説は疑惑をする者の内にすら潜んで居る。今まではただ其内省の術を解しなかっただけである。一つの学問の新たに生れるということは、或は斯ういう無形の桎梏《しっこく》を弛《ゆる》める点に於て、老いたる他の一つの永く繁茂するものよりも有力であるだろうと思う。

民俗学の本来の任務は、眼前の社会の生活諸相の中から、特に異色のあるものを抽出して、其来由を究むるに在ると説く人が外国にも有るが、是は俗説弁時代の遺風であって、やや狭隘《きょうあい》に失した定義かと思われる。必ずしも異色は無くとも、見馴れ聞きなれて我人《われひと》その何が為に存在するかを考えて見ようとしなかったものは多い。是とても亦所謂常識以上の原因が前代に存するのである。次に一つ一つの奇異現象の起りを説明することは、当面の問題に相異なく、それが集り積って隅々に及ぶならば、自然に外部からの如何なる質疑にも、応答し得る結果にはなるのだが、我々の採訪には遺漏なきを期し難く、知識の須要にも緩急の差等はある。今日世上の最も思い惑い、且つ耳を欹《そばだ》てて聴かんと欲する点が、何れに在るかを知ることによって、今後の捜索の方向を指示せられ、更に又各自の興味を深めて行くことは、妥協でも屈従でも何でも無い。寧ろ一個の気ままな選択によって、知り得たものだけを人に強いんとするのが、学問を物ずきと評せしめ、史的随筆と嘲《あざけ》らしむる原因ともなるのである。国史は古今を通じて、未だ曽て超世間の学であったことは無い。是を支持し且つ推進せしめるのは万人の「義理」である。たまたま民俗学の研究に携わる者が、幾分か余計に之を援《たす》けることが出来るのみである。此新学が生れてから、人の所行は如何に卑賤《ひせん》軽微のものにも、動機なくして現われ、理由なくして持続するものは無いということが明かになった。それが今日の常理で不可解ならば、原因は必ず過去に在り、不明ということは即ち是から獲得せらるべき未然の知識が、そこに貯えられてあるという希望に他ならぬ。その有望なる矛盾は国にも屢々見られ、又一村一家のうちにも対立し、静かに考えて見ると一身の中にさえもある。親しき同胞の為にする理解は、乃ち又自分に取っての内省である。この久しい年代に亘った抛擲《ほうてき》と軽蔑《けいべつ》とを、片端から新知識に化し得るという期待が、人生の光明で無くて何であろうか。学問は弘く世の為に、同時に我身を修むるが為にするものだということは、極東に国する人々の古くからの念願であった。それを実現するの日が漸くにして到来したのである。史学の成長は歓呼して是を迎えなければならない。

（『岩波講座日本歴史』17、昭和十年二月）

実験の史学

一

日本の学界にはミンゾクガクというものが現在は二つある。我々は何としてなりとも、この二者の差別を明らかにすべき必要に迫られている。いちばん手短かと思われる方法は、いずれか一方の名を改めることであるが、これには外側の使用者の承認を必要とするので、実現はなかなか容易でない。その上に内部にも、二つのものはだいたいに同じだと思っている人が、折々はあるのだから始末が悪い。「だいたい」など、いう語ははなはだ科学的でない。まるまる同じなら一つだ。やや違うと思えばこそ、二通りの漢字が用いられるのである。それならばちがいはどこにあるか。もとよりこの二つの研究はいろいろの共通点をもっている。また互いに扶《たす》け合い、将来もいっそう提携して行くべきものであることは疑いがない。私などはそれだからこそ特に相異と堺目とを、はっきりさせておかねばならぬと思う。一つの目標として、私は国または人種ということを考えている。どこの国でも民俗学はナショナルで、主に自分の同胞の文化を討究し、稀に代ってある一つの未開種族の過去の生活を尋ねてやる。これに反して、自分の国だけのエスノロジイというものは、まだ今日までは唱えた人がないのである。だから日本民俗学とさえ言っておれば、どちらのゾクの字を書きますかなどと、問い返される心配はない。しかしそんな日は来るかも知れない。もしくは奇を好んでそんな名を用いる者ができるかも知れない。日本などでは、かつてエスノロジイを土俗学と訳していた時代に、現に日本土俗学を説いた人さえある。いつまでも日本民俗学とさえ名のっていれば、他の一方と紛れはせぬという安心は保てないのである。

二

そこで第二段に、二つの学の争いなき差別点として、私はここに採集ということを考えてみようとする。これとても永い未来をかけて、変化のない標準とするには足らぬかも知れぬが、少なくとも日本現在の状態においては、今はまだ一方を採集の学、他の一方を読書の学と言って差別をしても差支えがなく、またそうすることが簡明であるように思われる。

単にこの講演の便宜のために、私は他の民ゾク学にすなわち民族学の方に、在来の土俗学・土俗誌という語を使おうと思うが、その土俗学においても、採集はもちろん無視せられてはおらぬ。むしろこれをただ一つの基礎として、土俗誌は大いに行われ、土俗学はまたその中から生れたのである。世界を一団の研究群として見るならば、採集は今なお不断の刺戟であり、また批判及び系統立ての動力として必要欠くべからざるものであって、いったんその進行が停止した場合には、土俗学は啻《ただ》に爾後の発達が望めないだけでなく、あるいはその存続をも脅かされるかもしれぬ。だから間接にはこれもまた、立派な採集の学だということができる。ただ個々の国、個々の学徒の立場からいうと、いまだ採集をもって直接研学の手段とし得ざる者が、今日はなお非常に多く、いわゆる土俗誌の資料の豊富に過ぎる時代においては、この方面の学者ほど多く読み博く捜《さぐ》り、刻苦の生涯を書斎に閉じ込めなければならぬ人は、他にあるまいということになるのである。

もとよりこれはどちらがよいかという問題ではない。単に耳できけば全然同じ名の二つの学問が、今の日本では「だいたいにも」同じものでないということを説明する資料に過ぎない。経験ある外国の旅行家の観察とその精確なる報告、ことに一定の用意支度の下に、時と費用とを惜しまなかった周到なる調査の記録が、慌《あわた》だしい各自親《みずか》らの見聞より価値の多い場合はいくらでもある。ただかくのごとくにして新たに知られた事実が、我々の学問の血となり肉となる手順において、若干の相異のあることのみは争えないのである。これは見ようによっては人の学問の二つの方向ともいうことができる。二つの民ゾク学は、たまたまその双方の端から、おいおいと相接近しようとしているので、これが百パーセントに完成すれば、表裏まったく一つのものとなるが、それまでの間は求むるものと与うるものとに行違いがある。今日世界の端々において、心ある若干の調査者によって観察記録せられつつある未知の事実は、いつかは人間の知らずにはおられぬもの、我々の他日の求むるところ、またあらかじめ知っていることを有利とするものでもあるが、それが各人現在の生活上の疑問にただちに合致することは必ずしも望みがたい。時として非常に長い貯蔵期とやや散漫なる博識慾とを必要とする場合なしとせぬ。もとより学術はこれによって誘導せられた。今日の正しくまた適切なる多くの問題は、言わば水を向けられて始めて起ったものである。しかも我々の問題は常に成長する。それがいつでも次々に、世界の学者の新たなる知識の跡を追うて成長して行くものとは定まっておらぬ。各人のまず知らんと希《ねが》うところは、あるいは前賢の釈《と》き諭《さと》さんとするものの外にあることが稀なりとせぬ。ことに学問が国の内外を堺する場合に、この喰い違いは生じやすいかと思う。ここにおいてか実験の人文科学、すなわち各人自ら進んでわが疑いに答えんとする研究方法は企てられねばならぬ。新時代の国学は、必ずやこの方向に向って展開するものと私たちは信じている。

三

　ここにいう土俗学すなわちエスノロジイは、世界の学であり、また最も広汎《こうはん》なる国際の学であるけれども、やはりおいおいと実験の道に向って進んで来ようとしている。現に未知の地域を劃し、調査の事項をあらかじめ限って、ある特定の目的の下に計劃せられた探険隊も幾つか出ている。幸いに世の平和がやや続いたなら、地球の表面には知られぬ生活なく、あらゆる人生の大きな問題は、すべて実例をもって応《こた》えられる日が到来するであろうことも空夢ではない。かりに日本人がフランスの多くの学者のごとくいつまでも本で読み通す学徒であったにしても、なおついには外国の信ずべき記録によって、すべての必要なる答を検索し得るようになるかも知れない。ただしそれは日本限りの多くの事実が、今のように埋没しておらず、ともにことごとく世界の知識と化した後の話であることは言うまでもない。現在はとにかくにそれがまだ望めないのである。少なくとも日本においては、日本民俗学のみが実験の学であり、他の一方はこれと対立するところの修養の学、答えが与えられた後の問いの学、たまたま各自の心からの疑問に対する解釈が、すでに用意せられてあったから仕合せという学である。

　しかもそれを決して悪いということはできない。すべてのいわゆる社会科学が、つい近頃まで皆これであった。その中でも史学などは、とうてい実験と両立し得ざるもののごとく、考えている人が今でもある。我々は教え示されて始めて知り、それをある場合の入用の日まで、覚えて大切にしていればよいとされている。それほどまた人の心が素直で、与えられたる何物にも興味をもち、自在に学界を引っ張り廻されていたのである。もとより各人独自の欲求が睡《ねむ》って眼覚めなかったのではない。その証拠には幼童はかえって思いも寄らぬいろいろの質問を提出する。生活はむしろ知識の有限性、尋ねても答が望まれぬ問題の多いことを経験せしめ、年をとるにつれて、次第に無益の追究を断念させようとしているのである。だからいったんここに新たなる希望が生れ、懇《ねんご》ろに求むる者は与えられるということが判って来ると、たとい世の中が今より矛盾少く常理が全社会を秩序立てている場合でも、なお好んで人の今まで試みなかったような疑惑を挿《はさ》んで、その解決を一生の仕事とする者が出て来るのである。過去数十年間の学問の進歩は、ただ偶然の発見の集積に過ぎなかったが、なお資料の豊富かつ多方面なる増加は、学徒を勇気づけるに十分であった。そうして我々はまた、不可解の特に痛切なる、答えなき不安の特に忍びがたき現代に生れ合せているのである。珍奇な語であるが学問の自主、他国の問題よりは自国の問題、まず自分の内に起る疑いから出発して、次々にそれを外部と共通させて行こうとする学問の、日ましに盛んになるのは自然の勢いである。

今日の自然科学とても、わずか三百年間か四百年の前までは、実験を基礎とする学問ではなかった。発見はおおむね偶然であり、ただ若干の優れたる頭脳のみが、静かに結果を予期してその発見を待っていただけで、他の多数にこれを伝達する手段は、ただ記述があり講説があるに過ぎなかった。前代の師弟道は、まず信じてその説を受持し、または導かれて他人の抱く疑問に追随していた。それが実証によって、弟子の頭に「果して然《しか》るか」の懸念を根絶し得たのは、きわめて最近の変化だと言って差支えはない。書物は古今の哲人に比べると、今一段と不純なもの、取捨の必要なものであるにかかわらず、その分量の莫大なことは、たちまち入門の士の過度の信用を博して、あの中を捜せばどこかに必ず自分の問に対する答があるときめてかかって、貴き生涯を文庫の塵《ちり》の中にさまよい暮らした人の数も多いのである。日本のように本の選択が不自由で、一方に俗書の横溢《おういつ》する国では、この病はことに警戒せねばならぬ。今はまだ不幸にしてこの方面の援助を謝絶することはとうていできぬが、少なくともそういう労多き迂回《うかい》の途、時としては徒労に帰するの危険を避けて、新たなる一方の直路を開通しようとせねばならぬ。これは単に学問の前途が広漠であり、人の一生がこれに比べてまことに短いという普通の推理によって説くのではない。我々はもっと多くのものを経験している。前人はかくのごとく親切なる筆まめであり、印刷所の能力はまた無限であるが、問題によっては本にはまったく書いてないものがある。そうして入用な知識は文字以外に、捜せばまだいくらも散りこぼれている、ということを我々は知ったのである。正しい方法を立てて速かにこれを利用すべし。これより以外の結論はあり得なかったのである。

四

我々の疑問は国に属し、また現代に属する。ゆえにこの二つを離れた解答というものはめったにあり得ない。歴史は単に過去の事実の記憶せられ説明せられて今日に伝わっている形で、これもまた眼の前の事実に過ぎぬが、我々はすべての現世の事相には皆原由があり、その原由は総《すべ》て今よりも以前、すなわちこの国の過去にあったと認めるがゆえに、時としては身を遼遠《りょうえん》の昔において、親しくその真相を把握しようと試みるのである。記伝をこの学問の唯一の能事と解する者のほかは、おそらく一人として今を軽んじて昔に見かえようとする者はないと思う。実際はいつとも知れぬ入用のために、または必ずこの中から未来の問題は生れるものと心得て、暗記を普通教育の中に入れておくのだが、その効果が挙がれば挙がるほど、この在来の一つの方法だけでは得られない答がほしくなるのである。

人が何ゆえに貧苦を脱し得ないか、村がどうしていつまでも衰微感のために悩まされているか。選挙がどういう訳《わけ》でこの国ばかり、まっすぐに民意を代表させることができぬかというような、さし迫った一国共通の大問題なども、必ず理由は過去にあるのだから、これに答える者は歴史でなければならぬ。人がそういう史学を欲しがる時が、今まだ来ていなければ、近い未来にはきっと顕《あら》われる。この私たちのいう実験の史学は、もちろんもっと広汎《こうはん》な前線をもっているが、まずこういう実際問題によって、その能力を試験せられてもよいと思う。

私たちの見るところでは、あらゆる社会現象は原因なくしては起らない。そうしてこの国限りの問題である以上、その原因も必ず国の内にある。それが見つからぬというのはないからではなく、消えてあとかたもなくなっているか、人が忘れて心づかぬか、ないしは知ろうと力《つと》めなかったかの、三つに一つである。通例は無責任に、その第一の場合と断定することがはやるが、うっかりとは信じられない。なくなれば結果もなくなりそうなものだ。すなわち形をかえて、原因はなお潜んでいるのである。容易にわからぬということは、言わば学問の興味、お互いの努力を張合い多くする条件ともいえる。それをだいたいにどの辺から捜すのが順序かというと、捜しものはまず周囲に目をつけるのが原則で、これがまた端的に、外国の学者のいかに周密なる調査でも研究でも、採ってただちにわが国を説明するあたわずとする根拠でもある。我々の歴史は通例は問題その物についている。この夏からパンを食うことにしたと言えば変遷であるが、家にはきっとまだ茶椀もある箸《はし》もある。何年何月からという年代記は不可能でも、この前飯を食っていたということだけは記録を要しない。強飯《こわめし》は今でも式の日に家で炊《かし》ぐ例が多いが、それをやめても器物はなおしばしば残っている。近世のフカシは木を井字に組んだ物で、それでセイロウの名もできたらしいが、それ以前はコシキと称して木の曲げ物であった。京都には支那と同様に、土製の甑《こしき》が用いられたことは記録に見えている。鹿児島県の島々にはコバすなわち蒲葵《びろう》の木の幹を輪に切って、そのまま用いている例が今でもあるが、縄を巻き上げて甑にしたものも弘く行われていたと見えて、蛇がとぐろを巻いたのを蛇のコシキという語は上方《かみがた》の方言に存する。佐渡ではこれをサラニナルという。皿もおそらくはまたもとは藁《わら》製で、土器にも轆轤《ろくろ》以前には土を縄にしてつぐねて行った跡が見られるが、この方はむしろ藁の器の製法を移したものらしい。この幾つかの地方的異同は、単なる器具だけではなく、同時にまた食事の著しい変遷で、日本人の生活に大きな影響を与えている事実だが、その推移の迹《あと》は書物にもこれを録せず、いわんや外国の諸民族の食制に関する精《くわ》しい記述などは、何の用にも立たない。しかも現在の国内の事実はほとんどこの変遷のすべての階段を、どこかの隅々に保存している。一つの土地だけの見聞では、単なる疑問でしかない奇異の現状が、多数の比較を重ねてみればたちまちにして説明となり、もしくは説明をすらも要せざる、歴史の次々の飛び石であったことを語るのである。

五

郷土研究の意味は、西洋諸国でいう劃地調査法《レジオナリスム》と、この点においてよほど異ったところがある。彼は種族の混和に基づく文化の多元性を認め、地方ごとにしばしば系統の異なるものあることを推究するのであるが、わが邦は南も北も遡ればかえって多くの一致を見、ただ地形と中央からの距離の多少とによって、その変遷の歩みに遅速あるを見出すのみである。個々の郷土は時を同じくして、同じ一つの道筋の上の各丁場を例示している。去年一昨年の都市の流行が、今頃ようやく小さな町には入っている様に、島や山村の生活ぶりとても、むろん改まってはいるが改まり方が遅く、多くは平野の人々の通ったあとを歩いているかのごとき姿がある。比較の必要であることは、日本は彼よりもはるかに切であり、同時にその成績の大きなこともまた彼等の比ではないのである。

衣類の変遷などは近世において、ことに急激であったゆえに、この方法は効を奏しやすい。一つの旧家の古簞笥《ふるだんす》の中からでも、我々は書外の歴史の数十頁を読み得る。ましてや比較の方法を応用するとすれば、僅々十箇所か二十箇所の異なる郷土の事実によってでも、おおよそは趣味流行と経済との相剋《そうこく》、もしくは利弊の岐《わか》れ目を会得して、今後のいわゆる生活改善に資することができる。住居の問題についても、人が平凡普通として省みず、または伝うるに値せずとしてなんらの記録をも遺《のこ》さなかった間に、実は莫大《ばくだい》なる変化を遂げたのである。火とあかりの分散は無形の家の組織をさえかえた。燈火は「まだあの村はランプだ」ということが、今日は古風残留の一目標になっているが、これなどはちょうど自分どもの一生にほとんと全部の変遷を見て通って来たのである。東京から十里余りの一山村では、十五六年前にもう電燈であったが、多くの家には丸芯《まるしん》・五分芯・三分芯・竹ぼや・丸ぼやの遺物があったのみならず、紙行燈《かみあんどん》もまだ壊れずにあった。その行燈がこの辺ではすでにはなはだ近世のもので、老人達の幼時には松のヒデを焚《た》いていたといい、現に石製のヒデ鉢という物が、屋敷の隅に転がっているのを採集して来た。今ではもうどこにもそんなものは実用に供せぬというのみで、燈火の歴史は大部分がこの半世紀間に慌《あわ》だし

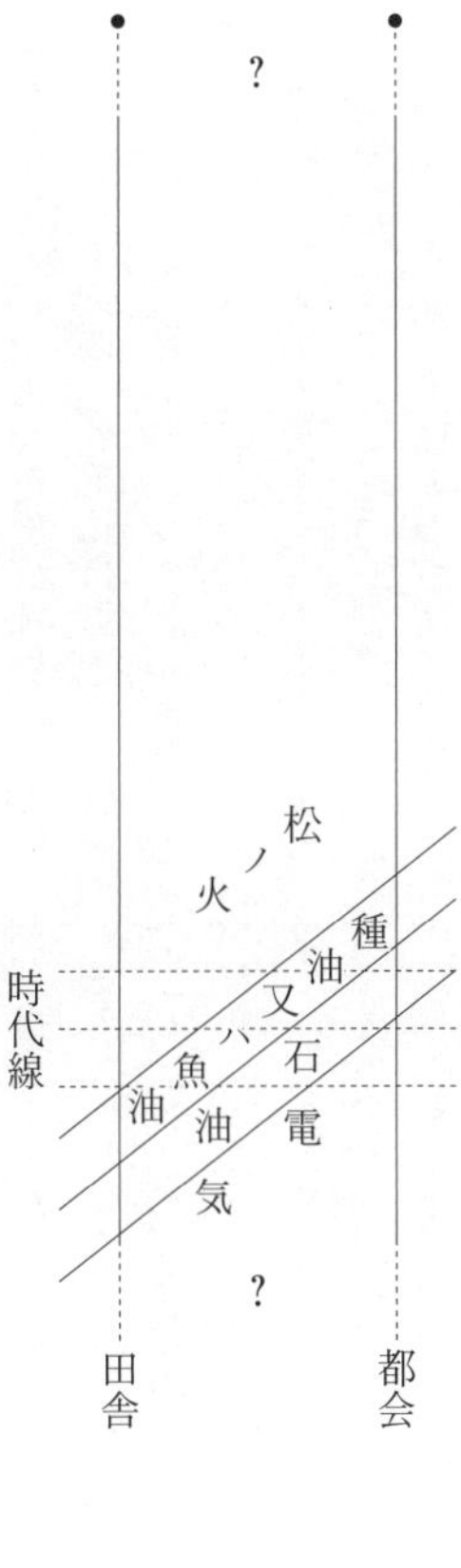

く展開したのである。古風な歴史家は何にでも横の劃期を企てるが、京都なら京都という一つの土地ですらも、そんな形には世の中は移らぬ。ましてや全国の隅と中央、端と端とを比べるならば、これは同時にまた横の異同でもあり、従ってその周到なる比較によって、おおよそは今までの経過を立証し得るのである。衣食住のような平凡を極めた事物、三尺の童児の耳目にも触れるものでもこの通りである。ましてやこれが隠れたる心の隈の働き、しかも電気と行燈というがごとき、二者併存を許されざるものでない場合に、かつては一般的であり、また永続して民人の生活に影響したものが、ことごとく維新とともに消滅したはずはないと同じく、一地二地の見聞のみによって全国を推論し得ざることも明らかである。これが自分等の計劃ある観察、及び正しくしてしかも新しき多くの採集の比較を、いっそう精密ならしめんことを祈る所以であって、学徒は山椒魚《さんしょううお》のごとくただ大きな口をあけて、自然に流下するものを待ってばかりおってはならぬと主張する根拠でもある。狭い一国内の採集とても、今日はまだ伏羲《ふっき》氏が百草を嘗《な》め試みて、始めて医薬あるを知ったというような状態にあることは事実である。やはり近世の土俗誌と同様に、盲滅法に何でもかでも、こいつは変っていると思うものをかき集めて、問題はかえってその中から拾い出し、もしくはただ夢中で手帖だけを真黒にしている者もないとは言えぬ。かりに各人の生活から、最も適切なる疑問が続発するとしても、突嗟《とっさ》にそれに答え得ぬのはもちろん、こうして調べて行けば結局は明らかになって行くだろうという方法をすらも指し示すことはむつかしい。ここでも相変らず知識と要求とは喰いちがっている。だから二つの民ゾク学の差は、類の異なりではなく、ただ五十歩百歩だということはできるだろう。しかもその五十歩が実は大変なのである。単純にいえば捜査区域の大小と、次には交通手段ことに言葉の難易である。他人の実測報告に信頼して、料理をした御馳走ばかり食おうとするならば格別、もしも自ら進んでわが疑いを散じようとするだけの志があるならば、国内の学の方がはるかに功を奏しやすいのである。

六

最近わずかに二十何年、『郷土研究』という雑誌が地方の新事実を紹介し始めた頃から、襲いかかるような埋没の大勢と闘いつつ、全国の同志者すなわち諸君等の先輩が、集めて記録してくれた材料はすでに相応に多い。もとより国の地図に照してみれば、まだ真白な地域は半ば以上もあるが、そういう方面に向ってさらに鋤鍬《すきくわ》を入れてみようとする意気込みは、今日はもう積極的になり、またすこぶる自主的にもなって来た。ただ面白いだの珍しいだのという語は、志ある採集者はむしろ口にするを好まない。何の目的のために民俗の資料を集めて行くかを、しっかりと意識しているだけでなく、多くは皆自分の研究の必要のために、内から迫られて事実を尋ねまわっているのである。

もとよりこういう場合にも土俗学と同じように、精密なる索引の利用を必要とする。世間を知らなければ無駄をするおそれがある。以前同種の調査のすでに備わっているのも知らずに時を費し汗水を垂らすことは、なんぼ若い人にも笑止なことだ。どこまでも明らかになっているかを究めてから、自分の実験に着手すべきが当然で、そのためにはやはり文庫の準備を要するのは当り前だが、限りある一国の学問からいえば、これはそう大業《おおわざ》な仕事でもない。言わば一種の機械的事務であって、国なり公益団体なりで支持するならば、訳もない手数だったのである。自分は比較的閑散の地位にあり、また印刷物類の手に入りやすい便宜をもっているので、この四五年来志を起して自身でその索引に着手している。語彙の五十音順のものも若干はこしらえてみたが、これは資料増加のためには便でも、個々の問題の経過を知るには役立たない。もっとその利用を進めようとすれば、知識の現状を分類し系統づける方がよい。そういう心持ですでに公にしたものに、「年中行事調査標目」があり、また出版が中絶しているが、「婚姻史料」「葬制史料」等もある。いずれも皆既出材料の整理であるが、誰でもこれだけの範囲において、いやしくも自分の問題をもっている人ならば、あらかじめこの材料を一わたり目を通しておかぬと、必ず馬鹿馬鹿しい徒労に陥るだろうということだけは、断言して少しも躊躇《ちゅうちょ》しない。今後の採集は、再び重複の結果しか得られないような区域を避け、これを訂正するか、またはその上へさらに積み重ねる努力に出でなければならぬということを、かなりはっきりと私は宣明《せんめい》しているのである。

私などの心づいたところでは、信仰の行事でも、改まった一生の儀式に伴う感覚でも、やはりまた卑近なる衣食住の例と同じく、遅れ先だつ地方の変遷は、おおむね近世紀間に起っている。そうしてわが国には地形のしからしむるところ、まだ若干の未変化部分があるらしいのである。これを図に書いてみれば、前の照明方法の場合といくらも違わない。すなわちだいたいに中間の「松の火時代」、または「麻衣時代」ともいうべきものが、非常に久しく続いていたのである。この期間の永さと一般性とに思い及ぶ時、これがしばしば特殊国とよばるる日本の今日ある社会相に、働きかけていた力のことに大きかったことを認めずにはいられない。だからその部分を特に念入りに調べたいのである。古風な歴史家からいうと、これは鎌倉、南北朝、室町、江戸の三期四期の混同だというかも知れない。しかしそれははばかりながら私たちの与《あずか》り知らぬところで、何だか知らぬがよっぽど古い頃から、ついこのごろの祖父または親の代まで、数百年もまたはその以上もずっと続いていたらしい生活ぶりがあり、それを我々は考えてみたいのである。

もとよりその中にも折々の小変化、譬《たと》えば文化の中心であり社会の上層であり、ないしは武士であり僧であるがために、違ったことをしたということもあろう。またこの前代文化とてもやはり進化の産物である以上は、尋ねたらそのもう一つ以前も必ずある。それも無限にゆかしいことはゆかしいが、その部分はまた一段と方法が複雑になり、興味もまた万人向きでない。日本民俗学の役目としては、それをも包含しなければならぬだろうが、初期の不自由な学界に生れたお互いとしては、第一次の目標をこの真中のもっとも広漠たる区域におき、主として日本人が今のように変るまでの事実、すなわち「国民生活変遷誌」をもって、日本民俗学の別名のごとく心得、その他は優秀篤志の人の手に委《ゆだ》ねても、ちっとも相すまぬことはないように私は思っている。それなら何ゆえにそう名乗って、二つの民ゾク学の混乱を避けないか、という人があるかも知れぬが、それのできないわけは、方法がまったく今ある生活変遷誌、すなわちもっぱら文書によるものと違うからで、この混乱の懸念の方が、実質に関係するからかえって恐ろしいのである。

七

英国では我々のいう英国民俗学、すなわちフォクロアの学会ができてからもう疾《と》くに五十年は経過した。その間のあの国の学者たちの辛苦と成績とを知っている者は、ことによるとお互いの仕事をも見くびるかも知れぬ。そんなに楽々と何の問題にも資料があって、実験同様の採集ができるものか。判らぬことはいつまでもわからぬだろう。大きなことをいうなと嘲《あざ》ける人がないともいえぬ。楽々とできるとは私は決して言わない。ただできると言うばかりである。英国では産業革命が前世紀初頭に完成し、普通教育が実施せられてからも、すでに日本の倍ほどの年処を経ている。隣国が近く、都府が大きく、小民の末に至るまでその生活の半分は国際的また工場的だ。その一つ一つが日本はこれと異っているだけでなく、それ以上に我々はなお極力保持しなければならぬ前代の制度の、大きなものを幾つか持っている。新しくなりたいと念ずる傍らに、まだまだ意識的にも古くからの伝統を大切に守り育てている。無意識に縁を断ち切りがたいものはその他にも多々ある。そんなに安々と昔風が消えてたまるものかといいたいくらいである。問題は単にその分量の豊富だけではない。我々はそれを学び知らぬ前から、すでにこの環境に親しいのである。

天理教・大本《おおもと》教は、根本は老女の神がかりと託宣とを礎石とし、非常に古い古い民間信仰の一様式であるが、お互いの中にその親族故旧の一人でも、これに関与している者が絶無だという者がいくらあろうか。そうでなくても毎日の新聞を賑わすところの人の道とか生命の流れとかの運動は、輸入でないのみか特発でもなく、ことごとくこれ国が日本国なるがゆえに、我々もこれを学ぶの光栄を有するのではないか。まったく知るまいとする方がむしろ骨が折れる。問題はただ一に自己の疑いに発するか、人に耳を引っ張って聴かされるかの相異である。ところが西洋の社会差の乏しい国々では、何か古風の残留を見出すためには、ただ田舎の片隅を旅していわゆるバックワード・メンバースすなわち旧弊人を見つけて歩かねばならぬ。通例は田舎の小新聞の三面記事、という中でも警察または区裁判所の小さな報導に目を留め、たまたま日本でいえば行者《ぎょうじゃ》とか狸《たぬき》憑《つ》きとかの噂のようなものに接すると、赤い圏点をつけて切り抜いておくのみか、わずかの知合いを手繰《たぐ》ってうるさいほど聞合せの手紙を何本も飛ばす。それに丁寧《ていねい》に返事をくれる人も、幸いにしてまあ彼処《かしこ》では多いのである。そんなことをしていたら際限がないほど、我々の中には注意すべき事実があるのだが、あまり豊富なのもよしあしで、かえって平凡視して変ったこととまでは思わぬのである。もしもこういう世の中に生れていたなら、かのフォクロアの学問はああいう形には展開しなかったろう。彼等は自分からすでに小さな成績にあきらめようとしている。資料は無識者すなわち文字を教えられぬ者の間にのみありと考え、しかもそういう者をなくする教育をしているのだから、多かろうはずはない。そうして一方には時代相とか国民性とか伝統とかいう論議はよく闘わされるのだが、これにはバックル以来の環境説、風土地勢や集合経済等の影響を説いて、いまだ人自らの人に及ぼしたる影響に考え及ばざることは、ちょうど今日の人文地理学も同じような姿であった。だから民俗学によって解説し得るという問題も、勢い限定せられざるを得なかったのである。たとえば初期の基督《キリスト》教信者の人生観の徐々の変化とか、それと旧来の生活ぶりとの折合とか、何が改まりまた何がなお固執せられているかのごとき現代に近い問題は、今まで通りに文書のみの資料によって多くの類推方法を認めた論究を続け、民俗学は単にそれよりももう一つ前のケルトやノルジックの信仰呪術の、いとも幽《かす》かなものだけを説こうとしている。これも非常に大きな功績で、この方法がもし発明せられなかったら、今日流行の宗教史学などは、文化国には交渉なき学問であったかもしれぬ。しかしこういう風に問題を狭めて、それしか判らぬ学問であるような印象を与えたことは、何と考えても不利益な話であった。そうして近頃もっと大いに拡張しようというような相談の始まる頃には、資料はまた一段と乏しくなっているのである。

　だから何がつまらぬといっても、この窮屈千万なる問題の限定まで、西洋の真似をしようというほどつまらぬことはない。受売り飜訳もことによりけりで、向うが明白に後悔していることを、今頃踏襲するということがあるものでない。それよりもまず根本の一つの方針が、どれほどまで今のわが邦に適用し得られるかの、可能性を試むべきである。これに対する私たちの返答は、あるいはまだ信じ得ない人もあろうが、かなりに弘い範囲にまで、多くの問題に答えまた近づいて行くことができるというのであった。

　もっともこの場合の採集は、考古学者などのいう表面採集、すなわち眼の前に出現して自ら身の上話をするのを聴くような、無技巧または骨惜しみなものばかりではいけない。または一部の学者がするように、たった一つの特殊な事実に過分の証拠力をもたせ、それとは縁の乏しい遠方の、片端しか一致のない類例を括《くく》り付けて、すぐになんらかの結論を下そうというのだったら、人を誤りに導く危険が多いから、とうてい私には勧めることはできない。真相はしばしば隠れておりまた仮装している。これを看究《みきわ》めるには幾つとなき比較を要し、また反覆した観察を要し、さらにまた過去の見聞の整理と、用意ある採集手段とを必要とする。実験は必ずしも顕微鏡ないしは試験管などの操作ではない。生態観測や天文気象等の、人力で作り得ない事実を知る人々はよく理解するであろうが、実験というのは素養ある者の、計劃あり予測ある観察のことである。これには忍耐と、疑いを解こうとする熱情とを要するのである。

しかし結局は東西両国の事情を比べても判るように、我々は採集期の遅速、適不適ということを考えずにはいられぬのである。民俗学の学徒が今後採集し利用すべき資料に三つの種類があることは、嚮《さき》に公にした不完全な『民間伝承論』の中でもかなり詳しく述べている。眼で見、写真に撮り、物で持って来て並べ得るような、表面に出ている事実ならば旅人にでも採集し得られる。同じ国語に育《はぐく》まれた者の間ならば、短期の滞在によって方言の癖が判る限り、人が口頭をもって持ち伝えている諸種の言語芸術までは、異郷の寄寓者にも採集のできぬことはない。ただ郷土人の心の中に動き、眼や挙動や肌膚《はだ》の色と光の裡《うち》に、幽《かす》かに動いては消え去る感情なり、またはその源になっている平日の物の考え方ばかりは、同郷人以外の感受性からは、しばしば逸し去りまた空しく過ぐることがあることを説いたのであるが、その点は今日でもまだ決して説を更《か》えていない。ただ第二段の説明として附加しなければならぬことは、右の三種の区分は他の条件のすべて同一であった場合に限るので、その条件を変更させる事情は、実際にはかえってはなはだ多いということである。

採集期のごときは明らかにその一つである。時過ぎて果実のことごとく地に墜《お》ち、わずかに塵芥《じんかい》の中に朽ちたる種を拾うというような場合には、同郷人はかえって早く見きりをつけやすい。そうして英国などのように、都府居住の好事家が眼を皿にしていると、まずこれに気づくのである。この採集期はむろん問題ごとに遅速があるが、これを一般の状勢としても、地方によりまたは種族職業によって、ちょうど収穫の頃合というものがあるかと思う。麦や菜種の苅《かり》しおも同じように、早すぎてもやっぱりいけない。エスノグラフィー（土俗誌）の興隆は、むしろ旅人と短期の淹留者《えんりゅうしゃ》の手によってなし遂げられたので、一見私のいう三種の採集の難易と矛盾するかの観はあるが、これは同郷人の自意識がいまだ眼ざめず、狭い一つの島の内の作法や流儀を、四海共通の平々凡々事と心得て、問題にも何もならぬと信じていたためである。これに反して白人のような北の寒国に育った者には、裸の生活は見るもの聞くものが皆珍らしい。だからこんなことをと思うことまで書き立てて、お蔭で三百年来の資料は豊富を極めたのであるが、それも程度問題であって、あの褐色のまたは赤黒い皮膚の下にあるものは、なお十分にはわからなかった。判らぬと書いた方が正直で、わかったという者こそ危険であった。ジョオジ・ブラウン師のごとき親切なる長期の滞在者でも、なお接触する土人は身か心かの合の子のみが多く、いわゆる黒い心臓のとどろきは今もって神秘であり、必ずこれを確かめんとすれば、永年の文庫の渉猟《しょうりょう》か、もしくは計劃ある新たなる調査隊を要したのである。

日本の社会変化は源を遡れば吉備真備《きびのまきび》、おそくとも五山僧留学などの時代だったかも知れず、現代の新世相とても、維新の政治革正を待たなかった部分がいくらもあると思うが、人がこれをもって日常の通例と考え、徐々たる氷河の流れのごとき推移に心づかなかった間は、誰が後世の疑惑と誤解とに備えるために、目前のありふれた事実をあらかじめ存録すべしと考え出す者があろう。江戸時代の学者には「後は昔」などといって、時代は変化するということに心づいた者はあったが、これとても都府の学、都府が変ったごとく全国もかわったものとしていた。記録の偶然の史料まで引証するほどの親切な人達が、そのわりには地方の現実は顧みなかったのである。総体から見て日本も二三十年前までは、まだ実験に適しない国だったといえる。それが一方になお古風に固着する家人村人と交りつつ、その言動感情に何か歴史的の意味あることを心づく者の出て来たのは、あるいは日本だけの急激文化の特殊性だったかも知れぬ。国の一致のためにはあるいは多少の割引になるだろうが、それはもう事実だから致し方がない。しかも現状を進めて行けば向うところはおよそわかっている。再びまた西洋の老いたる国々のように、自身その雰囲気の中に住みながら、これが外来思想でありこれが国民史の産物であることを、はっきりと見別けることのできぬ時代、すなわち苅しお過ぎになってしまうことと思う。この過渡期に生れたる優秀の若者、眼を閉じてもなお新旧の反映を感ぜずにはいられない同郷人は、言わば指定せられたる観測者である。苦しくても淋《さび》しくても、やはり勉強して自ら問いまた自ら答えようとしなければならない。諸君はおそらくその人であろうと思う。

八

次に言わなければならぬのは、各人の郷土との関係である。採集の潮どきが国によりまた個々の問題に伴うてあるごとく、個々の地方にもまた今ならばという時があって、その時にはまだ人を得なかったということもあろう。今までの学問は都会に偏し、都会は村落よりも早く採集期がすぎてしまった。学問と愛郷心とがこの場合にはしばしば抵触する。生れ故郷のことを知ってこそ勉強の甲斐《かい》がある。よそのためには働くも張合いなしという気持の他に、外へ出てしまえば同郷人でもなくなって採集がやや不便になる。まさか自分の土地のモダーンになったことを悔む者もあるまいが、方言集などにはちっとも方言でもない単語を、しこたま拾い集めて自分の土地の方言集として公にした笑止千万な例も折々ある。この誤解の一つのもとは、郷土研究の語の履きちがえである。自分の土地ばかりの一つの歴史、割拠孤立した郷土知識がそれだけでも何かの価値あるように思う者がこうする。我々の知りたいのは日本人の生活で、それには大した郷土的差異はないのである。むしろ自分の土地だけでは解き得ない謎が、他所《よそ》の比較によって始めて明らかになるのが常である。これを郷土限りで調べようとする理由は、そうすることが比較的有効だからである。採集実験がしやすいからである。東京に方言集はまずないごとく、カッフェから民謡はまず得られぬごとく、ここに自分の究めんとする資料がなければ仕方がない。その次は出て求めるのが順序である。わが土地がつまらぬからこの学問をやめるという理由はあり得ない。

その上に同郷人としての特殊能力、もしくは形勝の地位ともいうべきものは、取って代られないものでは決してない。著しい例をいうならば、生地に住み続けた冷淡なるインテリ、または物慾や外部の刺衝《ししょう》に負けやすい観察者よりは、親切な旅人の方が深いところまで物を観得る。また同じ問題を尋ねてみようとする場合にも、土地の不馴れな篤学者よりは、何度か同じ事項の少しずつ違った側面に触れ、または考えてみたことのある外来人の方が力がある。書いた物なども一度問題に触れてからでないと、なかなかとっくりとは腑《ふ》に落ちぬものであるが、ただ見たというだけでなく、それによってある種の刺戟を受けた者と、まったく始めての人々との間には、三年や四年の滞在熟知に匹敵するだけの能力の差が見られる。ただできることならば近くの人親しい人、郷土人その者が経験しまたは読書し感奮してくれれば、鬼に金棒だと言うばかりである。これを超えられない障碍物《しょうがいぶつ》のごとく思っていることは自他の損である。

私はここに採集技術という語を試みに用いたが、必ずしもこれは卑近なまたずるい掛引きのことばではない。つまりは引きくるめてある一つの素養が、採集ことに実験を目的とする我々の採集に、欠くべからざるものだということを言うまでである。永い年月の間の失敗と成功、または同志の事業に対する尊敬と批判などが、この修養の大部分を占めることは確かだが、なおその以外にも勘とかコツとかいう、ちょっと口では説けないものが幾つかある。その中でも被採集者の人柄と気分、人はよくても折が悪いか、場合は適当だが話す人間が面白くないかは、まるまる無価値という場合もないので、かえって見切りをつけるに骨が折れる。私はおおよそ顔で判り、眼つきでわかるようにも感じているが、だいたいに少しく念入りな、やや敏捷《びんしょう》な答をしてくれない人の方が、はきはきした者よりは頼もしいと思う。女性の適任者というべき人はたいていい話をいやがるが、それでも年をとると私などのように、これだけは是非とも語って残しておきたいという時が来る。その頃になると存外によく教えてくれるものである。土地の故老の重んぜられるのはそのためだが、その中にも男には若い頃政治などに携わり、覇気に富み優越感の逞《たく》ましい者がまじっている。警戒しないと嘘を報告する結果になるであろう。

こういう小さいことはむしろ座談会の話題に向いているからいい加減にやめる。私の言ってみたかったのは、わが郷土のすでに採集期を過ぎた場合、そこに固執する必要はないということだが、同時に採集期の過ぎたというのも程度問題で、志ある採集者の修養次第、郷土の古風のやや埋没したものを掘り起すことを得るはもちろん、旅人でも努力すれば郷土人を凌《しの》いで、たとえば東京・大阪というがごとき、物皆改まったと見える大都府の中からでも、なおかつ先祖の田舎者が持ち伝えて放さなかった多くの心意現象を見あらわすことができると信じているのである。問題の骨子は採集者が学徒であること、植木屋が草木をほり、蛇屋が蛇を捕えると異なって、別に学問以外の目的などをもたぬこと、できるならば自分の疑いを釈《と》くために、しからざれば多数同胞のともに知らんと希《ねが》うところを明らかにするために、改めてこの輝かしい帝国の、現在の社会相を観測しまた捜査することである。かくしてこそ学問には生命があり、また生命には興味があるであろう。

(『日本民俗学研究』昭和十年十二月)

現代科学ということ

民俗学に総論の書の乏しいのは、これが新たに民間に起った学問であり、言わば素人《しろうと》の寄合いであるために、出発点が皆すこしずつちがい、大きな目的は一致していても、重点の置きどころが人によって同じでなかったからで、いよいよ輪廓を明らかにしようとすると、新たにまた若干の問題の種が現われて、それを纏《まと》めるのに手数が掛るのである。これでも日本なぞはまだ纏まりのよい方で、我々が辛抱強く結合を続けていたゆえに、そうそう内輪では説の分れるということもないが、英国の民俗学会なぞは、なかなか議論が多かった様子である。たしか千八百七十年頃から、もう会報を出しているのに、これには後から後からと大きな学者が参加し、その中には人類学者もあれば古典学者もあり、あるいはローマンスやセルチック、北方文化の研究者なぞもあるという始末で、一つの方向へ共同の歩みを運ぶのに骨が折れた。千九百七年のことだったと記憶するが、ローレンス・ゴンムという先輩の骨折りで、最初の『ハンドブック・オブ・フォクロア』という小型の本を会から出した。会が設立されてから半世紀以上ものちである。この本はもう珍本で、丸善の手を経て取り寄せるのが容易でなかった。もう再びは手に入るまいと思うが、これが大正十二年の大震災で、友人の所で焼けてしまった。一度は私も読んだのだが、たいていは忘れている。その後第二版を、ミス・バーンという熱心な会員が頼まれて書いた。これは分量が前著の倍にもなった堂々たるもので、大正の中頃に世に送られ、日本でも岡正雄という人が、昭和の始めに飜訳して出しているから、この方は捜し出して諸君も読むことができる。ただ英国人どうしの話だから、引いてある実例があんまり我々には響かない。その上あちらでも会の中の意見がだんだん進み、お婆さんの本ではやや古臭くなったらしく、第三回目の本を出そうとして、委員会なぞもできたことは知っているが、この戦争中にでも出たかどうか、私はまだ確かめずにいる。つまり会の事業として公けにしようとしたので、いっそう出にくかったのである。

これに較べると仏蘭西《フランス》の方は、学者が個人として書いたものだから、不承知な人もあったろうと思うが、とにかく大分出やすかった。統一した学会はまだないらしいにかかわらず、自分の知っているだけでも少なくとも三つは出ていて、その中の二つ、ヴァンジェネップの小さい入門書とサンチェーブのマニュエルとは日本にも訳されている。ただこれらも同国人向きだから、そのまま日本語にしたのでは、呑み込めない点が若干あることを免れない。我々の参考書としては物足らぬのである。

○

そこで私はこの仏蘭西流を採用して、民間伝承の会からではなく、個々の学徒の名をもってこの際三つも五つも出すことにすればよいと思っている。一つが図抜けて優勝するようなことは多分望まれず、むしろ互いに相補うことができるから、まずよほど気楽に思ったことが言えるであろうと考え、今せっかく諸君にも勧め、かつ自分でも計画している。

すでに大藤《おおとう》君から話されたろうが、自分も十何年か前に一度、『民間伝承論』というのを書いてみたのだが、これは失敗であった。筆記のさせ方が悪かったので誤りが多い。その上にぜひ言うべくして言ってないことが幾つかある。その一つは日本の民俗学が、他の国々の真似をしてはならぬ理由、全体にどこの国にも国としての特徴はあるのだが、日本はことにそれが多い。たとえば英国ではしきりに残留 Survivals ということを言い、これを残留の科学と呼んでもよいなどと言った人もあったが、こちらでは古い生活ぶりが、もっと正々堂々と継続している。前代社会層の偶然の痕跡《こんせき》と言おうよりも、多少の変化を受けつつも、昔の世の生活がもとの場所に伝わっている。固有信仰でも家門組織でも、人によっては昔の通りかと思ったほど、本筋のものがまだ残っていたのである。すなわち我々の民間伝承は他の国と比べて、よほど歴史というものに接近しているのである。

民俗学と史学とは、日本においては他人でない。方法はこちらが新らしいとは言い得るが、知りたいと思うことは双方しばしば重なり合っている。むしろ両者はあまりに似通うているために、かえってその境目を明らかにする必要が痛切であり、しかも容易ではないのである。この事を一通り説いておこうとしなかったことは、今から考えると大きな手落ちであった。

○

昭和十二年に、東北大学の法文学部では私を招いて、始めて日本民俗学の講義をさせた。ところがあの大学としてはまことに不作な年で、国史科は三年を通じて、大島正隆という人たった一人しかなかった。このほかに心理学の教室から数名、助手副手や篤学の聴講者を合せて、十数人の聴き手があっただけだった。それでもこの大島君が非常に熱心にノートを取ってくれたので、いつか借りてみておこうと思っているうちに、この人はあまり勉強し過ぎて若死にをしてしまった。そうして私の手控えはやや不完全である。

しかし自分でも好い記念だから、書き改めて本にしようかと何度も考えてみたが、これはまたわざと実例を東北地方の生活の中からばかり採ろうとしているために、四国・中国・九州等の人たちにとっては、やはりよその国の飜訳でも見るような感じがするかも知れぬ。そんなこんなでまだそのままにしているが、あるいはこれから東北の民俗学のために働こうとしている北方文化聯盟などに、出させることにしたらよいのかも知れない。

この東北大学の講義では、自分は特に史学との対立、彼の足らざるまたは及ばざるところを説いてみようとした。東北の文献の特色は、諸君もほぼ想像せられるように、非常に一方に偏したかつ乏しいものである。第一に中世以前はというと、外部からの記録がぽっちりとあるばかり、近世の文書とても甚だしく限地的であり、紀行その他の生活記述もいたって乏しい。こういう中において、東北住民の文化の成長して、今日に到達した跡を見返ろうとするには、どうしても援を民俗学に借らなければならぬ。というよりもできる限り、その特徴を発揮せしめなければならない。今までもそうだったのだが、これからはいっそうそれを心がけないと、この方面の国史はかえって遠西諸国の事歴よりも面白くなくなり、人は暗記と試験とをもって、わずかばかりの知識をぎゅうぎゅうと詰め込まれるか、そうでなければまるっきり、自分たち東北人の過去を無視して行かなければならぬ。そのような情けないことがあるものでない。

　しかしこの点は何も東北に限ったことでない。地方を区切って考えると、西にも南にもまた小さな島々にも、奥羽とよく似た境遇にある者は多い。もしそういう人たちが、切に自分たちの前代を知ろうとしたらばどうするか。わかるものかと答えてはおられまいと思う。ことに今日は過度の中央集権の後を受けて、地方生活の充実、自治の振作《しんさく》に力を入れなければならぬ時代と私は認める。すなわち民俗学の大いにその機能を実現すべき場合と考えて、改めてこういう十年前の記憶を喚《よ》び起し、もう一ぺん話してみる気になったのである。

○

民俗学を古い昔の世の穿鑿《せんさく》から足を洗わせること、すなわちこれを現代科学の一つにしなければならぬということは、実はこの十年前の講義において私が言い出したのである。史学もまた現代科学であるということは、すでに幾人かの学者によって提唱せられているが、それを一世の通説とするためにも、私はまず民俗学がそうなっていて、これを扶《たす》けなければならぬと思ったのである。私はこの講義の印象を濃くしたいために、少しく芝居じみてはいたが、民俗学の特質三つありと言った。一に曰《いわ》く普遍性、二に曰く実証性、三に曰く現代性これなりとも言ってみた。始めの二つはおまけのようなものかも知れぬ。わかり切ったことだとも言える。普遍性というのはどんな人間の質問にも答え得るようになること。これは理想である。在来の史学とてもこれを理想にしないではなかったが、ただ文書文字の徴証をもっぱらとするために、事実力及ばぬものがあまりにも多い。問題と答えとがいよいよ食いちがい、問わぬことまで教えられるのはありがたいようだが、さて尋ねたいことが判っていたためしがない。その可能性をある程度まで、民俗学が拡大し得たことは確かで例は幸いにして幾つか挙げられるのである。たとえば我々の仲間でいう両墓《りょうぼ》制《せい》、尋常の日本人が死後の行き処について、今までどういう風な考え方をしていたかということが、我々の集めた資料によっておおよそは明白になった。しかし後世に要求せらるべきあらゆる質疑に備えんためには、まだまだお互いがどのくらい辛苦しなければならぬかわからぬ。ただその方法と方向とが示され、かつまたこれから集積する知識、成長して行く人間の覚《さと》りの、これより次第に高まるべしという、可能性だけは保証せられた。平たく言うならば我々は無知を意識した。今までまったく知らずにいたと言わねばならぬことが、次々と顕《あら》われて来ているのである。

○

次に第二の実証性という言葉は、やや不精確とも言われるかも知らぬが、証拠は数を多くして偶然に相助けしめるという以上に、もしなおこれを危み訝《いぶか》る者があれば、いくらでも来たって自らこれを験《ため》し得るように、ないしは特に場合をこしらえて何度でも確かめ得られるように、つまりは観察といい実験というもののくり返しによって、万人がすべてなるほど然《しか》ありと言い得るようなそういう紛れなき事実を証拠にすることである。すなわち自分だけが鋭敏にまた確かに、物を観ておくというだけに止まらず、人にもそれをよく注意させる仕事、つまりはこの人生を、ことには同胞国民の多数の活き方また考え方を、あらかじめ理解させておいて、いつでも入用があれば就いて調べてみることができるようにしておくこと、これが在来の史学には見られなかった一つの特色である。同時にまた国の隅々にかけて、できるだけ多くの同志を、作っておこうとする私たちの動機である。

この点を認めてもらわぬと、何で私たちが今まであのように、いい加減多い日本国の書籍の数を増加することに、力瘤《ちからこぶ》を入れていたのかもわかるまいと思う。よく本を出す人だと言われそうだから、これは一種の弁明なのである。私があのように多くの本を書きつつも、今までいっこうに解釈もできず、ただこれはむつかしい問題だ、または興味ある問題だとばかり言っているのは、気の知れぬ話だと思う人がないとは限らぬが、これには少なくとも二つ以上の計画があったのである。その一つは、おおよそ人間のすることで、ことに多くの人が集ってともどもにすることで、理由のないという言葉なり行動なりはないはずだということを、自分も堅く信じ人にも信じしめようとしているのである。小さな例を挙げるならばお辞儀である。人の顔を見るとにこにこすることである。これがもし何の気なしにそうしている、またはみんながそうするから自分もするというのだったら、これは慣行ともまた伝統ともいうべきものであって、古いところに理由はあったのである。すなわち一段と重々しい民族的原因ともいうべきものである。心づいたらあるいは見合せるかも知れぬことを、多数の日本人はまだしている。せずにおると気がすまないからするので、これは言わず語らずに日本式なる約束というものである。それが果してよいか悪いか。または今後も続けるか中止するか。それを決定するのは諸君であるが、それはともかくも事実を知ってからでなければならぬ。たとえば夏が過ぎ秋風がわずかに吹き始めると、家の内外を掃き清めて、どの家でも盆の魂祭《たままつり》をする。つまらぬ事だからもうやめようとなると、まずそのためには何のゆえに、またはいつの昔からこれをしておるかを知ってかからねば、そうですかという者はおそらくないであろう。こういうものこそ中央の政治機関の変遷やその権力の所在移動などよりも以上に、全日本人にとって、抜きさしのならぬ歴史であるのに、それがまだちっとも知られていなかったのだ、ということを空論ではなしに、実例によってくりかえしややしつこく、私は説いてみたかったのである。

○

今一つの問題としては、そういうやや珍らしいこの国限りの事実を、少なくとも若い人たちないしは都会のうからうかした生活を続けている人々に心づかせ、全体どういうわけでそうあるのかと、たとえば物を覚え始めの小児のように、訝《いぶか》り不思議がりまた年長者に向って尋ね問うような気質を、養ってみたいのである。世の中が多忙になってから、この物をいぶかる気風は、いったんあったものまでがひどく衰微している。もちろん五つ六つの子供のようにやたらに、「何で」や「どうして」を連発はしなかったろうが、元は若い人々は心に不審を抱くと、いつも年をとった人の会話を気を付けて聴いていたのである。男も女も成長して行く頃の好奇心は、今でも田舎《いなか》の方がずっと盛んである。ちょっとでも何か変ったことが村に入って来ると、全心これ眼《まなこ》、全身これ耳というようにそれに気を取られる。学校の先生はよく経験しておられるだろうが、私たちもしばしばそれに出逢っている。たとえば講演でどんな大きな問題を説いている最中でも、何かちらりと、窓の外を過《よ》ぎるものがあると、もうそれだけで注意はよそへ散ってしまう。これは作業の上にかなり大きな邪魔になる。それでむしろやや遅鈍に、そんな事に心を動かさないことを練習させてもいた。あるいはまたそういう刺戟の連続によって、一種好奇心とも名づくべきものを、作らせようとしたのが都会生活であった。たとえば物売りの声などのようなものでも、もとは苗売りとか金魚い金魚いとか、好い声で流してあるいたものが多かったが、このごろはそれに上こすいろいろの音が加わって来て、もはやそういうもののいっさいが、街頭から消えてしまった。つまりはそういう小さな声に、もう気を留める者がなくなったのである。

　ツマラナイという形容詞が新たに始まった。この一語をもって片付けられる生活体験が多くなった。すなわち直接当面の問題と関係なきこと、何かさし当りの仕事を妨げるものを抑え、もしくは人の判断を複雑にしたくないというような場合に、もとは手短かにツマランとかゲエモナイとかまたはムヤクナとかいう一語をもってこれを遮断していた。ちょうど最近の封建的という単語などもこれに似ている。いくら日本人が旧弊でも、封建制を廃してから八十年、郡県制を布《し》いてからもう七十何年、そういつまでも何でもかでも、封建制でいられたはずはない。実際はただ面倒くさいので、こんな簡単な一語を設けて、新らしい運動に対立するすべての前からあるものを排除し、同時に比較検討を断念させ、若い者のあまりに考え深くなるのを防いでいるのである。まことにいい迷惑と言わなければならぬ。

こういう言葉の流行こそ、もう少し原因を尋ねてみるべき現象だと思う。戦をしていたときは人心の集注が大事だった。今はむしろ分散が必要で、もっと手分けをして尋ねものをすべき時代だと思う。忙しい最中だけは遠慮をしてもよいが、少しでも余裕があるならどういうわけで、なぜにまたはいかにしてを、突き詰める練習をしなければならぬ。

今のありさまではただ標語がひっくりかえったのみで、大声疾呼《たいせいしっこ》で群を引きずって行こうとすることは、終戦前も同じじゃないか。歴史における因果法則というものは、本来はこの学問の根幹であった。ただ一年前までは努めてその応用を封じ、少しく痛い質問が出そうになると、そんなツマラヌ事を聴くなとか、今はそんな穿鑿《せんさく》をすべき時世でないとか、さては認識が足らぬなどと、ちょうど子供の問をうるさがる親爺《おやじ》と同様に、かつは自分の無知を隠し、かつは軍国主義の成功という、一つの仕事を単純ならしめようとしていたのである。その仕事は終ったけれども、実は惰性だけはまだ残っている。この際速かにそんな悪癖だけは切り棄て、何でも心のままに疑いかつ問われるようにしなければ、実証性などはあれどなきに均《ひと》しいものである。

○

始めて私が東北大学の講義に、民俗学の現代性ということを唱導したときには、時代は我々の生活上の疑問を押え付け、極度にその提出を妨碍《ぼうがい》している際であった。大きな幾つかの国の問題には、あらかじめ堂々たる答えが準備せられ、人がどういうわけでぜひとも殺し合わねばならぬか、何ゆえに父母妻子を家に残して、死にに行かねばならぬかというような、人生の最も重要な実際問題までが、もう判りきっていることになっていた。第一に自分はそうは考えられぬのだがということが言えない。誰もがそうだからこれには背こうとする者がない。むしろ心の底からその気になってしまって、涙もこぼさずいさぎよく出て行く者が多かった。こう各自の自由な疑問を封じてしまわれてはかなわぬと、思うような事ばかりあの頃は周囲に多かった。そういうまん中において、なお民俗学は現代の科学でなければならぬ。実際生活から出発して、必ずその答えを求めるのが窮極の目的だと憚《はばか》らず説いたのは勇敢だったとも言われようが、白状するならば私はやや遠まわしに、むしろ現世とは縁の薄い方面から、問はいつかは答えになるものだという実例を引いていた。従ってまた気楽な学問もあるものだというような印象ばかり与えて、国の政治上のこれぞという効果は挙げ得なかった。なんぼ年寄りでも、これは確かに臆病な態度であったが、しかし実際またあの頃は今とちがって、ただ片よった解決ばかりあって、国民共同の大きな疑いというものは、まだいっこうに生れてもいなかったのである。

ところが世の中はたちまち急回転して、現在はもう疑問を持たぬ人はないという状態に入って来ている。そういう中でも最も大いなるものが二つ、一つにはどうしてこうも浅ましく国は敗れてしまったか。第二にはさてこれからはどういう風に進んで行けばよかろうか。この二つの疑いは確かに万人のともに抱くところのものである。ただしこの二問題のうち、第二の方は未来に属し、史学や民俗学の領分の外のように見えるかも知れぬが、さていよいよその解決となると、事実我々は日本人だから、日本という島帝国に根を生している民族だから、そう飛び離れた離れわざもできず、やっぱりこのままじりじりと、昨日一昨日の生活の型を、わずかずつの模様替えによって、明日明後日へ運んで行くより他はないのかも知れない。その改めて行く部分だけは未知数だが、これとても経験と予備知識と、半ば直観的な判断が取捨の役をするかも知れない。ましてやその残りの部分、身体髪《はっ》膚《ぷ》を始めとし、言葉でも感情でも物の見方でも、以前の引継ぎ、持送りに終るものが多いのである。たとえ根こそぎにそういうものを取り替えるにしても、いちおうは今日までの経過、否今もなお続けている生活様式を、知りかつ批判しまた反省しなければならぬのである。言いかえるならば、未来に向っての我々の大問題でも、これに近よって微細に点検しようとすると、やはり歴史ないしは民俗学に向って、説明を要求しなければならぬ事ばかりが多いのである。

○

今一つの最大の問題、すなわちどうしてこのように負けてしまったかということは、今も眼の前の生々しい現実とからんでいるが、ともかくもすべてもう歴史である。しかも書いたものもなくまた書くこともできない歴史、すなわち在来の史学の取り扱わぬ事実で、我々の民俗学が引き受けなければならぬ歴史である。人によってはこれは歴史としてはあまり生々し過ぎる。もう少しよく熟させてから味わうべきだと思う者があるかも知れぬが、それは損な話だと私などは思う。以前はただそうするより他はなかったのである。維新史料なぞでも経験したことだが、書いたものは山ほど保存せられていても、それは要するに偏した一部分であって、他になお書かれずにしまったいろいろの事が書き落されている。そうして今回の大事変に対しては、お互いは現在本にも手紙にも伝わらぬことを、知りまた感じているのである。真相を窮《きわ》めるにもっとも適した者は、活《い》きてその世を経て来た我々である。その我々が自ら考えてみようとするのを、まだ早すぎるといってきらう理由なぞ一つもないのである。

ところが世の中には、こういう大きな疑問をできるだけ簡単に、わずかな言葉をもって解説しようとする者も同時代人の中にはいる。政治家やジャーナリストと言わるる者は多くそれで、今日のような時代の変り目には、しばしばまたそうする必要もあり得るのである。簡単な、たった一言で説明のできるような原因から、これほど大きなまた忍びがたい不幸が、生れるということは考えられない。かりに軍部の力の強大に過ぎたことが、主要なる直接の原因であるとしても、それをかくあらしめたもう一つ前の原因、たとえば武力をもって国の勢力を大きくした前の三つの大戦、それを可能ならしめた経済上の条件、一方には農民を再び昔のように軍人に育て上げた兵農一致の制度、それを喜ばしい復古の兆候と考えていた国民の気風、それこそ封建の旧時代以来、大へんよいものとして求められていた少数有識階級の指導力、それを否認しまたは抑制する代りに自分たちだけが急いで被支配階級から脱出して、権能ある地位に昇り進み、以前の仲間を引きずりまわそうとした努力、こういうものが私などの一生には、どこへ行っても眼にあまるほど見られ、名ばかり機会均等でも、実は少数成功者の、我儘《わがまま》をする社会になっていた。これがいつまでも国民全体の聡明の、期し得られなかった根本の理由ではないのであろうか。

○

根本の原因はかくのごとく、次から次へ考えられるものがあったのみならず、その一つ一つもまた他のいろいろの事情を複合していた。たとえば教育の方法である。教育はいかなる場合にも必ずもとの群から出てしまい、以前の自分たちと同じ者を食いものにし、または少なくとも彼等を家来にしようとする。いつになっても我々は全体の地位を高めることができない。むしろ従順なる少しも批評をせぬ民衆を、なるたけ多く抱えておこうとしたことは、政党全盛の時代とても同じことであった。今回のごとき大破綻《はたん》こそは予期し得なかったが、一つ一つの場合を考えると、少なくともこうなりやすい傾向だけは、よほど夙《はや》くから認められたのであった。私たちだけがそう認めると言ったのでは独断にもなるだろうが、証拠をたくさんならべて、各人がおのずからそれに心づくようにして行く途《みち》は、今ならいくらもあり、以前とても決してなかったわけではない。それを心ある者があえてしなかったのが悪いのである。あるいはこういう失敗はもう再びくり返すおそれはないのだから、この際急いで原因を突き留めるにも及ばぬ。他日ゆっくり考えてみればよい。すなわち現代性のない研究だと、思っている人もないとは限らぬが、それは決してそうではない。上に挙げたような大小幾つかの原因はまったくその組合せをかえて、新たに第二の災害を養うに足る場合がいくらもあるのである。賢こい少数の者に引きまわされる危険は、今とても国を脅《おびや》かしている。判断を長者に一任するという素朴さは、もとは国民の美点だったかも知れぬが、その美点もこれからは改めて検討し、弊害があると心づいたら改良しなければならぬ。人の言葉を疑うのは善《よ》くないというような、概括した信頼は見合せるか、少なくとも各人の自主自由なる判断が、今少しは実地に働き得るようにしなければ、実は民主主義も空しい名なのである。どうして日本人はこういつまでも、わずかな人たちの言いなり放題に任せて、黙々として附いてあるくのであろうか？　こういう疑問の方があるいは前に掲げた二つよりも、一段と大きくまた適切なのかも知れぬ。少なくともどうして敗れたかというような痛烈なる問題が起れば、それをさらに細かく見分けて行って、だんだんと具体的に、また答えられやすい形に引きなおし、そのいずれの部分もしまいには、はっきりと説明し得られるようにすること、これが精確科学といわるる自然史の方面では、もうよほど前から行われている方法であった。いわゆる文化科学の方面にばかりは、年久しい因習のしからしむるところ、遺憾《いかん》にもまだあまり試みられていなかったのである。今日のような際にこそ、この点をしっかりと考えてみなければならない。

○

疑問から学問は出発しなければならぬということ、まず疑ってみて後に知れということは、私たちの仲間では言いふるした言葉であるが、正直なことをいうとその問い方、疑い方が、一般にまだかなり拙劣《せつれつ》なのである。さあ何でも問うてみようというと、きれぎれの小さい難問ばかりが出陳せられ、従ってその答も随筆的であり、大きく応用する機会がなかったのである。今度という今度は世の中は真っ暗闇で、どっちを向いて歩いても到る処に問題に打ち当り、それを解かずにおいては生きて行けない。我々の学問と縁のない人々でも、毎日毎日どうしてこうなのだろうを連発している。これがもしこれだけで、ただ歎息して過ぎ去ってしまうようでは、実は日本民俗学なぞはないも同然である。外から見ても内から考えても、今が学問の存在をたしかめるいちばん大切な機会だと私は信じている。ところが世の中には、こういう現世の要求に応ずることを、何か学問の堕落のように賤《いやし》み視《み》ようとする気風がある。学問に向ってどれだけ現代に役に立つかを尋ねるなどは、冒瀆《ぼうとく》のように感ずる学者もあった。無遠慮に批評すれば、これほど片腹痛い言い草はたんとない。学問を職業にし、それで衣食の資を稼ごうと企つればこそ賤しかろうが、弘く世の中のために、ことに同胞国民の幸福のために、または彼等を賢こくかつ正しくするために、学問を働かすということがどこが賤しい。むしろそうしたくてもできないような者こそ、気が咎《とが》めてよいのである。ことに史学などは医者の学問も同じで、もともと世の中を健やかに痛みなくするために、始められたものなのである。それを効果も考えることなしに、ただ教えられたことを引き継いでいるほど、意気地のないことはないのである。民俗学のごときは新たに始まった研究である。まず率先してそういうまちがった考え方を改むべきだと私は思っている。

○

学問には限らず、またもちろん民俗学に限ったことではないが、えらい人が生れなければ大きい事業は興らないように、今まで思っていたのは迷信であった、ということが今度は経験せられるであろう。我々は率直にわからぬことをわからぬといい、また子供のような心をもって疑わしい事を問い尋ね、また答えてもらおうとすればよいのである。そういう一般の要望があれば、学者は皆刻苦精励し、学問は大いに起らずにはいないであろう。戦争中はいろいろの難関があって、社会は期待したにかかわらず、科学はまだ十分に効果を収めるに至らなかったが、これとても時が足らずまた我々の根気が続かなかったからとも言い得られる。今後は改めて各人の自由な立場から、最も実際に適切な質問を投げかけて、学者と学問との信用を試みるように、だんだんとなって行くものと思い、それを私たちはこの暗闇の世を抜けて出る曙《あけぼの》の光としている。惑いを釈《と》いてくれるからこそ学問は尊き指導者なのである。知りたいと思うことを教えてもらって、始めて先生はありがたいのである。それを今まではまるであべこべに、問いもせぬことばかりをまず答えられていた。そのために暗記と試験とが、やたらに若い者を苦しめていたのである。学問という古い好い言葉が、幸いにして古い世の心持を伝えている。『論語』でも『孟子《もうし》』でも、聖人賢人に物を問うた記録であった。聖人賢人の語なるがゆえに、片端から丸呑みにしなければならぬ理由はないのである。学問・文章という二つは対立すべきもので、問によって求むる智恵を得るのが学問であった。それを日本ではいつの間にか、学文という字に書きかえ、学を漢語のマナブという日本語に宛《あ》てた。マナブはマヌル・マネスルも同じ起りで、師匠のいう通りを口移しにいうことであり、もちろん「学」という語の本義ではない。学は覚と同じで、オボエル・オモウとも一つである。自分が新たに考え出す、つまりサトルこと、賢こくなることなのである。学をマナブとは引き離さなければならない。民俗学という名称は、この点でも再考してみる必要がある。少なくとも自分たちは、この学はマナビではないと思っている。

(『民俗学新講』昭和二十二年十月)

日本を知るために

一

日本民俗学会の第一回の年会に際して、会の実状とこれからの計画とを、ごく簡単に陳述しておきたいと思います。

学会は明治の初年来、次々とわが邦にも起って、ごく手堅く今日まで続いているものも幾つかありますが、数が多くなって行くとともに、だめなものも時々はまじり、中には雑誌の購読者を確保するために、こしらえたかと思うような、いやな学会も実はあります。いちばんいけないのは会長が名ばかりで働かないこと、また働けない年寄を会長にかつぎ、学問の進路がどっちへ向くかも知らずにいることであります。十年ばかり前に、日本方言学会というのができて、その最初の会長を持ち込まれたときに、私は一つの条件を出した。これなどは久しい間、英国の民俗学会でもやっていることで、向うでは珍しい例ではないが、まず会長の任期を一年とし、おのおの就任の挨拶《あいさつ》として、学問の今後に対する見解、ないしは抱負を述べることで、そのために会はいつでも活き活きとし、また今までは同情者程度であった多くの会員が、おいおいと会の事業に身を入れるようになる。この慣行を日本方言学会にも入れようというので、その時は一同皆承知したのであるが、たった一年にしてその条件は守れないと言い出し、すなわち私はさっさと退身しました。会はもちろんそのために潰《つぶ》れはしなかったが、その代りにさっぱり仕事をしていない。結局一人や二人の力では、こういう新しい計画は実現するものではないということを経験したばかりであった。今度の日本民俗学会なども、これが健やかに成長して行くためには、もう少ししっかりとした心構え、ことに中堅となるべき委員団のあやふやでない一致が必要であることを感ずる。形の上で会長のようなものがもし入用なら、委員が年中行事式に順番になるくらいの覚悟をもたなければならぬであろう。その点を明確にするために、この第一回の年会を開催したのであります。

二

日本民俗学会の成立ちについては、偶然に私がきわめて覚えやすい記憶をもっている。今からちょうど十五年前、私が還暦の誕生日を迎えた際、同学の人たちがそれを記念してやろうと言って、始めて民俗学の全国大会を開いた。その時の記録は『日本民俗学研究』という題を付して、岩波書店から出して世に行われている。今から考えてみると、まことに好い時代であって、講演や発表の会が昼夜にわたって一週間もつづいた。その時の一つの集まりにおいて、地方から出て来た人ばかり四十何人かが話し合いをして、例の満場一致をもって、一つの永久の会を作り上げた。それがこの会の前身たる「民間伝承の会」である。私はその発起人でないのみか、潰れると後がまずいからという理由をもって、むしろ同意を渋っていたのである。しかるに賛成してくれなくても構わぬという大へんな意気込みで、しゃにむにこの会を作ってしまったのである。そうして会員を募ったら全国三十数県にわたり、六百人近くの人がたちまち加入して来た。その人々の大半は、今でも遠くから支援しているのだが、やはり中心は東京だからこちらにいる人が多く働かねばならぬ。ひどくその人たちが苦労するのを、棄ててもいられぬので私も少しずつ助けた。そうしてだんだんと潰すのが惜しくなったのである。

そのうちに戦争が始まりまた苛烈《かれつ》になり、紙が得られなくなって皆苦労した。それで少しは通りがよかろうかという希望をもって、今日も出席しておられる橋浦泰雄君などの考えで、全国二十人ほどの世話人の中から、私を引き上げて代表者みたいな地位に据えたのである。それがそのまま居据わりに、今度新たに組織を改めた日本民俗学会の会長に、私が留まっているたった一つの理由である。実はこれはつまらぬことで、早くどうにかしなければならぬと思う。全体還暦の記念などというのは、別な言葉でいえば「永々御苦労様」ということである。それをさらに十五年も後になってから、引き出して働かせるという理由はないと思う。ただそうは言いながらも、何十人かの全国の同志者が、若くして戦場の露と消えた中において、ともかくもこうしてまず活き残り、今日の大きな喜びに逢い得たというだけは、言葉にはいい現わせない深い感謝であって、私の発言権は何よりもさきに、この学会の確乎《かっこ》たる歩み、誤謬《ごびゅう》のない成長のために費されることが、これに答うる最も適切な方法だと思う。

三

今日世の多くの学会なるものが、かりに名ばかりの存在を許されるのが常例であるとしても、なおこの日本民俗学会のみは、何としてもそんな気楽なことはしていられない、という理由は幾つもある。

第一には、我々の同志の多数が、今もって地方に分散していて、中央との交通すら妨げられがちであり、まして各地相互の聯絡に至ってはほとんと絶対に望みがたい状態にあること、そのために孤立の研究の淋《さび》しさに堪えず、しばしば中道にして英気の衰え行く懸念のあることとである。その弊害はすでにすこしずつ現われはじめたようにも思われる。これには最も親切な中心機関の、絶えざる声援と激励とが必要だということである。

第二のもっと大きな理由は、我々の今進んで釈《と》かねばならぬ問題の大部分が地方にあり、これを解説すべき手段資料というものが、やはり飛び飛びに主として地方に残っているということ、それを互いに注意し合わないと、眼の前にあるものすらしばしば気づかずに過ぎることで、これらの証拠資料を整頓《せいとん》し比較して、いつでも利用し得るようにしておく機関が、なかったらまったく仕事はできないということである。

第三のさらにそれよりも迫った理由は、世間の好意と関心、これが最近豊かに溢《あふ》れるようになったのはありがたいことだが、我々の説明が足らぬためであろうが、今もって見当ちがいな概念によって、褒《ほ》めたり珍重せられている場合が多いことである。ことにジャーナリズムの方面では、これを上品な物好きとも、余裕のある生活趣味とでも定義づけている人が多いらしく、いかに諸君が心深く、この知識を実生活に繋《つな》ぎ付けようとしているかも省みずに、毎年きまったように「踊りはどの地方のが面白うござるか」とか、「オバケはあるものですか」という類の、頓狂《とんきょう》な題目ばかりをひっさげて話を聴きに来るような記者が多い。私たちはこういう質問にあうたびに苦笑し、かの昔の唐人の詩の「憐むべし半夜空しく席を進めて、蒼生《そうせい》を問わず鬼神を問う」という句を思い出して、何ゆえに青人草《あおひとくさ》のことを尋ねてはくれないのかと、情けなく感ずるとともに、一方にはまた「それでもまったく構い付けてくれないよりはよい」などと、いい気になっているような人たちの心を、口惜しくも思っているのである。社会科が普通教育の主要な科目になっている今日、内からも外からも、まだどれだけの役目を日本民俗学が負うているかを考える人がないということは、つまりはまだこの学問の本質が明らかになっていないのである。学会の出て働かなければならぬ区域は、今ちょうど前面に展《ひら》けているといってよい。

四

これはどうしても一国民俗学という学問が、主として何を明らかになし得る能力を具え、またいかなる知識智慮をもって、この世この国に尽そうと心ざしているかを、説き立てずにいた者の方に、より大きな責任があると思う。もちろんそれを手短かに述べることはかなりの難事業であろう。我々の手を出している間口は広く、しかも前代に対するあらゆる疑問が、結局は皆釈《と》けるようになるのを、理想とすると言った態度が、私たちの学問の出発点でもあったからである。世には象牙《ぞうげ》の塔などと称して、人生社会の用に立つか否かを詮議《せんぎ》するのを、下品なことのように厭《いや》がる気風がつい近い頃まであったが、それも時代により国により、また学問の種類にもよりけりで、こんな広々とした沃野《よくや》に入りながら、好きな花ばかりを摘んでいたのでは、すぐに日が暮れてしまう。老人だけはそれでもよろしいと、言ってくれる人がよしあろうとも、私なんかは俗物だからとうていそんな気にはなれない。何とかしてもっと具体的に、自分たちにもできることはこれだけと世の中に披露して、それによってほかからも当てにせられまた励まされ、そうしてまたもっと張合いのある勉強がしてみたいのである。それには今日はことに好い機会、最も働き甲斐《がい》のある時代でもあるように考えられる。その点をとくと来集の諸君とともに討究してみたかったのである。

それで今日の話題をきめるのにもちょっと迷ったのだが、実はもう大分前に、島根県から出していた一つの仲間の雑誌に、自分は「日本を知るために」という見出しを掲げて、民俗学の効能を説いてみようとしたことがあった。これは馬鹿馬鹿しいほど調子の高い標語ではあったが、人をはっと気づかせるためには、思い切ってもう一度使ってみるのもよいかと思う。「日本を知るために」、日本民俗学は大いに働こうとしているのである。日本ならもう知っていると、ただの観光団の人だって言うかも知れぬが、実はその中に省みられざりし生活というものが、非常にどっさり残っているのである。それがただ単に事実の発見だけであっても、なお無知を知にするということには大きな意義がある。ましてやその間からは、今まで判らぬ、説明ができないと、あきらめかけていた大きな疑問を次第に説明して行けそうな手掛りが潜んでいるのである。尋ね探るということを粗末にしてはならぬと思う。

五

学者には今まで、めったに判らないと答えた人がなかった。だから現在知っているだけの事実のみによって、さしあたりの答を作るのであった。人を欺くまでの悪意はないにしても、少なくとも自ら欺いていたことは、古来の学説の瞬間も休まずに、次々と改訂せられて来たのを見ても明らかである。口にするさえも情けない「日本はなぜ敗れたか」、もしくはどうして今日のごとき状態に陥ってしまったか、答はここにあるという人がいくらあろうとも、今までお互いがまるっきり心づかなかったことがこれほどあり、まだこれからも次々と現われて来そうな形勢に直面しては、とうてい私たちはそのでき合いの答を受け取って、さようでしたかと言っている気にはなれない。廻りくどい道ではあるが、今まで省みようとしなかったのが悪いのだから、辛抱しなければならぬ。何としてでもこの莫大な新しい知識を整理して、おいおいとその中から、動かない原因を見出して行こうと努めなければならない。その方法をやや気永に、日本民俗学会が立ててみようとしているのである。現にまた少しずつは見込みが立ち、答えられると言えそうなものが出て来ているのである。

人生の疑問には、幼な児のアレナアニから、死にかかった老翁のどこへ行くのかまで、その種類は千差万別、分量はちょっと見当もつかぬくらいに多いが、私たちはこれを役に立つ立たぬによって、だいたいにまず二つに分けてみることができると思っている。欺いて還らぬ過去を解説するだけのものは、急ぐ場合には後廻しにしてもよい。その中にも棄てがたい意味をもつものが多いが、用途の間接なものは余裕のある人の手に委ねてもよい。これに対して一方には役に立つ事実、これからどうしようかを決するに臨んで、ぜひとも知っておくべき事実がある。未来はもちろん「史学の管轄」ではないが、しかもかくなるという因果の法則が不変であるならば、主たる参考は実地に経て来たもの、ことに自分の国の近代史の中から捜し出される。東洋では歴史は昔から、ただ目的のために尊重せられたのであった。ただその方法が甚だしく型にはまり、知るべき多くの事実を省みずにいた。

六

一例をいうならば将来の労働組織をどうするか。これに対する資本の活用方法、これをいかに導いて行くならば、憤り怨《うら》み悲しむ者が一人もない、明るく安らかで楽しい世の中が迎えられるかという問題である。それには新たなるユウトピア、無何有《むかう》の郷《さと》を夢み出すよりも、我々ならばまず過去の経験を求める。そうしてその経験の大部分は、今まではまだ埋没していたのである。これも一つの無知の告白であるが、今からもう五十年の昔、私は偶然に米国のある若い経済史の学徒と、書状の上での友人となったことがある。何かこちらで判ることなら調べてあげようとそう言ってやると、日本の労働組織について知りたいと言って来た。これには非常に困ったので今でもよく覚えている。どんな内外の辞書を捜しても、新しい工場より他には心あたりのものがない。

田舎の人たちは一般に、最もよく労働していることを知りつつも、彼等の働きのどういう部分が組織なのか、私にはまったく判らなかった。つまり今までそんな言葉を持たず、また誰も意識しなかったのである。これが大きな刺戟となって、自分はもとより同志の人たちにも勧めて、努めてこの働く人々の間に入って、知らずに彼等が生きている約束を見つけ出そうとした。ユイとかモヤイとかテトイとかコウロクとか、今までの群労働はもっぱら慣行であって、それがまた氏族姻族、居住地域等によって、すべて相互的に協定せられているのである。文書記録には載せられず、また容易には明文化し得ない、複雑でしかも平和な旧式の労働組織の、まだ確かに行われていることを知ったのである。それから以後の五十年、その間の激しい変化は人の知るところである。かつて今説かるるような荒々しい手段を用いなければ、獲得できなかった労働組織なるものがあったろうか。それは騙《だま》されていたのだ、睡《ねむ》らされていたのだと、言う者は多いにきまっているが、果してそう言い切るだけの事実を知っていて言うのであろうか。いくら概括論でも少しは廉《かど》をつけ、また実証を示さなければなるまい。知りもしないで、のっけからそうきめてかかることが、新しい時代の論法なのであろうか。

大地主制が夙《はや》く日本に入ったのは事実である。その隣に土間に寝るような貧農は住み、中間には鬼みたいな取立役のいた例もないとは言わない。ただそれが昔からのこの邦の普通の姿であったということは、ちっとも証拠がないのである。近世の新田開発には、町から商人地主の大資本を入れて特権を与え、それがまた米の大量供給者となっていたゆえに、これを常態と解するがごとき独断論は起ったのだが、古くから開けていた土地について観《み》れば、小作は例外であり、たいていの農家が自分自分の田を持って、小さく助け合っている村は、今でさえまだいくらも見られる。それを農村の未来を説く政治家が、少しも顧みずにいた結果が、今ちょうど現われて来ているかと思う。こうして無造作に忘れられてしまった古来の小農の村々と、これから新たに作り上げようという理想の農村とは、どういう点が必ず変っているべきだというのであろうか、何だか双方ともまだはっきりとしていないで、比較をすることもできないのではないかと私などには思われる。

七

わずかな注意と用心とをもってすれば、多分は陥らずにすんだであろう悪い状態を、平気の平左衛門でパスさせておきながら、後になってから騒ごうというなどは智恵も何もない話である。そういう中でも農村の形勢は、時すでに遅しの感がなくもないが、漁村に至っては今我々の見ている前で、盛んに資本化しつつあるのである。それもこうしなければ新しい世の要求に応じられないという部分、たとえば遠洋漁業などは別にしてよい。他の大部分の今までの自由な労働組織を、何ゆえに保存しておこうと骨折る者がないのか。多くの改革論者は意地悪でも陰謀家でもない。つまりはまだ保存の価値ある前代生活様式が、今も伝わっていることに気づかないのである。日本民俗学のこれから向って行くべき仕事は、特にこの方面に多いかと思われる。海の生産の我々を養う力は、今日の時勢において非常に重要なものであると思うのに、漁村海村の生活実状は、まだ片端しか調べられていない。白状をすれば民俗学の研究は、いささか片よっていた。今までは農村山村の古風な伝承に熱中して、幾分かその他のもの、海の端々とか離れ島の調査を後まわしにしていた。それを心づき考え直す時期が、ややおくれたけれどもまだ間に合ううちにやって来たのである。しかも一方に内陸の村々においても、私たちの得た知識は比較の基礎であり、また有力な暗示である。こちらでも粗末にしたり断念したりする必要は少しもない。ただこれからはもっと丹念に、海を相手とする人々の旧来の生活ぶり、いわゆる顧みられなかった労苦の跡に注意を払うようにしたいと思うだけである。最近世に送られた『海村生活の研究』は、三年以上もの努力を傾けたものであるが、場処も限られまた見残した問題も多い。民俗学研究所の計画しているように、近い将来において残りの離れ島の調査を推進して、将来の労働組織の安定策のために、豊富なる参考資料を供給して行きたい。それには島々の居住者たちの中に、新たな同志を見つける必要があるかと思う。すなわち「日本を知るために」、まだまだ我々は遠く歩まなければならない。

（「民間伝承」昭和二十四年十一月）

II

柳田國男・折口信夫対談

折口信夫（おりくち・しのぶ）
国文学者、民俗学者、歌人。一八八七〜一九五三。著書に『古代研究』『死者の書』ほか。
石田英一郎（いしだ・えいいちろう）　司会
民族学者、文化人類学者。一九〇三〜六八。著書に『マヤ文明』『桃太郎の母』ほか。

日本人の神と霊魂の観念そのほか

いとぐち

石田　今回はご多用の時間をこの座談会のためにおさきいただきましてまことにありがとうございました。実は司会者といたしましては、この機会にできるだけ多くいろいろな問題について、柳田、折口両先生のお話を承りたいというはなはだ欲の深い希望をいだいているのでありますが、先日来両先生ともご相談のうえ、中心的な問題をだいたい大きく二つに分けてお願いすることにいたしてみました。

その第一は私どもの「民族学研究」一三巻三号に発表いたしました「日本民族＝文化の源流と日本国家の形成」というあの座談会にたいする反響が各方面の読者から盛んに聞こえてまいりまして、その多くは、あれは非常にいい有意義な企画であるが、ただあれだけでは問題がつきているとは思われないし、物足りない点があるので、ぜひああした問題をもっとつづけて展開してもらえないか、という希望が非常に多かったのであります。そうかと思いますと、先日歴研と民科歴史部会との共同主催で開かれました、あの座談会にたいする合評会に出席してみましたところ、そこではあの座談会で、だいたい意見の一致をみたと思われるような根本的な問題につきまして、ほとんど全面的に否定的な意見が圧倒的でありまして、ああいうものの見方は根本的に間違っている、ああいう解釈はとるべきではない、という意見が盛んに述べられ、一部の人びとがそういった見解をもっておられるということもわかったわけでありました。いずれにしましてもあの座談会で提出されました問題はこのままで終らすべきものではありません。殊にあの中の民族学的な部分について述べられております多くのことがらには、だいたい一九三四年ごろまでの柳田、折口両先生の学問の成果の取り入れられているものが少なくありませんが、しかしどちらかというと、その民族学的な研究というものは、日本の外からみた研究に重点がおかれている、これにたいして日本民族というものの内奥から、内のほうからの研究を多年お進めになってこられました両先生に感想なり批判なり、あるいは注文というものをぜひ承りたいと思うのであります。そうして今後に残されたもろもろの問題につきましても、その所在を明らかにしていただきたいと思う次第であります。

それから第二には両先生の中心的な学問であるところの日本民俗学というものが、その対象をば一応日本一国に限っておられるというところからくる学問的限界というものは当然考えられなくてはいけないことでありまして、そこでこの日本民俗学と、それからもう一つの民族学との関連、ということについての原理的な、理論的な問題がいろいろと出てくるのであります。殊にこれは一部分は民族学と共通の問題にもなり、また一部分は民族学との境界あるいは分業関係という問題にもなるものと思いますが、日本の民俗学的資料の上に立たれた学問でも、歴史、殊に古代研究のほうに向われる学問傾向と、むしろ現在的、実用的とでも申しますか、われわれ日本人の当面の問題、あるいは未来の問題に正しい解答を与えたい、という意欲に導かれた学問傾向とがありまして、柳田、折口両先生の学問にもそれぞれ重点のおき方に差異がおありかと存じます。こうした問題をも今回は理論的に併せて検討していただきながら、日本民俗学という学問の本質的な根本問題に立ち入りまして、そうして最後に今後の日本の学問の発展のために両先生のお立場から、何を、最も痛切にご希望になっておられるかというような点を忌憚なく私ども後進のためにお示し願いたいと存じている次第でございます。

そこで、最初に第一のほうの問題、すなわち同号の雑誌に発表いたしました座談会にたいする感想と批判、というところからはじめていただきたいのでありますが、それをだいたい全般的な問題と個別的な問題、この二つに分けまして、最初にあの座談会そのものの意義とか価値とかいったようなものにたいし、両先生とも詳しくお読みくださいましたので、その全般的な印象や、ご感想を承りたいのであります。これまでの文献史学や考古学というような学問にたいして、日本民俗学の立場にお立ちになってこられた両先生の態度なり、お考えなりをも併せてお漏らし願いたいと存じております。いかがでございましょうか、あの座談会をお読みになった全般的なご印象を、柳田先生からどうぞ……。

柳田　私がいちばん愉快であったのは、白鳥先生以後の研究が、江上君たちによってこんなにも進んでいたかということがわかった点です。細々した批評になると、今聴いたような反対意見もあるくらいならば、その反対意見を読んでからのほうがいいかもしれないが、それはまた後に補充することとして、さしあたり私の思っていることをいうと、ずっと以前から長いあいだ、民俗学と民族学の二つの学問は、必ず融合するという夢をもっているわれわれとしては、その時期がまだほど遠いということに、非常な淋しさを感ずる。アジア大陸のような広大な区域をとって論ずるにはこれでも十分かもしれないが、われわれ自身は自分の国のことだけに、当然にもっと細かいことを考えているので、どうもこれは考古学にたいする陰口になりそうだが、石とか金とかいう永く朽ちないものだけで、いろいろな過去をきめられることは心細い。日本は草木の殊に繁茂した島で、したがってその朽ちやすい資料を利用した文化が多い。これは形が残らないのが当り前だから、それらにも気がつくように、自分らの学問を進めて行かなければならない。それと共に向うからももっと進んで来てもらわなければならないという気持ちもあって、今日は座談会の批評よりは、むしろ現在の民族学の状態にたいする批判に傾かざるをえんだろうと思う。批判というよりは注文というものをしなければならないと思っている。そういうことが今日の座談会の中心になることをたいへんに希望している。細々したところに気になる点がある。民族学が非常に勢いよく進んでいることを認めつつも、前途はまだほど遠いという感じを、表白せずにはおられません。

石田　折口先生はお読みくださった全般的な感想として、どういうことをお感じになりましたか。

折口　大きな綜合的な研究が起ってくるのだということをいよいよ感じました。今の先生のお話にありましたように、いろいろな態度が、緻密になってきました。緻密な部分はだんだん正確になってきましたが、それだけに、わずか残っている隙間が目立ってくる。そういう点ばっかりの研究が進んでおって、その間の研究が進んでおらない。綜合のためには、その欠陥がいよいよ眼についてくる。そういうふうに感じました。それが早く埋まるようにする、その点、研究の題材や、結論の密集して緻密に存在しているという点で、われわれのしている民俗学の強みがあります。具体性が多いといえるのでしょう。それを感じました。それと同時に、民俗学の方法も、あれから大いに刺戟せられて、大きな変化の自由に生じるようにしなければならない、という気がいたしました。その点感謝したいと思います。

石田　今両先生からはなはだ示唆に富んだこの全般的なご感想を承りましたが、具体的に、しからばどういう点について、そういうふうにお考えか、という問題へすぐ入ったほうが、なお今のお話をいっそうよく承れるのではないかと思います。たとえば日本人の固有信仰、日本の神といったような問題を端緒にして、両先生のご批判を承るのも一つの行き方かと存じますが。

稲の文化と日本の統治民族

柳田　しかしそうした個々の問題を考えるためにも、もういっぺん前号の座談会にあらわれた根本的な立場といったものを、もう少し見極めて進むほうがよくはないだろうか。私は日本民族の構造については、今までだって人種の混淆ということを認めている。決して単一な民族が成長したものとは思っていない。ただ種々の参加はあったが、たとえばこの神霊観念、死後の存在に関する固有の信仰を、今日までもち伝えたいちばん優秀なものはその中の一種族、数が多いか、力があったか、知能が進んでいたか、ともかくも最も重要な一種族であった、というように考えていたのであった。ところがあの座談会にみるような出発を肯定するならば、最初から日本の固有信仰は雑駁なもので、いくつかの分子の複合形であるという議論ができるかもしれない。はたしてそういうことがありうるものかどうか。少なくも江上君のいわゆる騎馬民族が朝鮮半島の突端まで来て、ひょいとこちらに越えた、そうしてそれが新たに有力な統治民族になったろうという、あの推測過程がはたして証明しえられるかどうか。この点を今一段と明らかにしたうえでないと、私たちの携わっている神道などの議論はできなくなるような気がする。一応は愉快な思いつきであり、また二、三思い当ることもあるが、いちばん気になる点は船のことです。それをちっとも説明してみないで、これだけ海上の隔離をひょいと跳ね越えて、騎馬民族がやってきたということは、いささか大胆に失した飛躍ではないかと思う。大陸の考古学、遺物研究には船の問題が出てこないが、これは一言でいうならば陸つづきだからである。島の上古史ではたちまちに船、船材と技術との問題が出てくる。武者とその騎馬とをどうして運んだかが説明を要求する。そんな大きな船は千五百年前にはなかった。そこで小さな船を三艘なり五艘なり、横に連結して波風に耐えるようにするためにも、特別の社会組織を必要としたであろう。それにはどれほどの期間の経験と考案とを重ぬべきだったか。はたまた何物がその準備を無用になしえたか。それを説き尽くさずして日本の統治民族、いちばん有力な民族は大陸のあれだといってしまったことがもういっぺん批判してみるべき要点ではあるまいか。しかも古書に書いている神々の記録と、現在の国民信仰とのあいだには、単なる複雑化とか、衰弱減少とかいう以上に、往々にして方向の違いさえあるように思う。それを解説しうるような資料はまだ決して出揃っていない。この点からいうと、いかなる奇抜な起源論でも、成立しうる余地はたしかにある。平たくいうとわれわれは、むしろもっともらしい新説の、民族学のほうから提出せられるのを待っているのである。そうして半島は明らかに一つの鍵なのである。『書紀』に伝えられる以上の関係がまだあったのかもしれない。人は盛んに往来移住し、通訳を用いた記事があまりに少ない。言葉は上のほうではあるいは通じておったのではないかとさえ思われる。それにもかかわらず、国民信仰の根柢におりて、彼我の間に行き通うたものが、少なくとも今はまだ見つけ出しがたい状態にある。馬で飛び渡ったろうという一説のみが、裸で提出せられてもただ始末に困るばかりである。二つのミンゾク学のあいだの海峡は、存外に深くまた広いようですね。

折口　われわれがいちばん民族学の方に望むことは、南のほうの関係がどうも北ほどは進んでいない。それを民族学のほうで、これからもっと身を入れてやってくれたらどんなにいいかと思っている。この釣合いのとれない片重《かたおも》り、それがいちばんわれわれのいわば不満に思う点です。北のほうでも、南のほうでも、船が備わらねば渡れないことは同じです。北から北からと皆がいいたがるのは、地図の上で物を考える今までの癖かもしれませんが、一方にはやっぱり何が入って来ているかを見究める学問、すなわち民俗学の活動が鈍かったためと、いつも私たちは自責するのほかはないのであります。

柳田　古代史の研究が不十分だから、あまり強いことはいわれないが、日本の統治民族と名づけられる中心種族の中には、米に関する文化がはやく発達している。アメノナガタ（天ノ長田）の名があったり、スサノオノミコトの罪状の中にも水田耕作に関することがあったり、とにかくに米は早くから栽培しています。無論最初からとまではいえないかもしれないが、たとえば弥生式土器のころにあった、縄文土器のころにはないと、境を立てて見ることはできない。主要種族の精神生活は、稲の栽培とかなり深く繋がっている。北のほうから馬に騎《の》って半島の端まで来た民族は、米を以て神を祀る習俗をいつ採用したろうか。ここの解決が江上説にはついていない。いま折口君のいわれたように、一面からばかり問題をつっつき過ぎた嫌いがたしかにある。あの結論を取り消せとまでいわないが、これは有力なる構成分子の一つであるというくらいでとどめてもらわないと、国民信仰の問題に入るのにはりあいがない。

石田　それではただいまの問題について、自分の理解しているかぎりにおいてお答えいたします。この前の座談会でだいたい結論的に皆さんが一致されたと思われる点は、ああした騎馬民族が大陸から朝鮮半島を経て日本に入る前に、つまりだいたい、弥生式の文化から古墳の前期というあの時代にかけて、日本列島に住んでいた民族なるものが、だいたい南のほうの米の栽培、水田耕作という文化を基調にしたもので、『魏志』の「倭人伝」なんかに残されているその民族がだいたい南のほうの文化系統を携えて日本列島にずっと拡がって、多くの小国家を建てていたと考えられることじゃあないかと思うのであります。そこへそれとは別個の系統の、もちろん農業もすでにもっていたでありましょうが、それよりも北アジア的な、あるいは遊牧的な、ないしは軍事的な性格の強い民族が、たとえ人口は少数でも、非常に軍事力、政治力において卓越していたため、この短い時間に、急激な速度でもってそうした農耕民族の征服を行なった。しかし文化的にはやがて数的に優勢な先住農耕民の根強い文化とさまざまの形で妥協をとげざるをえなかった、というふうな見方がだいたいの根幹をなしていたのじゃあないかと思うのであります。ただいま柳田先生の指摘されました船の問題について、征服民族がもし朝鮮半島から渡ってきたならば、それにノルマン・コンケストに似たような海洋的なものがもっと強く先史学的にも、文献的にも残されていいじゃあないか、海洋的なものが薄い、強く残っていない、この点に疑問がある、ということはこの前の歴史学研究会および民主主義科学者協会の歴史部会合同の合評会において、松本信広先生からご意見が出たところでありまして、今後に残された一つの問題ではないかと考えております。ただその時の松本先生のお話に、神武東征の神話の中に、その海洋的な性格がかなり出ているというようなことも指摘されました。そういう点も併せて問題となりはしないかと私は考えております。

柳田　船の問題は未決として松本君のご研究に任せるとしても、米の問題はどうでしょうか。以前から倭人というものが米を作っている。これはうまいから、いいからということで取り上げたのではあるまい。われわれの神祭りには、米は欠くべからざるものだ。新たに米を以て供物にすることを定めたということは考えられない。それでは国の一般信仰を説くときに、ちょっと軽重を失することになる。ただ私は折口君のやり方と違って、現代から昔へ、お尻から登って行こうとしている。そこのところの繋ぎをつけるために、折口君のほうでももう少し降ってきてもらい、こちらから上って行くのと、どこかで合うのを待っていてもいいが、それでは今までやってこられた折口君の古代研究との調和がつかないのではないかとおそれるばかりです。これをさてどういうふうにしたらいいでしょう。米を供御《くご》とすること、米を以て祖神を祭ること、この慣行はどう考えても新たに加わったものでない。これが民族生活の要件であることは疑うわけにゆかない。この根柢をどういうところに見出すか。つまりは支配民族が米のない寒い国から渡ってきたとすると、どうしても問題はこの点にぶっつからなければならない、そういう鉄壁がある。それをどう解決するか、私などはこの問題を、しばらく未決にしておくのほかはないと思って、このくらいにして前へ進みますが、あなたはどうですか。

折口　よろしゅうございます。ただ古代史に記述せられた事実と、ちょっとでも連結点を作ってゆくと、大和民族、出雲民族などという名辞が浮かんできて、合理的になります。どうかそういう立場を作らないで、別の名目を新たにたてていってもらいたいものです。ここでわれわれのほうではそういう語を使う必要がないので、合理化を逃れているのですが、範疇を異にした名辞を以て表わしてゆくことは、大きな救いになります。騎馬民族、乗槎《じょうさ》――槎《いかだ》は少しおおざっぱですが――表現方法が、新しい考察点を示しているようで、心の躍動を感じさせせられます。

石田　もう一つつけ加えさせていただきます。前の座談会では、朝鮮半島からきた民族は当時満洲、朝鮮に次々に建国していった騎馬民族の例から推して、ごく少数の組織された部隊で征服を遂げたのではないか、したがって数において、あるいは文化において、それ以上に根強い地盤をもった米作農耕民族の倭人とのあいだに幾世代ならずして血液的にも文化的にも融合が行なわれた、そういうような見方に到達したのでした。したがって皇室そのものの中に先住農耕民族の血液なり、文化なりが非常に強く入った。それを多くの民族征服の例にみますように、男性を主として女子をあまり伴わない、軍事的組織をもった征服民族が、被征服民族とのあいだに婚姻関係を結んで、そこに新しい民族を形成して行く、という過程として一応考えてみたいと思うのであります。

柳田　いかがですか。これは容易ならぬことで、よほどしっかりした基礎をもたなければいえぬことだと思う。いったいありうることでしょうか。あなたのご意見はどうです。つまり横取りされたということを、国民に教える形になりますが。

折口　われわれはそういう考え方を信じていないという立場を、はっきり示《つ》していったらいいのではないでしょうか。そうすると石田さんなどとは、正面から衝きあたることになりますが。

南へのつながり

柳田　日本の古い記録を読んでみると、天つ神と国つ神、天神《てんじん》と地祇《ちぎ》、神武天皇の詔《みことのり》にもしこの二つの信仰があったと認められる。歴史の進むにつれて、地祇が小さくなって、おいおいと天神系に移り変ってきている。とにかく最初に入って来たものが男性ばかりで入りこんだようなものだったならば、天神信仰、天つ神信仰が起るまいと思うが、それはこれから新たにきめなければならない。非常な勢いで国つ神信仰が衰えている。奈良朝以後には殊に著しい。延喜式《えんぎしき》の神名帳《じんみょうちょう》になると国津神の社の数はずっと少ない。旧信仰がなくなっている。つまりは時代の勢いが、他の一方へ傾いてきたとも見られる。いくらか感情を交えた議論ですが、これをこのままにしておいて古代信仰論、固有信仰論に入って行ってもいいものだろうかどうでしょう。この問題だけは先決問題のような気がするが。

石田　その先決問題に、もう少し何か解決の手がかりを与えていただけないでしょうか。

折口　どのみち、北方から来たのだ、南方から来たのだ、という形に昔から対立しておりますし、中間の両方から来たという考えでおさまってきていた。それに世の中がこういう状態だし、それがかえって善良、真実な研究を、きわめて自由な形で追求するに都合よくしているし、悲しいことだが、もうこれ以上に、われわれの学問の解放せられる時代というものが考えられないまでの状態なのですから、早晩決定しなければならぬ問題は、今が一等はっきりと扱える時期ということになりましょう。だから宮廷史に関する題目や、宮廷信仰関係のことは、今日以上によい研究時期がこないのではないかと思います。こんな際にそうしなければならぬということは、われわれ学者にとっては、たいへんなことですが、片づけておいたらどうでしょう。

柳田　明治初年からいわゆる高天原《たかまがはら》実在説といった問題がどこかから出てきた。いわゆる神話も遠い世の現実という解釈が強くなって、われわれの高天原はどこだったかという疑いを持つ者が多く、しまいには何かツングースの一民族でもあるような議論が、叩き潰されもせずに長いあいだ歩んできたのを私は知っている。

今でもまだ人が認めていないのは沖縄です。沖縄の諸島は相互のあいだがたいてい一日航程だが、ともかくも水平線の外になっている低い島だ。沖合に出なければ見えない。たとえば宮古《みやこ》と沖縄本島とはたしか七十五海里、こちらの島に立っても向うが見えない。渡し場的なものではない。沖に魚をとりに出て、この向うに島があるということがわかれば行って見る気にはなろうが、計画を立てずに流れ着いて、そのまま いつくということはありえない。北から来たという議論のいちばん弱い点は、北九州の北岸に上ってから、分派を出して琉球の果てまで渡る気になったということにあるので、これはかなり説明のしにくいことではないかと思っている。私だけは今まで、いろいろなところでいうのですが、この点が存外今日まで考えられていなかった。南のほうの路というのが顧みられていない。少し皮肉な見方をすれば、北アジアの研究が南海史より先に進んでいたから、鳥居君をはじめ例のツングース起源論をやったのではないかと思う。これに対立しうる幾多の証拠をもっていながら、ともかくも盲従しなければならぬという理由がどこにあったか。南の端の八重山《やえやま》宮古群島の生活にも、こちらと共通のものがいくつも行っている。言葉でも何でも少し調べてみればわかる。あれは居残りです。あんな出張所というものがあるわけはない。今まで南方説が法外に軽んじられていた。ところが折口君などの骨折によって、少しずつ沖縄の固有信仰が明らかになった。信仰にも言葉にもアルカイックのものが残っていて、中には説明のつかないものもあるが、新しく作られたものが少なく、またよそからの影響は受けなかったろうと思うものが多い。こういう無意識な共通点は、両者が同一民族であるということを、非常に有力に証明しています。第一次の移住地から、さらに勇敢なものが出て行って再び編成した社会とみていいかどうか。南方史の研究は現在の必要が迫っているが、私たちはまだ台湾なりそれにつづくフィリッピン諸島、その相互の関係を少ししか見ていないものであるから、具体的なことはいえませんが、ともかくこの方面を少しなげやりにした嫌いがありはしないか。あまりに北アジアの研究だけがめざましく進んで、豊富な遺物が出てきて保存せられているので、いささか眩惑せられた形ですね。学説は統一すべきもの、それの対立することを決して望むわけではないけれども、南についてもう少し民族学という学問が系統的に、調査しなければならないことになるのではないかと思います。

石田　南との関係にわからないことが多いという理由は、やはり時間的に、非常に古くかららつらなっているという理由もあるかと思います。

柳田　それもあるでしょうが、地形でしょう。島は仲よくするにも戦するにも非常に狭い、かなり大きな島、宮古の主島にしても八重山の石垣島にしても狭い。少し戦をすればすぐ滅ぼされるか死にたえるかする、それで歴史の記録がない。歴史の根拠がないのでどうしても無視されている。

石田　そこを二つのミンゾク学の力である程度うめうると思うのですが。

柳田　民族学はだいぶ進んだものだという考えを断念しなければならない。片面が非常に温たまって片面が冷たいという気がする。

石田　確かにそうです。

柳田　おそらくはやはり日本と同じ状況だ。南のほうの島では多くの器具、芸術品は草木をもって作る。土を掘っても出るのは骨くらいのもの。遺物が少ないので考古学の助けを借りにくく、だから調査をしてみれば北ほど楽にゆかぬ。船の問題はほんとうにやってくれなければ駄目ですよ。船の話が出たのがいい機会だから、西村真次君がやった以上に、船材の問題、それから船隊組織の問題などぜひやってもらいたい。

折口　もう一つは、残っていないばかりでなしに、海に関しての表現を避けた傾きのあったことです。戦争前に文部省から、海に関する歌の話をしてくれといってきまして、結局話しましたが、海洋の幸福など歌った歌がない。海は楽しい、海は嬉しい、海に親しんでいるというのは『万葉集』にもない。『万葉』を作るころは、大和の奈良が中心ですが、奈良以外の人もたくさんある、海を知っている人もないわけではないが、海にたいしては怖いということのほかは表現しなかった。『万葉』以外でも海の歌にはほとんと力ある歌はない。

柳田　旅は総体に草枕、苦しい悲しいものとしていたからではないかと思う。

折口　怖いということがありますが、そのほかにも、海の噂をすることを避けたのだと思います。われわれの考える以上に、海にたいする表現欲というものが見られない。だからといって、日本人は海に関係が乏しい山地の人ばかりが文学を自由にしていたというようなことはいえない。殊に南方との関係に先生がおっしゃったように、遺物が少ない、遺物の捜索がまだゆきとどいていないということが、関係が少ないというふうに考えられることになってはいけないと思います。東亜の状態が昔のような有様でいっていれば、南方の研究もさらに栄えることでしょうが、その期待が薄くなりました。いずれにしても、北に豊富に資料があり、南にはこれが乏しいということは、われわれの民族を考えるものにとって、肯定否定両面にわたって、不幸なことだと思います。

柳田　これは言い過ぎで、あるいはおこられるかもしれないが、われわれを指導しているものが西洋の学者、大陸の学者の研究で、海の方面からの研究が少ない。それがどうしても大陸説のほうへ傾かせやすいもとになっていやしないか。イギリスのように植民地に大きな勢力をもっているところでも、著書はやはり島のものは少ない。また探してみてもない。島にたいする関心のないことは、中華民国自身もそうだ。かつて「島」という雑誌を出すときに、島という字を探したが法帖にない、われわれ日本人はどうしても島のこと、したがって海や船のことを、考えなければならないように使命づけられている。だから他の国がやらないというので、つきあいにやらなかったらいけない。日本でこそ島の研究をやらなければならないと思う。

石田　北との関係は考古学や文献において、殊に後の時代になると資料が豊富だから、議論のウェイトもそちらに傾いているように感じられるかもしれませんが、私どもとして考えていることは、北からああいった騎馬民族がきたにしても、その基盤になっている日本民族、殊に米作農耕民族というようなものは、来た道筋は別として、文化の系統として東南アジアあるいは南海の方向と非常に古い時代からつらなっていた、また基層的な文化としては非常に強力なものだ、というふうに考えているのです。ただそれを表わすだけの細かい材料が、北ほどたくさん出ていないというだけで、ものの考え方としてはそこを決してないがしろにしていないつもりです。

柳田　実際の歴史の問題、日本の皇室を含めた統治民族というものが、北から送られたものかどうかという問題をきめるとき、片よった考え方をしないようにしたいということだ。おそれ多い話だが、すぐれた英主がなくても、それから大きな武力を使わないでも、日本の皇室はともかくも創立者であった。その力というものはもうすでに民族的なものであって、取って代ったという類の支配者ではなかったと私は思う。それを未決にしておいて進むのならば進めるが、いつまでもこういう水掛論が絶えぬであろう。やはり今少し民俗学との提携を念じてもらうよりほかはない。ぼくらがやってきているところからさかのぼって、古いところからきた研究とどこでおち合うか、双方からトンネルを掘って行って山の深い底でぴたりと出逢うというようなふうにしていただきたいものです。

マレビト信仰のこと

石田　それでいいじゃあないかと思うのですがいかがでしょうか。これはそう急速に結論が出せる問題ではないと思います。日本皇室の起源をはじめ、民族系統論の根本問題が片づかないうちは、個々の、たとえば固有信仰の問題に入るのに不安であり、物足りない、と仰せになるお気持ちはわかるのでありますが、私はこの前の座談会のそうした結論は、一応今後の検討ないし修正にまつべき学問上の仮説として置いて、両先生が日本民俗学の立場からこれまでに深く掘り下げ掘り下げて研究されていった結果、そこに突き当られたところの日本民族の信仰の古い形、そういったものをまず承らしていただけましたら、それはこの前の仮説とも合わせて、今後私どもが研究してゆく大きな拠りどころになるのではないかと考えているわけであります。それに私がまず日本の神の問題からお話をお進め願うのが適当じゃあないかと考えましたのは、折口先生のいつかのご講演の中に、柳田先生の学問は、「日本の神の発見」というものに出発されて、それが何といいますか、いわば先生の学問を一貫したライトモティーフといったようなものをなしているという意味のお話を承ったことがあるのでありまして――こういう見方をいたしますのは、あるいは柳田先生ご自身ではこれに異議があって、この席でもそれを承れるかと思うのでありますが――私ども先生の学問をいろいろ勉強しておりますものにとっては、そういう表現をされた折口先生の見方に、また非常におもしろくひきつけられるものがあるからであります。これは何か、われわれ日本民族の本来の文化の型とか構造とかいったような根本問題になるのじゃあないかとも考えているのでありますが、柳田先生の学問対象のあらゆる部面にやはりこの日本の神ないしは日本民族の信仰という問題が一貫してうかがわれるということは、私もやはりそういう感じをもって、あるいはそれが先生の学問のもつ大きな功績でもあるかと考えている次第であります。それでちょうどあの座談会の問題とも密接な関係がありますので、この日本の神の発見の問題、日本民族の固有信仰、神道の原始形態といった問題からお話を進めていただければと考えております。先日神道の原始形態に関する両先生の対談が放送され、私ども比較民族学の学問をやっておりますものには非常に多くの問題があの短い対談の中から与えられたような気がいたしました。ぜひあの対談で片鱗の示されました問題を、もっと発展させていただきたいということをあの当時から深く感じておりました。どうかこの機会に前の座談会とも関連せしめて、その問題から何かお話をはじめていただきたいと存じます。

柳田　固有信仰は今まで比較的捨てられていた問題で、いちばんわかりにくい問題でもある。そこに注意を向けたということについて、私はそれほどにも思わないけれども、皆さんがそう考えられているならば、本懐のいたりであります。ではいい機会だから折口君のマレビトということについて、一つ研究してみたいと思います。あなたも研究している。私も書かれたものを注意してきているが、私の学問の面にはそうはっきりしたものが出てこない。意見が違うからふれずにおいてもいいが、いい機会だから、あなたがマレビトということに到達した道筋みたいなものを、考えてみようじゃありませんか。これはかなり大きな問題と思いますから。

折口　ほとんと書く必要に迫られなければ書いたことがありませんから、動機はそう濃厚なものではございません。どんなところから出てきたかよく覚えませんが、まあそういった発表の中では、マレビトのことは割合に確かなように思います。何ゆえ日本人は旅をしたか、あんな障碍の多い時代の道を歩いて、旅をどうしてつづけていったかというようなところから、これはどうしても神の教えを伝播するもの、神々になって歩くものでなければ旅はできない、というようなところからはじまっているのだと思います。

柳田　それは私などの今まで気のつかなかったところだ。常世神《とこよ》がいちばんはじめですが、仏教以前の外教宣伝者のことが幸いに同時代の文献には出ています。常世神は、あの時はたしか駿河国でしたね。あの記録以外にも、旅人が信仰を以て入って行ったというようなことがあるでしょうか。

折口　いま急にどれかということを思いだそうとすると、不自然なことになりそうですが、いくつもそういう歴史上の類型を考えて、考えあぐねたころのことだったと思います。台湾の『蕃族調査報告』あれを見ました。村がだんだん移動していく。それが散乱していた私の考えを綜合させた原因になったと思います。村がだんだん移動していく。それを各詳細にいい伝えている村々の話。また宗教的な自覚者があちらこちらあるいている。どうしても、われわれには、精神異常のはなはだしいものとしか思われないのですが、それらが不思議にそうした部落から部落へ渡って歩くことが認められている。こういう事実が、日本の国の早期の旅行にある暗示を与えてくれました。

柳田　私もあの『蕃族調査書』はほんとうに注意して読んだのですけれども、あの中でもいちばん不思議に思い、かつ沖縄の研究でもおもしろいと思った問題は、台湾の東海岸でも沖縄でもマヤの神と呼んでいる神だ。それが沖縄のほうでは定期的に遠くから来ることだ。これには宣教師みたいなものがない。ただここにいる巫《みこ》が感じて、ニライカナイから人が来ると感じる。それが季節的に期待せられている。暦と関係のある問題のようですが、どうして島だけにこの信仰が強く残ったかは、実は私にはまだ説明ができないのです。

折口　私の昔の考えでは、おなじマレビトといいましても、ああいうふうに琉球的なものばかりでなく、時をきめずにさすらいながら来るものがあったようですね。今はっきり覚えていませんが、中には、具体的にいうと、日本の村々でいう村八分みたいな刑罰によって、追放せられた者、そういう人たちも、漂浪して他の部落にはいって行く……。

柳田　旅人か何かわからない不時の出現。それを信仰者が旅をしていると推測できますか。

折口　私はそう思っておりました。旅をつづけて不可解な径路をたどって、この村へ来た。それがすでに神秘な感じを持たせるほかに、その出現の時期だとか、状態だとか服装だとかいろいろな神聖観を促す条件がある。それよりも大きなことは、それがもたらす消極的な効果――災害の方面、そんなことが、ストレンジャアとしての資格を認めさせたものと思われます。この強力な障碍力が部落の内外にいる霊物のための脅威に転用せられるようになってくる――これを日本的に整理せられた民俗の上で見ると、ホカイビトの原形を思わしめている。他郷人を同時に、他界人と感じた部落居住者の心理というものを思うようになって行ったのだと記憶しています。

柳田　不思議なことには、今日の沖縄にはそれが少ないようですね。

折口　先生の『婚姻の話』を読んで思い出しましたが、あの中のズリの話、ズリの中には、これがあったのだという先生のお話……。

柳田　沖縄本島にもあったかもしれない。いわゆるうかれ人の中には、今の言葉でなら物狂いのような形で、人の心を動かしてあるいていたことは、旧日本のほうには痕跡があります。つまり土地の割には人が多くなり過ぎるということが一つの原因で、いくぶんか後の時代じゃあないかと思う。最初日本人が日本群島にくるまで、必ずしも百人に一人、二百人に一人、そういう者が出て歩くという昔からの習わしでなくて、具体的にいえばある一つの社会変調が起って後にはじめて起るべき現象じゃあなかったでしょうか。

折口 スサノオノミコトの言い伝えのように、もっと古い時代を考えてもよいのではありませんか。村の信仰と信仰を一つにすることのできないような者が追い出されていく。追い出されていっても、信仰を以て次の部落へと通って行くというようなことが、第二期的には、あったのではありませんか。気違いのようなものを、他の部落において誤認する。そういう種類のことがあったと思われます。

石田 折口先生、マレビトの中には祖霊とか祖先神とかいう観念は含まれておりましょうか。

折口 それはいちばん整頓した形で、最初とも途中とも決定できませんが、日本人は第一次と見たいでしょうな――。常世国《とこよのくに》なる死の島、常世の国に集まるのが、祖先の霊魂で、そこにいけば、男と女と、各一種類の霊魂に帰してしまい、簡単になってしまう。それが個々の家の祖先というようなことでなく、単に村の祖先として戻ってくる。それを、そうは考えながら、家々へ来るときに、その家での祖霊を考える。盆の聖霊でも、正月の年神でも、同じことです。その点では、近代までも、古い形が存しているのでしょう。私はどこまでも、マレビト一つ一つに個性ある祖先を眺めません。分割して考えるのは、家々の人の勝手でしょう。だが家々そのものが、古いほど、そういくつもいくつもなかったわけだから。

柳田　常世からきたとみるか、または鉢たたきの七兵衛と見るか、受け方だけの事情ではなかったろうか。

折口　そういえば簡単な中国風のものになって、考妣二位といった形になるから、たいした特殊性は見えなくなります。沖縄はだいたいみなそうでございますね。家の中の「神アシアゲ」にある位牌の位置など、ともかく中国式に妥協する因子があったのですね。日本ではそうはいっていない。後ほど、分解的になって、家々の祖先の中、さらに近代までの男女を別々に列立させて考えてきた。

柳田　私の想像しているのでは、家々の一族というものが自分の祖先を祀《まつ》り、自分の神様をもっているのならば、そのあいだにまずもって優勝劣敗みたいなものがあって、隣の神様はみなの願望によく応じられるが、こっちの神様にはその力がいささか弱いから少しくあっちのほうを拝むというようなふうがあって、それからstranger-god（客神）の信用は少しずつ発生しかかっていたのではなかろうか。すなわちはじめに自分自分の神様をもっている時代があって、それが交際縁組等によってやや相互に交渉ができてきて、優れた神ならばよその神様でも、客神でも祀ってもいい、というふうになったとみることができないでしょうか。

折口　先生のお考え——そういう見方は、私にとっては、はじめてで。その考え方によって、考え直してみましょう。

柳田　私の知っているかぎりでは、折口君は沖縄に行かれて大きな印象を受けて来られた。しかしマレビトの考えはそれより前だから、やはりご自分の古典研究、古典の直覚からきたものとしかみない。私からみると自分の神様が十分な力を発揮せられないから、少しずつ隣りの神にも願うようになったこと、それがおいおいと儒教や仏教を入れた始めではないか。近所でたびたび試験をしてみて、水を祈るには家の神様より隣りの神様のほうがきく、という比較をするものがあったのではないかと思う。

石田　沖縄のニライカナイというのは……。

柳田　古代日本の常世思想は取りもなおさずこのニライカナイであろう。われわれの祖神も遠いところにいる。現在は近間にいるとも考えていますが、代を重ねるにつれてその居所が遠くなる。十万億土というほどでもないが、盆に帰ってくるのも大きな旅であった。その盆に帰ってくるものを今でもわれわれは先祖だと考えている。折口さんなどの常世神は正月の始めに来る。どこから来るか、たいへん遠くから来るように考えている。正月に来る神様だけは新しい神ではなくても、何だか別の神様のようにしまいには考えるようになった。しかしながらあれもやはり祖神であったようです。私の想像するところでは、盆と正月の儀式は前に遡るほどよく似ているのは、つまりもと年に二度来られる約束だったのです。あるいは二度以上来られるように、考えていた時代があったのではないかとさえ見られます。

折口　ただその家は昔は少ないから、神は一軒とか二、三軒のあいだに帰って来られましょう。

柳田　家の族員は多かったでしょう。

折口　一軒にいる人は多いですが、その一つの家で想像している神の数は増減がないわけ。

柳田　家は同じ屋敷に住んでいるかぎり、祖神も共同で祀っていやしないかと思う。分れて住む家の数が多くなれば、どうしても共同の始祖というものに重きを置き、したがって人と神との距離が大きくなるわけです。

折口　それがだいたい、ウチビトでしょう。ウチは先生のおっしゃるミイツやイツノチワキのイツで霊魂の名でしょう。伊勢の内人、他の社の氏人、これが差別を見出すことのほうがむつかしいくらい、同じ形であったわけが、そこにあるのだと思いました。

タマとカミとムスビ

柳田　そういうふうにいったことがあるかしら。他の諸君もその点を気にしているだろうと思われるが、このごろはよく人格神という言葉を使う。使われない場合にも、人の形をした目耳口手足をもつ神というように、このごろではだれも考えなれているから、死ぬものがことごとく一つの霊体に融け込むというふうな以前の観念は、この人格神《パースナル・ゴッド》という考え方が進むとわからなくなる。われわれの最初に考えておった神様というものには形はない。かりにいろいろの形に現ずるとしても、少なくとも人間の形をしているとはかぎらない。いわば一つの溜り場のようなもので、いくらでも後から来る。汚いものはよせつけないが、綺麗なものをだんだんに併合していくので、大きくなり強くなる、ということがあるのではないかと思う。今日は通例、幻に見る神様は人の形です。日本に仏教が入って、神様をパースンとしてみることが起ってきたようだ。

石田　セックスの問題ですが、神様ははじめから男と女とに分れていますか。

柳田　はじめから男女が分れている。沖縄でも男女に分れている。パースナルでないならばセックスもないわけで、ちょっと説明はできないが、事実は明らかに男女に分れている。

石田　日本人の霊魂の観念と神の観念とは相当密接な関係があるとお考えでありましょう

か。

柳田　はっきりと証明する方法がないので、強くはいえないが、無論私は関係があると思う。タマとカミの関係は説明がまだつかない。いつからが神で、いつまでがタマだったかわからない。折口君、何か説明がつかないものかな。

折口　その説明になるかどうかわかりませんが、タマという語とカミという語には相当はっきりした区劃があった。それがだんだん「国魂《くにたま》」の神などという表現を持つようになってきました。そのタマと別でいて、混乱しやすく、また事実関係の深かったのは八神殿の神々でしょう。タカミムスビの神、カムムスビの神があり、そのほかに、イクムスビ、タルムスビ、タマツメムスビという五つの神が祀られていた。あとは屋敷――土地――の霊魂、食物の霊魂、宮殿の霊魂としてのコトシロヌシ、ミケツカミ、オホミヤノメという三つの霊魂を併せて斎《いお》うていた。この三つの魂で、後世の考えでは、大宮咩神、御饌津神、事代主神という神になっているのですが、根本は霊魂です。書き物に出てくるようになると、初めからもう「神」名になっている。先の五つのむすびといわれる神、これは記録には生魂、足魂、玉留魂などと書きますが、魂の字は「産魂」の略記法です。この神々は、霊魂を人の身体につける呪術師、鎮魂の技術者です。古代日本では、そういう技術者があった。そうした技術者を神聖視するようになった。もちろんそうした技術を行なったことが、現実には薄れ、記憶に印象しているものが強くなった時期に、タカミムスビ、カムムスビの神として、創造神ということになってきた。そういう呪術者は、神を創る人というわけですから。この両産霊神は神というが、人間を規範として考えた神です。それと霊魂を鎮呪することによって、神が出現すると考えている。こういう考え方は、霊魂を神より先に考えていたからだと思います。もっとも霊魂が入って出来る神以前に神観念がある。それが「既存者」というべきもので、天御中主がそれに当る。魂は神の身中にあったと見ていたものが、人間の身の中にも鎮呪によって、はいることができ、そこに人間に生命が生じると思ったものと考えてよいか、あるいはこの人間の上の事実——古代人としては、これほど確かなことがないと考えていた——のほうが先で神の霊魂を考えたのか、それは日本だけでは決定できそうですが、宗教民族学の知識をもっと参照する必要があります。何にしてもとにかく、ムスビの神の信仰を考えねばならぬということを、神道研究者は忘れているようです。産霊神の神を始めとして考え、人これに習うというふうにすると、結局どうどうめぐりになるのです。だから考えとしては、古代宗教の上の事実を思ううえからすれば、人としての鎮呪者がムスビで、これが起源として想定したのが、産霊神だということになるのでしょう。こういう考えが日本古代信仰研究の上にも持たれては、いけませんでしょうか。

柳田　それがあなたの想像に従えば、近世ではどうなったでしょう。

折口　早くからわからなくなっています。産霊神が、縁結びの神と考えられたのも、相当に古いことらしく、『拾遺集』の歌などは、産霊神と縁結びとをかけていると考えられないでしょうか。「君見れば、むすびの神ぞ怨めしき。つれなき人を何つくりけむ。」人間に霊を入れた産霊神が同時に縁結びであって、その結んでくれたことが怨めしいということになるので、思ったより早く両様の用語例の出来たことが考えられるのだと思いますが、いかがでしょう。

柳田　いつごろとみますか。

折口　『拾遺』の中でも、「よみ人知らず」ですから、『拾遺』の出来たよりも早い歌です。平安中期の初めにはもう新しい意義に傾きかけているといえましょう。記録そのほかに出てくるようなえらい神とも思われません。古伝承の上では、最高位であるはずの神が、実際では五位程度にすぎません。これは、本祠があって、その分霊といったわけでもないのですから、どうもこの神の考え方は、順序が逆で、低い位置の実用神が、伝承化して高級な神となったことが察せられると思いますのです。

柳田　この八つという数が考え出されたのは、後ではないでしょうか、つまりは一定の数理観念が出来てから。

折口　もちろん、さようでしょう。高・神両産霊は、とりさることはできますまい。それから後の大宮、事代、御饌の、魂に属する神は省けないでしょう。が、あとの三神は生魂、足魂、玉留魂でなくてはならぬとは思われません。いちばん重大なのは八神殿の傍の斎《いわい》戸殿《どどの》という神殿――古くは建物はなかったのでしょう――すなわち天子の御魂の鎮まっていられるという、ここは、八神殿の産霊神よりももっと根本的に天皇霊が祀り鎮めてあったのです。それが斎戸なのです。斎戸から天皇霊をとり迎えて、御躰に鎮魂し、また中世には明らかに、天子の魂結びした物を保管しておきました。その御魂を扱うのが、八神殿に祀った産霊神ということになるわけなのです。だから八神殿の後の三神、大宮、事代、御饌三神は、天皇霊同様、産霊の対象になるので、産霊力ではありません。こういうふうにいってくると、神観念の中に、今一つ別なものを容れて考えてよいと思います。岡さんの細かい研究には、詳しい表がはいっていて、神についての探り方を示していられますが、比較民族学からしてみれば、この産霊呪術のことなども、もっと明るくなってくるのではないか。そういう方面を考えてもらえれば、私どもにも大いに光になるのです。今まで考えていたとおりの神ばかりを考えないで、こういう姿で、神が隠れているということを照らし出してほしいのです。

柳田　それが根本の問題ですね。これから先の民俗学の指導目標になるのですが、岡さんに代っていうと、あなたが思っているほどはっきりその本体が認められない。この本体を認めるということから出発しないと後がつづいてこないのじゃあないですか。私らはその点非常に苦しむものだからほっておく。少し無責任なくらいそっとしておく。その時代にあるものをそっとして、現在するものからやっていこうとする。そこに二人の研究の開きがある。

折口　もちろんこういう行き方が、徹頭徹尾民俗学に終始した研究だとは思っておりません。ただ、私が民俗学にくる前提があり、それからまたはかないながら、私臭い民俗学の癖というものもございまして、そのために、石田、岡さんのほうの民族学に非常に近くなってきているという点も、ひいき目に見ていただくことができれば、あるのではないかと思います。日本民俗学と民族学と互いに解消する点が、こういう側にはできてくるのではないかと思っています。でも大きな顔をしていうわけではありません。先生にちょっとそっぽを向いていていただいて、そっという程度で。

柳田　しかしシャマニズムにもしそういった考え方があるとすれば、二つはぜひ比較してみなければならない。つまり民族学にご厄介をかけなければならない。

折口　ついでにこれもそっという程度なのですが、私のように民俗学に古代的の立場をおこうとするものは、どうしても、民族学と接近してきます。事実民族学の畠にはいってしまっているという気のすることもあります。それからついでに今一言、神が霊魂でみんなとければ、アニミズムの起因などはわけなく解けてしまうと思いますが。

柳田　技術者ということが完全にいえれば、あなたの議論も光を放つが、あなたが使うintermediate みたいなものが、まだ民間伝承の資料からは認められていない。神様から神職——神主を取り除けば、神様は自分で形造り、自分で変化し、自分で別れて行く。そこの世話役がありそうにも見えない。あれでもあるのかしら。

折口　ですから、事実みんな、「たまは見つ主は誰とも知らねども、むすびとどめつ、下がへの褄。」あんな魂結びの呪術・呪歌になってしまったのだと思います。ですが、また一方に、アメノミナカヌシなどという名前で、神を考えている。これは私などは天帝などに近い、守り目を地上の民から放たない畏《おそろ》しい神だったのではないかと思っている次第でございます。

柳田　作りごとだったから、どうしてもわれわれには理解することができない。『古事記』にしろ、『書紀』にしろ、文面にははっきりと出てはいない。文章が簡単で注釈をつけて読むことになってから、こういう議論が成り立ったのではありませんか。

折口　あの天神地神祇の条は、私などは省略が多く、神の系図だけを伝えて、あとは語らなかったという点があるのではないかと思います。系図だけしかなかったともいえますが、陰神陽神の性別がしだいにはっきりしてくる点など考えてみると……

石田　ムスブという言葉のもつ感覚をもう少しご説明願えませんか。

折口　霊魂を物質の中に入れると、物質が生命を得て大きくなっていくとともにその霊魂も育ってゆく。そうした呪術を施すことをムスブというのが、この語の用語例です。つまり鎮魂のための処置法をいう語です。結合して発育する、それがムスブなので、脱出しないということを主としたとき、これをイワウといいます。呪術を施す場合に、中間物に容れて、肉体的に結びつけたと見なす方法をククルといったらしいのです。

柳田　私らはまだ知らないが、それはシャマニズムを研究しているものの一つの課題だ。もっと民族学を知って、やらなければならない問題だ。

石田　シャマニズムあるいはアニミズムの研究の上からも、もっと徹底的にやるべき大きな問題だと思います。

折口　沖縄などでも、マブイクミ（霊魂籠め）の呪術として、ユタならびに、物馴れた老女がするただの呪術に残っています。

主神・客神・統御神・末社

柳田　少なくとも私の請合うことのできるのは、現在の日本の神道の、宗派神道は別として、普通の人民が社を拝んでいる関係にムスビということを考えていないことは確かだ。ここで一つ問題になるのは、主神と客神の対立で、どういうわけか客神がかなり多い。相殿になって拝殿の隅に祀っていたり、境内の末社になっていたりするが、その客神も神、末社もみな神だ。これに主神が干渉しておられるのではないかと思う。まるきり私にはわからないわけではないが、いわゆる産霊とはだいぶ違うようです。本社の神が末社の神を支配されるという考えがあるように見える。

折口　こういうふうに考えてもよろしいでしょうか。やはり地主神みたいな、神社以前の土着神――おそらく土地の精霊――を、かえって客神として取り扱う。だからあべこべに、ほんとうの後来神または、時あって来る神を客神、客人権現などという名で示していないのだと思います。

柳田　地主神ははっきりわからないが、こちらではたとえば疫病がはやると、疫神の祭りをして疫病の神様を末社に祭る。火災があれば秋葉さんを祭る。それがお宮の周りに末社として並ぶ。あの形は昔の形ではないかもしれないが、いろいろのよその神を人間に拝ませるためには、もう一人中間に立つ神様がなければならないということがあるのかもしれない。とにかく日本のいちばん特徴的だと思われる点も間違いなしに記述して、そうしてそれを国内で説明ができなければ、国外の事例の対照すべきものを求めて、解しやすくするというのが民俗学をやっているものの態度であってよい。日本だけで説明がつくと思っても、起源論的にこれに似通ったものの考え方があるかどうかは考えてみるべきだ。たとえば揚子江の上流に、または古代の東夷地域に、遠く離れた洋上の小島に、偶然と思えない一致類似があったとしたら、それは少なくも大きな暗示であろう。どうか民族学のほうでも、これからは歩調を合わせて、こういうのを問題にしてもらいたいと思う。これは人種の変る毎に、むしろ違うのが当然かもしれないが、そうもいえない実例を、フレイザーなどが数多く示している。少なくとも複合といわれる日本民族ではあるが、私などの知識の範囲では九州だからこう考えている、奥州だからそう考えている、ということがないように思う。差異はあってもごく微弱だ。国の隅々まで同じ一つの信仰をもって神社にはたいしているように思う。もっと細かく一つ一つについていってみると、少しずつは違っている点がわかってくるかもしれないが、だいたい通論することが今ではできるのです。そうしてその中には八神殿の五柱のムスビガミに相当するものがない。問題はいつのころからそう変っているか、いつから今の形に定まったか。仏教の影響であるか、儒教の感化か、あるいは社会事情の推移の結果、こうなっているのだと説明するときが来るかもしれないが、現在の事実からは、まだ折口氏の仮定は支持しません。

石田　大間知君のお話によれば、満洲のシャーマンには、折口先生のお話のムスビノカミに相当するらしいものがかなり顕著で、その中にシャーマンの祖先、シャーマンの霊だと思われるものがかなり有力な地位を占めているようですが、そういうようなものと形式的には似ているのじゃあありませんか。

柳田　脈絡が通じているかもしれませんね。日本でもたとえば春日の祭神の中にイワイヌシノカミ（斎主神）、住吉の神四座の列にヒメカミ（比売神）という神様が祀られておられる。いくつかの神様の中に奉仕者と思われる神様がある。春日の斎主神はまだわからないが、少なくともわれわれの意識している祖神ではない。アメノコヤネノミコト（天児屋根命）のお身内ではありません。これが神と人とのあいだの仲立であったとまでは考えられます。

折口　イワウということ自身が、逸失しないように、鎮魂するということです。

柳田　イワウという言葉は、ずいぶん複雑な意味をもっている。それからもう一つ、今の信仰の特徴になっているのは、疫病がはやったら拝む、火事があったら拝む、という神があって、それは決して疫病を起す神、火災を出す神でない。これらの災害を避けるには、悪い小さい神々を抑えつける統御神の思想というものがある。これも断定できないけれども、この議論を推し進めて行ったら、ムスビノカミの変化していった形かといわれるときが来るかもしれない。とにかく現在はそういう祖神でない神々がずいぶんたくさんある。何ゆえ拝みはじめたかというと、むしろ災害の防止を目的としたものが、援助恩恵を求めたものよりも、以前はずっと多かったようであります。たとえば八幡様は災害の神ではない。天神様も後にはありがたい尊神でありました。ただそれが世を災いするような悪霊を統御する力をもっていられると信じて祈願せられたのです。この統御の力というものが、あるいは前代のムスビの力の変形と見ることができるかもしれない。

それから末社の神様、これもよく怒っておりおり災いを下す小神とばかりいえない。京都あたりの諸大社の末社には、かなり大きな、時としては本社よりももっと有力な神社の神たちを、わずか一尺二尺の小さな祠《ほこら》に、末社として排列していることがある。何か複雑した中古以来の変化があると思うが今でもまだよくわからない。とにかく日本民俗学の問題には入れてよいもの、すなわちわが国の民間信仰の特徴であるために、他民族の信仰と比較するときの重要なる目安にはなると思う。私の知っているかぎりでは、末社には時代または地域別の分類が可能である。すなわち一つには主神の眷属《けんぞく》を祀るもの、たとえば神さんのお子たちまたは家来であるゆえに、そばに末社として拝むもの、もとは若宮という名がよく用いられた。二つには地主神または伽藍神、神社がそこに建つ以前から、その土地を支配していた神または霊に、優位を与えてなお将来の援護を求めるもの、仏堂ではこれを鎮守とも呼んでいたが、その鎮守のためには新たに外から招請した末社も多かったらしい。第三には前にもちょっと挙げたマガツミの神、すなわち世の中に禍をする神を主神に制御してもらうために側近に祀っておくもの、これが後日若宮と混合しているが、その理由も今はほぼ明瞭になっている。すなわち本来は王子に限ったのが、神の眷属の端々までを総括することになったので、その数多い中にはいたずら者、または主神の力でないと押えきれない腕白者がいたので、目が離せないからなるだけその近くにおこうとしたのである。この小さな悪霊の思想は、中世に入っていちじるしく発達したらしく、一方にはまたミサキという言葉の普及がこれを傍証している。ミサキは先鋒《せんぽう》すなわち大神の前に立ってあるく霊の名だが、それもだんだんと祟《たたり》をするようになり、また往々にしてその統御を離れて自由にあるくものが多く、しまいには妖怪魔ものの別名のごとく怖れられることになったが、ともかくもこれが人間の手に合わず、ただ神様だけがこれを支配せられるという信仰のあったのは、折口君のいうムスビの神力の、残形とも見れば見られる。中央から遠い村々の神社の末社には、この三つに属するものが多い。それがいつの間にかさらに拡張して、氏子が外へ出て拝んでくる他の大社の神を、末社としていつくようにもなり、同時にまた家々の平和なる祖霊の社までも、村の神社の境内にもって来て、末社あつかいにするようにもなったのであります。日本以外にちょっと類例がないとすれば、民俗学がいっそうこれを注意しなければならぬだろう。

石田　統御神の下にまた統御神ということが考えられますか。

柳田　支配人みたいなもの、それはありうるでしょうね。八幡様も後になって武内宿禰《たけのうちのすくね》を祭ったりしている。天神さんには白太夫という神を祭った。ただヒエラルキイを大規模にしようとした試みもなかったとはいえません。大きな諸国の神々を末社に編入するのはおかしいが、それをしなかったら土地の信仰は分裂するおそれがあった。また現実に少しずつは統一が破られているのであります。末社の由来も説明しえないような神道学なんか今に衰えるでしょうね。

石田　宮中の儀礼の中に、何かムスビの観念の手がかりになるものが残っていませんか。古いと思われるものに。

折口　さあ。宮中では昔、応仁の乱のときに斎戸殿が炎上して、再興になりません。それですましてきたのだから、もう信仰の理由すらもわからず、情熱はもとより早くなくなっていたということになるのではありませんか。もっとも吉田家では、八神殿を自分のほうへ持って行って、末社信仰の一つの新しい形を作っていますが、それですんだところは、いかに宮廷式微のときとはいえ、もう告朔《こくさく》の餼羊《きよう》だけの意味ありそうなところもなくなっていたのでしょう。

柳田　宮中には今かすかに残っているものがあるかと思うが、具体的のことはまだいうことができない。惜しいものだがもう復原することも困難であろう。

モおよびモノについて

石田　大嘗祭《おおなめまつり》のとき、天子様が衾《ふすま》、褥《しとね》をかむって斎《い》み籠る。ああいうのがなにかよほど古い思想と関係があるのではないかという気がいたしますが。

折口　これは簡単には説けない。われわれが先生を中心として絶えず反省しながら、建設していっている日本民俗学では、これを領域としていないのです。むしろ私個人として摸索した範囲に入るものでしょう。大嘗祭はその第一次の意義も、形式も目的も変化したというより、およそその多くの形を含みながら、局部局部に、新しい分化が行なわれてきて、非常に期間の長い、儀軌の複雑なものになってきている。aの儀式の一部b的の意義が著しくなってくる。そうすると、bに属するcdefという方式も行なわれなければならぬ。

そのa級の儀式がいくつもある。そういうふうに重なってきていますから、一とおりではとけないでしょうが、われわれは裳《も》をかぶるということは簡単に考えている。この祭の目的ではなくても、方法としては重大な点を占めている手順として、神座に寝具、坂枕などをおき、せいぜい半刻（一時間）くらい、そこに入られる、このあいだが絶対安静の物忌《ものい》みなのであろう。すなわち裳を被って亥《い》の時申しがあるまでおいでになる。その中に霊魂が御身に入る。そこで、はじめて神事の御服を着用なさることになるのです。こういえば、きわめて簡単なことに解釈がつくのです。少なくとも記録はじまってからの大嘗、新嘗《にいなめ》の式では、これを手順と見るが、目的とは考えていない。しかし目的までも、単純に考えることはできません。人をして最も比較研究の情熱を唆《そそ》るのは、御頭に枕をおき、お足許に靴をおくことです。

柳田　杖も靴もある。香取や熊野神社の神宝の中には、いろいろの女性の化粧道具さえあった。

折口　それ以上は、口伝以外に伝えてなかったので、それが生きた聖躬《せいきゅう》のための設けか、それとも、それとは別の、たとえば屍とでも見なすべきもののためにあったのか、または一つずつ二つあったのかわからないのですが、どれとも考えられる理由がある。それに神道方面には、とびぬけた新しい人があるので、第二説または第三説に近いことをいった人もあったのです。私もそれは考えに持っているが、木と竹をつないだようには考えないまでである。いちばん私たちが、民族学との結合点で注意するのは、その点なのです。木と竹というが、それにセメントをまぜるなどいう行き方だけは、したくないと考えている。それで、民俗学に近接した人類学系統の学問に近よるときに、最も気を配るわけです。山本信哉さんなどは、敏感に考古学の新説などを採りこんだ。比較研究の情熱と根柢の理解とは、無関係なこともあるのですな。先帝の遺骸がある形だというのです。私などの考えからは、不自然でない。だが山本さんの思索系統からしては、それはどうしても、つながりがない。

石田　あるいは死と復活、という観念があったかと思いますが。

折口　死とまでいわないで、裳《も》をかぶって、その斎《い》みをするということは、死の形式を採るのだということになるわけです。「裳に入る」という具体的な行動が、それを前提とした物忌み生活をいう語になる。そうすると「も」という語が抽象化して、絶対の謹慎――服喪という義を持つことになります。そうした謹慎は復活の準備なのですから、裳に入る前と後とに、死と生とを分けて考える。死んだものが復活するということにもなるのです。

その点で、山本氏説なども生かしてあげられるのです。

柳田　コロモのモと、喪屋のモと同じですか。

折口　同じだと思っています。「も」のうち、最も拡がりの大きいものが下体を掩う上裳・下裳の裳でございます。ともかくも、衾《ふすま》、氈《かも》の類は皆「も」です。

石田　ニニギノミコトの降臨やウガヤフキアエズノミコトの誕生のとき、真床覆衾《まとこおうふすま》に包んだという伝承も何かそれと関係がありますか。

折口　もちろんそうでしょう。葺草屋《かやふ》が葺きあえないあいだに生まれられたというのは、一つの語源説明で、このカヤは、母屋——裳屋、喪屋——の苫《とま》にあたるわけですから、葺きあえなかったというのは、誕生（復活）が急迫してきて、やっと裳にあたるものが、間にあったばかりだという感情を表わしている語なのです。母屋はもちろん字ではああ書きますが、後のオモヤとは違います。日本建築の発生からすれば、このモヤをとりこんで、宮殿造築がひろがってきて、日さしだの、すのこなどというふうに、作り出されたわけなのだろうと存じます。ニニギノミコトの場合は、臨月の母胎から生まれられたばかりの嬰《えい》児《じ》を、衾——真床覆衾——にくるんで、下界へ来た。これが若いマレビト神なので、この地の笠沙の崎で産湯を使われ、神および神の子としての聖格が出来たのです。つまり神誕生であり聖なる人間としての復活なのです。だからみどり子に産湯を浴《あ》みさせて一人前の人間にして、すぐに配偶者が出来るという形にすることです。だから、この伝説の元にはどうしても、数人の聖なる子たちのあいだから、一人の神の子として、復活してくる信仰のあったことがわかります。

石田　例の座談会でモまたはモノ信仰と岡さんの呼んでいるアニミズム的な観念については、どのようにお考えですか。

折口　モノとモといっしょにしている岡さんの考えは、私の考えから、も一つ乗り越しているのだと思います。私も最近、モノは霊（モノ）の意義と関係のない「喪之《もの》」と説かねばならぬものがあると考えていたところです。たとえば「物忌み」「諒闇《みものおもい》」など、霊忌《ものい》みでない。ですが、岡さんの説のあの部分はモの誤植ではないかと思ったのでした。

石田　誤植ではありません。それではモヤのモと、モノのモとは関係があるとみてよいですか。

折口　それは結構でした。もちろん関係があります。ただ霊・物の第一音のモが分離して考えられるか、どうかはもっとよく考えてみねばなりません。

祖霊と神

石田　非常にむずかしい問題がいくつも残りますが、やや図式的に申しますと、要するに柳田先生のお考えでは、日本の神というもののいちばんもとの形というものは、やはり祖先の霊魂《たま》というようなところに帰着すると解釈してさしつかえありませんでしょうか。

柳田　忌憚なくいえば、折口君の考えられているのは、非常に精巧な原理だから、最初の日本人がそういうものを考え出すことは一朝一夕には出来なかったのではなかろうか。言葉を換えていえば、ある単純な霊魂が先か、神が先かが問題になる。

石田　そうしてその単純な霊魂が祖霊という観念だったとお考えですか。

柳田　それはいちばん身に近い、また切実な経験が、古代凡人の信仰の種子双葉だったろうという点から、私は迂闊《うかつ》に学者の哲学くさい解説について行かぬだけで、仮定としては決して粗末にはしない。再び起源論に戻るが、またこういうこともいえる。私などの考えているのはそれは国つ神の信仰であって、天つ神の信仰にはもう少し高尚な、もう少し複雑したものが残っているかもしれぬ。つまり文化度の高下ですね。民間には今でも原住民の信仰が、たいした進歩もせずに伝わっていようとも、朝廷や大きな神社の奉仕者には、天つ神にふさわしい神学が支配していたかもしれぬ。それがずっと今日まで神職家と氏子との能力の差となって伝わっているとみられないことはない。ぼくらはそういう場合どういう態度をとるか、問題はいと簡単だが、折口君は国学院大学の先生で、そうもいっておられない。神官の発達させた教理を知らず、神官の指示にたいして服従しないものは、どちらかというとおくれたる信仰である。それを一旦の進境からの退歩であり、中世からはじまった雑念雑修のうちに数えるかどうか。そこのところに免れ難い方法の違いがあるのです。もう一つ、折口君の説いておられるものにくらべると、ぼくらが説こうという相手は素人で、いくらかわざと簡単にいおうとしているのだが、こういう複雑な問題になると、それが時としては考え方までをちがわせることになるかもしれない。

折口　いわでものことを一こと。私ども従来の神道家の学説を肯定するためにばかり学問しているわけではございませんし、肯定するにしても、従来の人たちの持っていた概念や観念をも一度たて直しておかねば、正しい学問としての研究の対象となることができません。それで、従来の神道語彙を並べるような、並べてそれを考えているような形にはなります。幸いに三十余年来先生の方法になじんで、民俗学を研究するとともに、民俗学的の方法で、日本文学だの神道などをたて直すことにかかってきました。だから、問題のとり方は違うが、行き方がそういう意味でかわっているとは思いません。

柳田　私はマレビトなども外部信仰と呼んでいるものの顕著な現われとみている。そういう考え方もしたろうし、最も古い神様を祖先だと思っていない者も、現在からいえば七十パーセントがそうでしょうが、そうなったのは中世以後の変化であって、以前はそうでなかった。現に今でも氏神は氏の神、すなわち先祖霊と思っているところは残っている。もとは自分のところの神様は自分のところへしか来ようのない神様だった。これは「民間伝承」のこの次の号にも書いておいた。正月じゃあない田の祭のときだ。田の神として降りて来られる神様は、全国の一つ一つの田圃《たんぼ》にそれぞれの田の神があるので家々に降りてくる。田圃ごとに変っている神、その家ごとの神の道しるべのために苗じるしの木を立てているのだといっている。実例は東北の端々にあるものが最も著しいが、気をつけていれば中部地方でも、また四国九州の農村でも見られるだろう。何のために家ごとの苗じるしの数なり立て方なり植物の種類がそれぞれにちがうかといえば、家の田の神に他家の田に降られては困るからである。日本全体にたった一つの田の神があって、分身して数万数十万の祭場に降られるのでなかったということがいいたかったのである。そのようにして必ずある定まった家の田にのみ降られる神が、すなわちその家の神であり、それがまた正月にも盆にも同じ家に、必ず降られる祖神だったろうということを、私はもう民間伝承によって証明しえられるとも思っています。この証明の資料は書いたものの中にはない。新たな資料の捜索も非常に必要だが、その前にまずわれわれの方法論を、だれにも否めないものにしなければならぬ。それがまだ十分に目的を達しないうちに、私は頽然《たいぜん》として老いてしまった。

石田　先ほど天つ神の信仰内容が国つ神のそれと違っていたかもしれないというお話がありました。それと関連するかもしれませんが、先生が日本の祭の原始形態として、樹木に神様がよられるということをお考えになっている。あれは天降って木によられるという観念でしょうか、それとも木に登られるという観念でしょうか。

柳田　やはり空からこられる。天だか空中だかはっきりとしないが、高いところからくるのです。私は山の上に来るように思っている。

石田　そういう点はアジア大陸の信仰とつらなるところが非常に多いように思います。

柳田　国つ神の信仰と天つ神の信仰のどちらが現在は有力かというと、おそらく天つ神のほうが有力な祭り方であって、それにもかかわらず、民間にはなお一方のものが伝わっているらしいのは、いわゆる文化の永続性も、決して軽視することはできぬと思います。

神話について

石田　神の問題でもう一つ両先生におうかがいしたいのです。前の座談会では日本神話の分析が行なわれましたが、いったい神話というものの概念をどのようにお考えになっておられますか。

柳田　折口君も神話という言葉を使わない。私も昔話の説明以外にはあんまり使わない。少なくとも世間の人のいうように、『記』『紀』に書いている言葉を神話とはみていない。

石田　『記』『紀』の中のいわゆる神代の記事に書き留められたようなものだけが残っていて、そのほかに書き残されてないあの種類のものがたくさんあったと思います。それらがわれわれの祖先の実生活上に何かの役割を演じたのではないか、という気がしますが、折口先生、そういう意味の神話の働きというものをお認めになることはできませんか。

折口　私も、日本の古伝承には、神話という語に当るものがない、というより、神話というものを構成する原因が欠けていると思うのです。それで、神話という語は、特別の意味のほかには使いません。成立した宗教があって、それを系統づける基礎となった古伝承であって、はじめて神話といえるのであって、宗教合理化の資材たる説話詞章なのです。だから耶蘇国の人びとは、どうかすると、神話という語に馴れて、散漫な使い方をしていることが多い。私はごく範囲を狭めていうことにしている。今日本では、神話学は下火になってしまいました。これは、高木さん、松村さんの労力にたいしてすまない気のすることだが、対象がどうもぴったりしなかったようです。私はできるだけ民俗学の限界を狭めようとしているのですから、他の範囲へ喰いこもうとは思わないのです。でも事実そうなっているから、いたし方がないので、これは神話学という名目に問題があるのです。何とかもっと領域を改めて、旧神話学を、日本的に独立するように協力したいと思います。事実これだけ、民俗学がその領分にくいこんでいれば、日本神話学が、もっと比較学としての基礎を築いてくる必要があるようです。日本では、柳田先生が、まるで伯楽みたいに手をつけられる。そうすると、学問の冀北《きほく》の野には、たちまち学問なしという姿になってしまう。つまり民俗学化のできるものは、民俗学の領域に入れてしまわれる。昔話でも、方言でも、労働史でも、何でも「民俗」になってしまう。そうして民俗学にたずさわるわれわれすら、何もすることがなくなるといってよい状態になってしまう。われわれの世代では、できるだけ、他の学へ送り出したり、独立させて行くようにしなければならぬと思うのです。いわゆる神話のほうでも、民俗学の範囲から先生がもう一ふんばりなされたら、日本における神話学活動の領地がなくなってしまいそうなのです。そうして、後進はただ、その結果を学習するだけになってしまうと思います。われわれは先生を前にしておべんちゃらをいう必要がないとともに、現実をかくす理由もないのです。

柳田　われわれは神話という言葉を説話の一部として使わないことはないが、使ってもいくらかギリシアのミソロジーをやっている人と違う。この間にいろいろ政治的な意図がありましたから、私は避けたのです。しかしもし『風土記』とか『日本書紀』にあるものが神話であるならば、それはこれをもっている家々の神話であって、日本民族全体の神話とみることはできない。原料を供給した家々の記録があって、自分らの信仰を維持するためにもっていたものかもしれぬからである。日本が神話をもっているということで、すぐに『古事記』、『書紀』を出されることは誇らしいかもしれないが、これを日本民族全体の神話とは見られません。もともと一つの村一つのお社の信仰を維持するものが神話であったのです。阿蘇の神社でいう金八法印、大隅の八幡の大人弥五郎、いずれもその神様の徳をたたえるために、彼らが神に征服せられたという物語のようなものが保存せられている。私などの解釈するところでは、新しい信仰はこの神話ではとけないから、だんだんとこれを神社の行事の外に押し出しているのです。こういう神話がさながらに信ぜられていた時代は楽しかったでしょう。しかもその多くはもう教説とは併存しなくなったのです。神話をもちながら、もうそれを信じ伝えないというのは、およそ淋しいことに違いありません。これあるならばあるほうがいいけれども、人に教えてもらったもの、代りにはなりません。これに比べると伝説は多くは破片ですが、それでもかつて自分の土地に存在した神話の片端を窺わしめる。これを丹念に継ぎ合わせてみると、以前の信仰を復原することも望みえられます。そういう例は沖縄などにもありそうですね。

折口　『播磨風土記』などは、ずいぶんおっしゃるとおり破片になっていますが、『出雲風土記』は復元することは容易らしいようです。沖縄などでは、だいたい一系統であったものが、地方色を持ち過ぎたり、方言化したりしたものを、首里《しゅり》政府が宗教政治一元観から、組織を一つにしようとしたことのほかは、たいてい地方地方の現実に任せたようですから、復元することは容易らしいし、また地方地方が互いに注釈し、補足してゆくように思われます。

石田　それからぜひ折口先生のお考えを承ってほしい、ということを岡さんから頼まれておりますが、前の座談会で岡さんの提出した、『記』『紀』でタカミムスビとアマテラスとがともに最高神としての資格で命令を下しているという現象、あれをどう解釈しておいでになりますか。

折口　だいたいこんなふうに考えています。タカミムスビが、何神か、それは時代によって変るのですが、ともかく古人の考える非常に大きな神がありまして、それに仕えておいでの姫神がオオヒルメムチで、高巫《たかみこ》です。その後聖格化してアマテラスオオミカミといった。これが姫神自体の名か、姫神として仕えた神の名か——高巫の性格が、その神に没入してしまって——これは容易に断定はできぬが、古代信仰の上の現実は、そういう形をとる。その仕えた神がアマテラスオオミカミか、――これは承認せぬ人も多かろうが――タカミムスビノカミか、または全然別の神――荒祭の宮が荒御魂《あらみたま》と考えられる前は、オオヒルメムチの奉仕せられた神だったかという推定も成り立つ――であったかしれぬが、この女神の背に大きな神を考えてみる必要がある。ある時代にはタカミムスビの神が姫神の奉仕せられている大神のように見える。『日本紀』の多くの場合は、そういう形を見せている。姫神を以て啓示したタカミムスビの意思を直ちにタカミムスビの命令のごとく、神自らの語のごとく書き表わしている。いわゆる天孫降臨その他、天から地の運命を定めるような大きい指令の出たのはタカミムスビの神の旨のように表現せられている。そうして宮廷でも古くからこの神を天祖というような語で示している。そうして高皇産霊《たかみむすび》、天照大神というふうに並べることもある。ところが、先にいったムスビ信仰やら、その歴史らしい側から見ると、これは最初の形でなく、むしろ『古事記』などの表現が古くて正しくなる。「高皇産霊神、天照大神のみこともちて……」とある。これなども、「かむろぎ、かむろみのみこともちて」流に解すると、「両神の仰せを伝達して曰く」ということになるのだが、『古事記』のほうは、古いので、高皇産霊神が、天照大神の指令を伝達してというので、天地相関の大事には、タカミムスビが関与することになっている。かえって、天照大神の表にこの神が出ることになる。すなわちタカミムスビが、天照大神と、天上の神々のあいだに立って、代行するということになるのである。だから順序を立てて見ると、魂を祭時に神ザネに入れるから、介添えのようにも見え、いわゆる斎主《いわいぬし》――先に先生のお話にありました――の地位にいたのが、斎主なるがゆえに、神とも考えられるようになり、神となってくると、すべて神のミコトモチ――代言者――ということになる。ところが大ヒルメムチの資格は常に、姫神が持って生きて神仕えをし、また神としても考えられるのだから、今度は斎主の地位のものが神として扱われるようになると、大ヒルメムチよりも高く位させて考えることになります。そうして後、一方では宮廷でもいわゆる神殿の高ミムスビを高く扱われる。全体としても、タカミムスビの位置を綜合してくる。それが相よって、創造神のような形をとってきた信仰が一部にはあった。どうとでも考えられることだが、思うに、宮廷のほうではわりに軽く考えていて、外側の信仰が進んで来たので、八神殿の神以外の神格を認めるようになった。ムスビ信仰が発達して、日本じゅうの古氏族の大半が、高ミムスビ、神ムスビ、ツハヤムスビ、その他のムスビの神の子孫ということになった。物部のニギハヤヒの子孫観――これも石上鎮魂術の盛行した結果、そうした物部一族の系譜観が出来たのであり、ニギハヤヒは、やはりムスビの神の有力な一つなのです。この系統が姓氏録《しょうじろく》ではいちばん系統が多い。次はタカミムスビの後裔という家々が、これにはりあうくらいです。むすび信仰がこんなふうに祖先観に向ったのは、最も古い形ではありますまい。中世に近くなってからのことでしょう。日本の古氏族の中には、高皇産霊の子孫だというのが肩身の広い感じを持たせた時代のあったことは、顕宗紀三年二月と四月とに見えます。阿閉事代《あべのことしろ》任那《みまな》に使したとき、月神が人の憑《よ》った話、また日神が人についた話、皆壱岐県主《いきのあがたぬし》氏、対馬下県直《つしまのしものあがたのあたい》氏を、高皇産霊の子孫として、宮廷から認めてもらい、それぞれの祖先神に仕えることになった。そうして、これでは日神月神ともに高ミムスビの祖先ということになる。

宮廷においてすら、高皇産霊神を天照大神と並べて天祖とするようになった。神ロキ、神ロミも高・神両産霊神だと考えられるようになったが、私は神ロミのほうは天照大神を考えていますが、これは容易に神道学者の同感を得ることができないでしょう。がともかくも、神と斎主、逆に神と高巫、延《ひ》いて神および姫神というふうな信仰上の考え方があったのだと思います。『神武前紀』に「昔、我が天神高皇産霊尊大日孁尊《おおひるめのみこと》此の豊葦原瑞穂国《とよあしはらみずほのくに》を挙げて、我が天祖彦火瓊々杵尊《ひこほににぎのみこと》に授く……」とあります。こういう語り方は、カブロキ、カブロミの内容を示していますようです。でなくとも、私の申すようなふうでなくては、説けないのだと思います。こういう神の性根が、どれだけ、ただいまの日本民俗に生きているかということが問題になりましょう。

村と氏神

石田　久しぶりで『古代研究』以来の数々の斬新なご意見を承ることができまして、まことにありがとうございました。それではこのへんで次の社会に関する問題に移りたいと存じますが、たとえば村とか家とかについての柳田先生のご研究も、やはり日本の神の問題と非常に密接な連関においておつかみになっておられるのではないかと思います。村の形成というような問題と関連して先生のお話をどうか……

柳田　村のことを研究してみると、この問題が村の組み立ての上にかなり大きな要素になっていることもわかるし、このごろのようにカイト（垣内）の研究もみんながやってくれるようになると、隠れて生活の下に流れていたものが見つかったような気がする。神社は数も増し、また外部信仰が力を増して、非常にわかりにくくなっていますが、本来は土地よりも人または氏族と、繋がるものであったことが推定せられます。それを見つけ出すことは日本民俗学の領分とみていいと思う。それがわかったところで、今の人間が活き方を改めるものでも、生活態度を変えるわけでもないから、われわれのように学問の実用を心掛ける人間からいえば心細いが、そうかといって見棄てておくというわけにもゆかない。これから先もなお過去にあった事実として、ぜひとも明らかにしなければならないと思う。

石田　折口先生はそういう問題について、どのようにお考えでしょうか。家や村や氏神について……

折口　こういう点で、私は歴史的に考え過ぎるおそれを十分感じています。私としての傍系的の学問となっている民俗学以前の教養が、民俗学の領分からはみ出させることがありそうに思い、また経済史の知識から抜け出て来られたような先生の影をふんで行くこともむつかしいと思って、あまりしないわけですが、先生がさっきいわれたように、国学院に出ているからどうということはない。これまでだって、ずいぶん伝統の考えだと信じられてきたものをもこわしてきています。今問題になっているような点になると、ほとんど先生のお考えと、違うことはないのです。個々の問題をもって問いかけていただければいっそうはっきりしますが……大ざっぱにいえば、先生のお考えと違った点は、この側では特にない。さっき申しました氏人にしましても、その氏神ともいうべきものを斎《いつ》くべき主となる家筋が必ずしも代々一定していない。祭るもののいるところも、数代のあいだには変ってくる。したがって祭の行なわれる場所も、幾代かのあいだには移っている――これが氏神祭の古い形で、大宗族の時代的権威を持っている支族――支族というより、むしろこれがまた一大族のような形をとっている場合が多かった――の長が宗族の族長――氏上・氏助――などいうふうに認められる。藤原氏のように氏上は同一支族から出ても、祭り場処をしきりに移動させるようなものも出てくる。和邇《わに》氏だって、昔から氏神を祀った氏上権が支族の家々のあいだを移動し、祭神のいる場処だって、はなはだしく変動している。いったい氏神の氏はもとより、氏姓の「氏」の語源もみな稜威《うち》――いつ、いち――にあるので、氏人は一つの神のウチに与《あずか》りうる人であり、ウチの人のウチを授ける神がウヂ神（氏神）であるところから、氏（うち）という観念も出てきたと思いますが、これはまだ書いていませんし、話してもいません。

柳田　非常におもしろい問題だから、早く書いたらいいでしょう。ただ私の要求するのは、民族学の諸君がせっかく骨を折ってくださるのだから、日本と四隣の民族とこういう点がどこまで似ているか、どこが違っているかということをもっと明らかにしてほしいことだ。それはやはり古い大昔の歴史でなく、複雑ではあろうけれども、今ある民族の特徴を精確にする民族学でありたい。そうして、ことによるとどこでも同じだよということになるかもしれないが、家と神の問題、宗家と祭られる神とのつながり、というようなことを、もう少しやってもらったらいいと思う。現在はあんまり複雑な信仰状態で、手の着けようもないという人もあろうが、これにも方法や機会があって、必ずしも絶望するものではないということが、もういえるようになったのではないか。

石田　それはぜひやりたいと考えているところであります。

柳田　家と村との相関問題は、今まではどうだったかという以外に、さらにこれからどうなるかということが大きく浮かび上って来ます。未来観ないし予言まではわれわれの係りではないが、少なくとも将来、人がいかなる疑いを起すであろうかを予想して、それに答えられる資料だけは保存しておいてやらないと、この忙しい時代に学問をするかいがない。今後の問題がどこにあるだろうかということを目標にした研究をしたい。過去の事実を明らかにしておくということと、保守主義とはまったく関係がない。むしろ知らないがために何度でも、古臭い失敗を繰り返す危険は多い。自由な新しいイデオロギイに遊ぶ者には、出たところ勝負にてきぱきと問題を片づけて行けるかしらぬが、古い習癖と感覚の中に育って、しかも時代の激変に打ちのめされて、ただ用心深く世の中を歩んで行こうという者には、一つ一つの問題が一つ一つの悩みであるが、そういう人びとの数は最も多いのである。国史が教えていた常識は顚覆している。社会科といおうと何と呼ぼうと、その代りになるものを与える途はいくつもない。日本民俗学も仕事はこれからだと思っている。人が協同して活きて行く方法には、今までわれわれの意識にも上らずしかもまだ寸刻も断ちきれなかった、友だちつきあいとか垣内《かいと》仲間とかいうようなものがある。これを再建に役立たせるにも、はたまた何物かをもって置き換えるにも、まずわれわれはもっと知らなければならない。日本民俗学のこれからの課題は、実は多過ぎて選択に迷うばかりであります。

文芸について

石田　将来への課題については、いずれのちほどもういっぺんつっこんで問題にしていただきたいと存じます。次に日本人の言葉とか文芸とか、そういう方面の研究の中から、何かそこに一つの線でずっと発達したのではない、異質的な、系統の違ったものが二つなり三つなりが辿られるのではなかろうか、ということを考えておりますが、この方面で柳田、折口両先生が、これまで深く掘り下げられて、突き当られたお考えを承りたいと思います。ドイツなどでは種族 Stamm や身分 Stand による文芸の差異というようなことが民俗学 Volkskunde の問題になっていますが、日本の民俗学では、そうした問題はつかめないでしょうか。

柳田　農民と文芸、もっとも貧しい者の文芸ということについて、あなたは考えたことがありませんか。ずいぶん日本は特徴があるのではないかと思うが。

折口　私は文芸にたいしては「遊び」ばかりで、その方面はあまり考えておりません。

柳田　近年アメリカその他ではミュジコロジイなどという名で、諸民族のあいだに倶通した音楽原理というようなものを考える学問があるらしい。池田女史の手紙をみると、こちらの俗曲のレコードなどをかけて、それを説明せよといわれることがあるそうだ。いわゆる基層部の文芸といったものを、もういっぺん生活の側から考えていく人があっていいのじゃあないか。むつかしい岡崎義恵さんみたいなことをいっても私たちには通用しない。あなたもいわれた楽しむ文芸、喜ぶ文芸というものを、もっと間近に見る方法がありますまいか。

折口　階級階級と、それが持っている文学的フォークロア、そういう意味なら、お答えができそうです。どうも文芸といわれると、すぐ反省が起って、自分のしている半面が否定したくなるので……民謡は、西洋人は早くから興味をもって研究しておりますから、国文学畠の人がするとしても、個々の問題では、相当大きな結果を穫ることもありましょうが、注意しなければならぬのは、やはり西洋人の方法をなぞっていくことになりそうな嫌いがあります。特別な方向が先生の研究から出てきている。それに気がついてくれればよいのです。私の考えている小説、戯曲、そうした側のものをフォークロリックに研究していったら、まだ余地があるのではないかと思います。小説、戯曲はしていないでしょう。

柳田　やっていますよ。中世の研究をしたクラッペなどの本には、ずいぶん細かいところまで知って書いている。数が多いだけに諺とか民謡とかいうものが、向うでも手に取って味わいやすいのではないでしょうか。日本あたりのものも、後から追いかけるような西洋模倣よりも、そのほうにむしろ新しみがありそうです。日本の諺は、向うのものと方向が同じじゃない。翻訳してきかせて調子さえわかれば、向うの人がびっくりするような着想で構成しているものがある。民謡なんかもおそらくそうだと思う。

折口　語の障壁をのり越えてわかるようにしたいものです。

柳田　あなたは諺の古代、上代をやったらどうですか。それを現在のものに結びつけて見たら……。

折口　私は小説、戯曲のほうの研究に余計に興味を持っているようで……。

柳田　あなたは諺のことをずいぶん書いているようだが。

折口　ええほんの少々。

柳田　私も聞いていると、やりたいことがたくさん出てくる。

石田　中世時代の文芸の中からは以上のような問題は拾えないですか。

折口　これは、不思議なことだけれども、事実なのです。平安期の文学というもの、あるいは平安朝の文学の系統、これにフォークロアが見出されないことはないが、驚くばかりすくないのです。外の人にはこういう経験はあるまいから、痛切にも考えないでしょうが、私はつくづく思い知りました。というのは、「国文註釈叢書」というものを十四、五冊こしらえました。この索引をみんなとろうとしたが、半分だけこしらえて挫折、（本になった索引は他人のこしらえたもので、そういう計画を持っていません）、そのままになりました。半分もあれば、相当役に立ちそうなものですが、今まで一度も間にあったことがありません。それほど、平安朝的の文学には、おおざっぱにいって、民俗的な意義において生きているものがないといえるのです。石田さんのいわれるように、宮廷文化に興味をもってみれば、発見できるかもしれないが、それには方法が考えられねばならぬ。そうして見るなら、外の階級生活だって民俗的なものを見出すことができるだろうと思います。今のところは、民俗学の対象となるように、整頓し直す必要があります。

石田　武家の文学になるといかがですか。

折口　武家のほうになると変っている。田舎の文芸の素材に変化があらわれてくる。そうしてそれを相当文芸にしあげるために、時代がどんどん過ぎた。そうしてそれらしいものが出てくるのは、いわゆる『御伽草子《おとぎぞうし》』の時代になってからです。もっとも民謡は早くから、宮廷文芸と交流して、新しい文学や、音楽の刺戟として自由にとりこまれたから、民謡および民謡文学の擡頭は、武家時代のはじまりを示しているようなわけで……。

柳田　感覚の問題が細かいから、言葉として今やっているように、形容詞とか動詞とかいうものを改めて勉強して、中世人のもっていたもので、今の人間にないものを考えてみてはいかが。

折口　副詞がとりわけ発達していて、副詞の下にいくらでも語が省略せられてゆくことに専念して、むやみに含みの多い文学ができた。あの時分の女の人、殊にああいう筆をとる女流の生活にはフォークロアがなかったのでなく、フォークロアのない類型をたどって、ものを書いたためでしょう。歌のほうでは、多少出てきますが、きまった型ばかりです。

石田　私どものぜひやらなければならない、またやっていただきたいと思っておりますのは、やはり王朝時代の貴族階級とそれ以後に勃興した武士の階級とのあいだに何らかの種族的な系統的差違というものを発見しうるかどうかという問題ではないかと思います。

折口　われわれにしてもしようとすると、歴史家の準備している知識にあてはめることになる。多くの場合、予期してかかるほどのことは出てこない。殊に文学を通じて一民族の種族差を見ようとすると、どうしても、歴史家の範疇にとらわれる。それより先に作者の性別がものをいう。女性と男性とでは、異なる文芸素因を持つ。たとえば神語りをするものと、系図をいい立てる者では違う。弓とりや馬のりの実感を持った文学と幼い神のさすらいや、恋歌のかけあいを語る文学以前のものでも、伝誦者の性別はわかるが、民俗の差異が出てくるかどうか。平安朝——厳格には、中期以前——とその後の武家時代との文学の違いでは、文学者の性別が変ったというところに重点をおいて見なければ……どうもただいままでのところでは、平安文学と武家時代文学とでは、種族による分岐点を見ることができません。ないのでなく、私にはまだ見えませんということです。

柳田　今の話で思い出したが、一つの言葉があると、あなたは非常に生かして使う。『万葉』に出ていてもいなくても、あなたが使うとたいへん大きな意味をもつ。私は毎朝起きて庭の青いものを見ると、あなたの言葉を思い出すのです。あのアサメヨクという言葉を。

折口　その言葉はさがといえば当りましょうか、しるましというのが適当でしょうか、ともかく瑞または兆に属するもので。

柳田　あなたは一つの言葉を大きくふくらませることが上手だ。あれが昔の文学者みたいに、辞書にもとづいていちいち当てはめていくだけならば、あんな文学が出来ない。それはイマジネイションだから、学問以外のものです。

折口　その生活をすると出てきますが、出てこないほうが多い。

柳田　しかし『万葉』は豊富ですよ。『万葉』の生活は単純なうえに、一つ一つの生活に変化がある。作者はあの時分の歌作りの一パーセントにも足らぬ部分だろうが、あらゆる階級の作品を採っているから、あれが何だか国を代表しているような気がする。これに反して山城の京以後の文学は、あまりにも産地が限られています。作者はただ僅少のある特殊な階級に属するもので、曽丹や平仲ほどの低い地位の者も、後々はもう出てこない。いわゆるゲスは作らぬばかりか、聴いて感動したこともないかもしれぬ。よくよくのいわゆる貴族文学であります。こういう文献が何らかのフォークロリックを含むとすれば、それは近代にはとうてい見られない彼らの文化の一特徴といってよいのかも知れません。言葉をかえていえば、あのころは貴族がまだ外国かぶれをしなかったのです。

折口　『万葉』でマジックに関する歌はたくさんあります。つまりません。かえってちょっとみてフォークロリックでないものにうまいものがありますが。

柳田　信仰生活に関するものはみな平凡だ。

折口　おおよそ類型になっています。学者が論文を書くとマジックに興味をもって書きますから問題にならないのですが、文学からいえば駄目です。

柳田　幾度か現われるから、後の人は強い印象を受けるのでしょう。

石田　武家の関係の記録の中で、日本の古い農民の生活なり文化なりをうかがわせるものはありませんか。

柳田　それは『今昔物語』にこしたものはない。『今昔物語』はいくど読んでもいきいきとして、中世の因習、殊に田舎の生活をよく書いています。その次にぼくらが珍重しているのは『沙石集《しゃせきしゅう》』、これがなかったら知らずにしまうある階級の気持ちがよく保存せられている。浄瑠璃なんかは類型ばかり多くて、五分の一しか伝わらなくても、われわれは不自由はしない。それに比べると『今昔物語』や『沙石集』や『著聞集《ちょもんじゅう》』は一つ一つの話に価値がある。

折口　『義経記』が非常にいいじゃありませんか。フォークロリックであるし。文章などは通念における名文ばなれした名文だし……。

柳田　あれは文章ではなく、個人の表現力に各自の特色があったのですね。それを何としてでも文学にしようとしたのが、安居院《あぐい》の『神道集』や『真字本曽我』などです。どんなに文章がへんてこでもわれわれは読みますね。後世の人は真似を何とも思わぬから、きまりきったものばかりを大事にする。いわば古典にとらわれている。これだけ豊かな文献を粗末にする。人がいうから『源氏物語』をぜひ読まなければならないというふうで、実はまだ昔の生活の全部に直面したとはいえない。

衣食住について

石田　それでは物質文化の方面で、種族的、身分的な問題はでてまいりませんか。

柳田　物質文化のことは、民俗学が注意している。最近になってしだいにわからなくなりましたが、日本では地形環境の制約があって種族の別というものが、中世まで非常に生活の上によく現われていたと思う。たとえば百姓はもっぱら植物の中から食料を求めている。山を越えて海の魚が来ないから、一年の大部分は魚を食べずにすます。そういう食物の制限があったので、狩人と耕作者と漁業者が離ればなれになっていた。殊に山のほうのものは武器をもっているゆえか、近世のように農業団に屈服せず、平野の文化に反抗して、かなり大部分が滅ぼされている。漁民は交通が便利だから今少しく接近しているが、それでもこの三つの群は生産の根柢が分れているために、三つ各々の活き方が互いに引き離されている。三つの文化と見ることができた。いつまでたっても種族の境目というようなものが、幽かながらまだ残っていておもしろい。現在の村組織はまったくそれを無視し、そう大きな違いはないものと見ているが、混淆の主たる力は農民部の拡大でありまして、元が消えつくしたのでないから、片隅にはまだ古色が保存せられているのが見られます。たとえば建築一つをとっても、食べ物一つをとっても、少なくとも最近まではそれが見つけ出されてうれしかった。

石田　衣服のほうはどうでしょうか。

柳田　着物はもうわからなくなったが、それでも本州の北の端を歩くと、夏のさ中に犬の皮をきて働く人が見られる。野獣の毛皮の使用もまだ多い。そんなものが残っていて昔をたどられる。木綿が入って来たのがこの辺では百年そこそこだが、それまでは漁民の衣服にもどうかして一般化しようとしてまだ目的を達しえない状況が見られた。あるいは時代的に農民のもったものが、最も新しい段階といわれるかもしれぬが、その三つの段階が層をなさずに、犬牙錯綜していたのです。有形文化の観察は、そういうところに一つの興味があると思う。近いうちに住宅建築の調査方法について話してみようと思うが、それは必ずしも個々の有形文化の変化そのものに興味をもったためでなく、あなたのいう、シュタムの差というものが永久の生活を拘束するか、指導するかという問題を深く捉えるのが目的で、あまりはっきり衣服なら衣服、建築なら建築と別々には考えず、心の持ち方、物を感ずる癖が、自然にまたは偶然に、国々の小さな選択にも働いているかどうかを、確かめておきたいのです。真似は近ごろの流行だが、私はそう一般の法則とは思っていないのです。今までの当り前に止まって、安心していたこういう気持ちも、忙しく働く人には常にあると思う。保守や革新の論はむしろ末の世の姿だと思います。

石田　それと関連して、半ば歴史学の問題になるかもしれませんが、折口先生などは中世の絵巻物に興味をもって注意して来られたのではないでしょうか。ああいうものに現われた階級による服装の差異などを考えますと、衣食住全般に亘って、その系統を考える材料が相当豊富に残っているかと思いますが。

折口　そのとおりです。橋浦君は渋沢さんに頼まれてだいぶ古い絵巻物の中からフォークロリックな材料の写しをとられたと思いますが、それ以外にさらにもっと中心点を移動させてやってもらいたいと思う。

柳田　細かく分類して写真にでもとって見ればいいと思う。橋浦君はかなりこの仕事に骨を折ったが、主として信仰とか家庭生活とかに限っていては用途が小さい。もう少し新しい疑問にも出ていくといいと思う。

折口　たとえば縁側に閼伽棚《あかだな》のある様子など、あるいは、檜垣《ひがき》があって、その内側にくっついて簾がさがっている、――女のおもてを覗いている図取り、家畜と人間との交渉だの、もちろん服飾語彙の参考になるものは、むしろだれも想像する建築関係よりもおもしろい展覧ができるわけです。服飾には絵そらごとがありませんからな。日本人の昔からの傾向ですな――。明治の小説家がまず着物や装身具の通《つう》をふりまわしたのをわれわれは笑うが、平安朝の物語がその伝統の由って来るところを見せています。が、絵巻が、物語を書いたり読んだりした人びとのねらっている階級より、一段下の生活を描いているのですから、――物語絵は貴族の書いたものもあるが、それよりずっと低い人びとも書いている。むしろそういうもののほうが、勢力を持ってきて、だんだん浮世――ちょっとおかしいが――を書いたり見たりする興味が高まってきている。だから絵詞絵巻の類が、まずわれわれに残っているもので、一等フォークロリックな感銘を与えてくれます。もちろん技術のためや、類型からくるうそを棄て、真実をとり出す苦心はいるが……。

石田　では本日は一応このくらいにして、最初に出ました民俗学と民族学の二つの学問の問題について、改めて明後日、もう少しつっこんだお話を承りたいと存じます。長時間まことにありがとうございました。

（「民族学研究」昭和二十四年十二月）

民俗学から民族学へ——日本民俗学の足跡を顧みて

民族の概念について

石田　民俗学と民族学、この二つのミンゾク学の問題が、この前から、具体的な題目とからんでいろいろ発展してまいりましたから、本日は一つそれを理論的に整理してみたいと存じます。それでまず第一に、両方の学問は共通の課題として二つながら民族という対象を取り扱う。この民族という概念ないしは問題について、柳田先生も、かねてから何かお話になってみたい、というお考えがあると承っておりましたので、今日はこの民族の問題を中心に、少し理論的なお話をきかしていただきたいと思うのであります。では柳田先生からどうぞ……。

柳田　ミンゾク学という、聴いて同じ言葉が二つあるのは非常に不便で、どっちかを除かなければならないという必要を自分も感じている。どっちを除くかということは、なかなか実行しにくいことですけれども、どうも私はこっちのほう、日本民俗学のほう、人偏《にんべん》の俗を使っているほうを、どうかしなければならないじゃあないかということを実は考えている。というのは、両方の学問の共通点を煎じつめていくと、民族というものをやはり目標にしなければならない。ドイツみたいに同じ言葉で両方まかなえればよいが、そうでなければ紛らわしい二つの言葉を使うということは自他の煩累《はんるい》であろう。耳で聴いて一つにしか受け取れぬものを、二つに聴き分けようというのは無理だ。エートノスの「民族」は双方に用いられていてこれはわれわれも複数に、また概念としてひろい意味にしばしば使う。そうすると結局は、語音のこれに近い「民俗」を、なるだけ避けるほうがよいということになるのではないか。ただしいったん通用した名称を、二、三者の力で変えるというのは、そう簡単なことでない。方法順序を考えてみるとともに、ちょうどこんな機会に、もう少し二つの学問の関係を論ずるのもよかろう。私は二つの学問の共通点として、目標を民族の成立、もしくは民族の進路におくことが、よいかどうかを、明らかにしてみたい。もちろん一方は特に自分の属する民族のみを、他の一方はむしろひろく、よそのまったく違ったいくつかの民族を、併せ知ろうとする差はあり、それに伴って方法もしくは態度の差はなくてはならぬが、究極においては両者は大きな一つに融合しまた連繫しなければならない。現在それをさまたげている事情があるとすれば、まずもってこの両者共通の目標目的は何かということからはじめて、それが「民族」すなわちエートノスだといって、何かそれでは困るということがないかどうか。それを自由に言ってみようではありませんか。

石田　私は一方の民族学、すなわちエスノロジーのほうになりますと、この民族、エートノスという対象に加えて、もう一つ人類、アントロポスという問題がそこに出てまいりまして、このエートノスとアントロポスとの統一といったところにまで問題が発展してきやしないかと思う。ここに一国民族学（民俗学）と、もう一つの民族学との差別の一つがあるのではないかと考えておりますがいかがなものでしょうか。

柳田　学問の基底にアントロポスをおかなければならないということは、ひとり民族学だけでなく、今後文化系統のすべての学問総体の問題で、それをエスノロジーだけでその問題は解決するから自分に任せろ、といわれてもちょっと承知するわけにはいかない。日本の歴史を考えるときに、アントロポスを考えなかったということこそ最近いろいろな不幸な情勢を生んだもとだ。郷土の狭い区域における民族生活を研究する場合にも、やはりエートノスを、アントロポスの立場まで、拡げて考えていかなければならない。それをエスノロジーばかりの特徴とすることには異議をさしはさみます。

石田　ただいまの柳田先生のお話は非常に重要な問題だと思います。先生が今おっしゃったような考え方をその学問の基底におもちになっておられることの意義はきわめて大きい。そこでどうでございましょうか、いずれにしましてもこの両者に共通なエートノス、民族というものの実体が何であるか、というようなところをもう少し掘り下げてお聞かせ願えませんか。柳田先生はこの前、民族の組織とか構造あるいは結合というような問題について、何かお考えがおありのようにちょっと承ったのですが。

柳田　私の迷っているのは、民族は世々不変のものかそれとも時代によって変るものか、あるいは外国、たとえば朝鮮から帰化人の来る前と、帰化人が混同した場合とで民族が変るものかどうかということです。先日もベネディクトを読んで考えたが、日本は奈良朝時代にあったものが、中世にも少しずつ変っている。殊に明治になってからは、構成を変えているばかりでなく民族のキャラクターまでも、事実変っているように思う。したがって民族という言葉を論ずるときに問題が起る。多くの学者は、この区域に住んでいるひとかたまり、というふうに緩《ゆる》いまとまりをつけて、それが鼠色になっても、黄色になっても民族の変質、もしくは内容構成の差とはみていないのではなかろうか。私は最近殊にそう考え出したが、この一つ一つの時代という限定をつけないと、今ある民族の成り立ちがはっきりしないかと思う。

石田　民族を私たちはけっして不変的に考えていない。民族は変る。ある時代には民族であったものが民族でなくなってしまう、また民族といえないものが刻々民族として形成されつつあるということが、現在でも地球上で進行していると考えています。民族という概念の根柢は身体のほうの特徴による人種とか、あるいは政治上の組織である国家とかいったものでなくて、一定の文化的な結合をもち、文化的な構造をもった人間の集団を対象とした文化的、あるいは文化学的なものでしょう。

柳田　実際問題として非常にむつかしいこみいった言葉だ。たとえば組織されているものを壊そう、という気持ちで、自ら意識して在来の組織を破壊してしまって、それでもなお同一民族という概念が存続するかしないかという問題も起ってくる。文明国にはないが、半開以下の民族では、征服が激しくつづけば社会はばらばらになる。文化は進んでいてもユデヤ人がそうだ。ああいうふうに散り散りばらばらになっても、なお日本人という単一性があるかどうかということをまずきめてかからなければ民族愛ということが言えない。現に血は明らかにつづき、顔を見ればすぐわかっても、ここに一群あそこに一かたまりなにも自分たちのみでおもやいに持つものがなくても、なお民族はつづくといえるのかどうか。ぼくらは愛国と言わないで、ただ民族愛という言葉を使っているけれども、外から見てあれは日本人だと言いえさえすれば、それで民族の存続とみてよいのであるかどうか。もしそうだったら民族なんか、まず永久に滅びるということはありますまいね。

石田　折口先生もそういうことについて何かお考えをどうかお聞かせくださいませんか。

折口　何か考えなければならないのですが……とにかく今日のわれわれは非常に表現が変ってきましたから、民族という言葉自身もわれわれがきのう使ったのと、今日使うのとではたいそう変っているように思います。ですから先生のおっしゃるように、使っている用語の限界や範囲がはっきりしないのは、いちばん苦しいことです。つまりはっきりしないということは、自由な空想をいくらでもさしはさむことができるというのです。たとえば戦争の旺《さか》んな時代に一昨日出ました神話というような言葉が、無制限な意味に使われていたが、それから後もあらゆる表現の上にそれが出てきました。今日では民族という言葉が、そういうふうに一種のロマンチックな空想語となったような使い方が相当行なわれておりますし——学者はそうでないけれども、それでも多少そういうふうになってきたようですから——とにかくもっと恰好な意味に使いたいと思います。そのためには、エスノロジーがそれに関する義務を負うのだと思います。

柳田　民族の歴史というものに、私はちょっと疑いをいだくのだが、民族史と称するときに国内史でまだ考えられなかったものを考えようとしているのではないか。たとえば民族の一部分がある土地を離れて他所の土地に行く、そんなふうになってしまったときにどうなるか。

石田　それはやはり民族史に入れていいと思いますが……。

柳田　そうすると今までもっておった歴史にプラス x だ。われわれのほうの民俗学でもそこまで考えなければならない。

石田　たとえばドイツの場合ですね。ドイツの民族はドイツ本国にいても、オーストリアにいても、スイス、チェッコスロヴァキアにいても、ひとしくドイツ民俗学 Volkskunde およびドイツ民族史の対象となるが、ドイツの歴史になると本国だけになるのじゃあないでしょうか。そこでたとえば日本人の一団が満洲に長くいて土着した場合、日本民族史の中には入ってくるかもしれないが、実際は満洲の生活の一部となって、日本の歴史からは遠ざかっているという感じがします。

柳田　ドイツでは、よくドイツ人の歴史とドイツ帝国の歴史とに分けているね。

石田　日本の民俗学の中には、ハワイに移住している日本人なども対象に入れるかどうか。

柳田　できないから入れないだけで、ベネディクトを読んでみると、アメリカにいる日本人なども、日本人とはこういうものだという例に入っています。ドイツの民俗学では、最初の考え方が少し大胆すぎたが、スイスのドイツ人だけでなく、スコットランド人まで入れようとしている。あの中にドイチュトゥームがあるとみたのだ。そういうことになると、だいぶ範囲が広くなってくる。きっと議論が出ようと思う。カナダでフランスの民俗学が、アメリカでイギリスの民俗学が研究されるかという疑問も出てくる。

石田　アメリカにいるドイツ人がはたしてドイチュトゥームを保持しているかどうか、ドイチュトゥームを刻々失って、新しいアメリカ民族形成の坩堝《るつぼ》の中に融合していっていると思う。そうするとさっきおっしゃった民族の組織がその部分では崩れて、別個の民族に分化していったと解釈していいでしょう。ただ私のいう組織とは、政治的な意味のものではなく、文化の構造とか型とかいった概念です。この意味の民族結合の組織がエートノスというものかと思うのですが、このエートノスこそ、西ヨーロッパに端を発して地球の全面を覆いつつある近代文明の世界化的傾向にたいして、これを受け容れるいわば基盤となった民族的＝種族的なるものであり、民俗学も民族学も、その対象とするところは、この近代文明の底に横たわるエートノスなのではないでしょうか。

柳田　そう大胆に言えれば助かるが、若い学者はそれを承知しないであろう。私らは新しいものを入れ出すと複雑でしようがないから、新しく外から影響を受けたものだけは、別に改めて研究することにして、まず今までもち伝えているものについて一とおり考えるのが便宜だと思っているだけだ。

石田　しかし今までの柳田先生、折口先生の学問は、そこを中心においてお考えではないでしょうか。

柳田　私はいつでも現在にとらわれている。変化を受けた、いろいろの影響を受けた日本人を知りたいという心持ちをもっている。しかしそれをやっておったら研究が非常に複雑になる。なんなら今から若い人たちの見方に加わってもよいが、もとは古い旧日本だけに力を傾けていた。少しく妥協的に聞こえたかもしれぬが、私は久しいあいだ「日本人らしさ」という言葉を使っていた。若い人たちはそれを解して、西洋の文明を受けて生きていくこともその「日本人らしさ」のうちのように考えたかもしれないが、自分だけはそれを固有のもの、開港以前からあったものというつもりだった。あるいは二つに分けて、現代の日本人らしさを知るのを、第二部とでもいっておいたほうがよかったろうか。

民俗学と民族学

石田　その問題を含めて、日本民俗学の成果、今日までに日本民俗学が到達した水準について省みて見てはいかがでしょうか。これは折口先生がこのあいだこの座談会のテーマとしてお書きくださったメモに、日本民俗学と外国の民俗学、民俗学の分類、民俗学の特殊問題、問題の移動、民俗学の時代区劃、民俗学の限界、というような問題が並んでおりますが、折口先生どうか、こういったことを総括的にお述べ願えませんか。

柳田　民俗学の限界ということについて、折口君どういうように考えておられますか。

折口　相変らず迷うておりますので、はっきりしたことは言えないのですが、そこまでもっていけば、先生のお話を承ることができると思って言ってみます。素朴な考え方で言いますと、どっちの学問も一つの現実に関連しているものがあるわけです。フォークロア以前の形らしいものも、フォークロアのほうでは、両方の関連点を中心にして一つにしているが、そういう場合は、現実のフォークロアにたいして、エスノロジー的な方面は、フォークロアの古い形だという判断をもって見てゆくこともできます。だからその相違は、この二つの学問の持っている根本的相違が地域的である点を、時間的に移して見るわけです。私の立っているところは、この二つに跨がっているための不幸な状態です。それをエスノロジーの側の形において見ることができると思うているのです。もちろんフォークロアの対象は、文化のある高度に達したときの状態だと考え——エスノロジーにたいしては、さらにその基礎になる原始文化というもののありようはないが——ともかくもフォークロアとエスノロジーとを時間的に一つづきの文化形式だというふうに私が取り扱ってきているのだと思います。私どもも先生の後について、研究らしいことをはじめましたころ、あるいはそれ以前から、この二つのミンゾク学にたいする世間の考え方は浮動しております。わからないままで、浮動したままでやってきて、先生、岡正雄さんなんかのあいだで、学問を切磋琢磨せられて、「民族」「民俗学」という雑誌が出てくる前まで、今日から考えるとフォークロアがエスノロジーであったり、エスノロジーがフォークロアであったりするような、そんなところを彷徨したこともあったが、あの雑誌が出ているあいだに、山霧のはれるように、今日のはっきりした分水嶺が見えてきまして、非常に幸福だったのです。「野蛮学」という言葉は、おそらくエスノロジーを意味していたのでしょうが、われわれの中にも、フォークロアまでも、野蛮学だと言う人がいた。そんなふうにだんだんやってきました。われわれだけはやっとわかったというような状態が、その後にきて、おおよそ境界論は痕《あと》をたちました。フォークロアという学問が、確かな一つの独立した学問になりまして世間ではフォークロアの同人が至る所の垣の外にきて耳を立てていない所がないというような感じがいたします。

柳田　民俗学の限界は、少しずつ拡張したのではなかったろうか。私らがほんとうにこのことを考えたのは、「民族」という雑誌を出したころだ。私は「民俗学」という雑誌には参加しなかったが、「民族」という雑誌を作るときに、はじめて日本民俗学というものの使命、もしくは可能性がわかった。外側に民族学という相手がなかったらこちらの学問はかえって小さなものになって、世間から期待せられていたような古風な学問になったかもしれない。「民族」の編集を三年やっているあいだに、いろいろ外部の学者が好い論文を書いてくれた。あれで進んでいたら二つの学問は互いにとけ合いすぎて中間のものを発達させたかもしれないが、とにかく問題を共通にして双方のためにはしあわせであったのではないかと思う。ところがそれを中途でやめてしまったから、エスノロジーのほうの人たちは、実際折口君が今言われたように、いくぶんか偏卑な田舎の、新しい文化にふれない生活ばかりに、気をとられるようになった。日本の生活を取り扱う場合にも、むしろ自らへり下っていわゆる野蛮学の注文に合致するようなことを見つけ出そうとする形になっていた。はたしてエスノロジーという学問がそういうふうに、未開半開の民族ばかりを目標にしなければならんものであるかどうかということを、何ゆえはっきりきめなかったのか。たとえばヨーロッパの諸民族の古くからの生活様式は、いまだに学者が一種の感情で、エスノロジーの中に入れたがらないようにみえる。そうして極東諸民族の現在の記述のみは、平気でエスノロジーとして取り扱おうとする。それが自分らの気にくわぬ点だった。あれを撤回してしまって現在文明度の進んでいる民族の相互関係までも、エスノロジーの中に含めるようにしてくれたら、こちらも非常に仕事がしやすかったと思う。アメリカの学者なんかいろいろ遠慮なく言うから、これからはまたわれわれの態度が変ると思うが、今まではとにかく民族学の人たちに、日本の歴史をさわらせることを、悦《よろこ》ばない感じが実はかなりあったのである。かつて私などには「殊俗学」というような名をもって、これを一国民俗学の外に引き離そうと思ったことさえある。それをやっていたら、とうてい二つの学問は助け合いまた大きな影響を与え合うことができなかったろう。石田君みたいな人に、両者の中間に立って見ていてもらうことができてしあわせだった。一国民俗学は民族学とともどもに、これからはきっと躍進することであろう。

石田　これまでのヨーロッパの学問でもVölkerkundeというような言葉で現わしますときには、文明民族を含むあらゆる民族がその対象になっていたと思うのです。ただその場合に、近代文明というものは一応のけて、その基盤になっているところの、つまりフォークロアの学問が取り扱ってきたような事象を広い意味のエスノロジーに包括して一応考えてきたと思う。

柳田　そうなくてはならぬが、現在の日本はどうでしょう。これから先、それで進んで行く用意があるだろうか。今までより少しでも前へ出ようとすると、一つの目標が離れて、焦点が結びにくくはあるまいか。

石田　日本民俗学も、事実においてはそうした線を一応引いた上でやってこられたのではないでしょうか。西洋文明の要素はつまりそうした基層的な文化、日本のエートノスとの連関においてのみ、民俗学の問題になったのではないのでしょうか。

柳田　一方からいうと、固有の日本文化というものは近代においても発露しているのだから、それをそういう心持ちで探すというのならばわかる。私はそれで大いに気が楽になった。今までそこのところがはっきりしなかった。

石田　どうでしょうか。日本の民俗学を外国の民俗学と比較した場合、どういう点が最も特徴的と言いうるとお考えか、両先生のご意見を伺わせていただきたいのです。

日本民俗学の特質

柳田　今までの言葉の通俗な用途では、英米のフォークロアはまず日本民俗学でいう第二部と第三部だね。いわゆる有形文化は語原的に入らない。言語の生成変化なども、私らは確かに日本民俗学の対象になりうると思うのだが、英国ではこれはフォークロアには入れていません。フランスでも入れておらぬらしい。ドイツのフォルクスクンデでは、地方語現象は少なくとも管轄の中にある。国ごとに行き掛りもあって一様とは言えないが、これは国ごとに独自にきめていってよいものと私は思う。永いあいだにだんだん実験したことは、食物のような卑近な物質的な生活様式ですらも、みな背後に信仰なり人生観なりの裏づけがある。これから入っても民族の精神生活のかなり深いところには入って行かれ、またそれを怠っては他の部面の伝承のわかるべきものがわからなくなる。たとえば婚姻や葬祭と食物、酒食の作法によって昔からの人の考え方が初めて明らかになる場合が多いから、私たちは初めて綿密にそういうものを観察しまた記述する。それを英語で言うときはやはりフォークロアと訳するほかはないのだが、尋常の英米人の概念とは違うので、すぐにそんなのはフォークロアじゃないという。向うではフォークロアは言い伝え、口碑、昔話とか謎、諺、そんなものを中心にしている様子である。あちらの雑誌をみてもそれがよくわかるが、つまり彼らの民俗学は第二部といった部分に片より過ぎている。学問の範囲などは、やはり国々のこれにたずさわる者の仕事の都合できめるほうがよい。ハレとケという二つの生活の交代は、信仰の理解には最も重要な観点だが、日本ではそれが食物と衣服の上に、きわめてはっきりと現われ、しかも都市の新生活にはそれがもう埋没している。つまり同じくフォークロアでも、日本のは特にこの方面のデータを閑却しがたいのである。だいたいに一国民俗学を一つの系統ある学問に引き上げようとすれば、東方の諸国ではどうしても領域が西洋よりは広くなるだろう。そうしてまた一方の民族学では外からの観測だからどうしても漏れる部分が多いのである。私が二つの民俗学の前面を共通にしようというときに、こういうくい違いのあることはおもしろくないが、その部分はおそらくエスノロジーのほうの有限性から起ると思う。エスノロジーのほうでは、その土地の言葉の表相を知るというだけで、内の感覚にまではふれられない。同国人が国内のことをやるようにはいかない。しかし私は、エスノロジーの学問の活躍にたいして、少なくともある一面においては非常に大きな期待をもっている。私らのたずねなければならないのは、『記』『紀』に現われているような日本人気質はどこまでつづいているか、または今あるわれわれの生活疑問の答えになるかというような、いわば民族主観とでもいうような点がさきに立つ。これは当然こっちの学問の問題だが、ルース・ベネディクトの言い出した文化型 patterns of culture の問題などは、どうしてもエスノロジーの占領区域、よその学者にきめてもらうような結果になるのです。『菊と刀』は非常に新しい着眼だと思うが、いっぺんも日本に渡ってきたことのない女のプロフェッサーが、罪の文化と恥の文化と二つに分けて、日本の文化は罪の文化でなく恥の文化、恥というものを基調にして動くと言った。非常におもしろい分け方で、少なくとも近世以後の日本についてはここのところは確かに当っている。これはどうもたち遅れと称すべきものだと思う。その断定がどの程度まで当っているかを、今になってこせこせと穿鑿《せんさく》してみても始まらない。こんなことを言われる前に、ともかくも時代時代の変り目だけは、こちらのほうでほんとうは整理しておかなければならなかった。日本人はどんな民族であるかということを、たとえ材料が足りない時代でも、もう少し考えておくべきだったと思う。まるまる見当ちがいのことをいっているあいだはいいが、半分でも三分の一でも彼らがヒットした場合には面目ない。「恥の文化」だけに、そこのところが非常に大きな刺戟になります。私たちは今までどこでもそういうことをやっていない。学問をはじめて三十年、四十年にもなると自慢していながら、この問題に少しでも答えを出すようなことはやっていなかった。せっかく熱心に働いたが、片よっていたと言わなければならないでしょうね。しかし逃げ口上のようだが、日本民俗学の外国のそれとの違いは、いかなる部面においてもまだいろいろの問題と資料とが保存せられており、方法さえ尽せば明らかにできる事柄の多いのが一つの特徴で、実際また私たちの集めえた資料が非常に多い。ただそれにしてはあんまり少ししかやっていないということを言われそうな気がする。ちょっとその点は情けないと思います。

折口　そのほうは翻訳が行き届けば、外国人も諒解することが多いでしょうね。

柳田　われわれは外国人が読むだろうということを考えずに郷土研究をやってきた。何だか外国人に読んでもらうということは卑屈なような気がしていた。それは大間違いだ。他所から新しいものを求めるとしたら、こちらにあるものをまず公開しなければならない。つまりは日本人外国人というけじめを払拭して、そうしてこちらのものをだれにでも読んでもらって、その反響を聴いて、今までの研究方針を改良しながら進んでいきたいと思っています。

石田　ベネディクトがああいうものを書く前に先生のご本をよんでいたとしたら、どうだったでしょう。

柳田　それにはもう少しよくわかるように書いておくべきだった。暗示にとんでいると言われていい気になっていたのがいけなかった。ぼくの文章はわかったと言われたことがない。何だか大切なものが含まれていると言う人があると、もうそれで満足していた。

折口　しかしああいう文章でありなさらなかったら、あの文体にひき出され、引き寄せられた、先生の論理が自由に立ってこなかったでしょう。

寄与しうる世界　問題の移動

石田　折口先生、日本民俗学の今までにだいたいしてきたことをふり返ってもう少しお話していただけませんでしょうか。たとえばメモにお書きになった「問題の移動」というようなことについて。

折口　昔問題であったものが、だいたいかたがついて次の問題に移っていく。われわれが見ているからなんのことなしに移っていくが、傍観しておれば何か意味が出てきそうな気がする。そんな点先生にお話願えればわかってくると思います。

石田　たとえばどんなふうな問題について。

折口　それはこちらで問うことですが、まず方言の研究をなさる。その次に昔話の研究をしておいでになる。そういうふうに移っていっているあいだに、次の準備ができている。準備の充足してくる時間といった感覚が、われわれにもひしひしと迫って感じられたような気がしたものです。先生にも、これは内面的なご経験で、最も明らかにわかっておいでのことです。日本の民俗学は先生のふところから離れないから、先生に承われば柳田國男論をするのに、ずいぶん助かります。そういうつもりで問題をこしらえたわけです。

石田 それではこれこそ日本民俗学のあげた成果であり、もしくは外国でもこれほどは問題にならない、というような問題が、今までどれくらいあったかを顧みていただけませんでしょうか。

民間説話の研究

柳田 言葉を換えて言えばこの学問の成績が文明諸国の文化史の研究にどのくらい寄与しうるか、ということに帰着するが、列挙すべきものが心細いほど少ない。こうしていけば末にはわかるというところまではきているが、そういう中にもよく考えたら、ちっともびっくりするに足らぬものに、びっくりしていることがあるかもしれない。期間は短かかったが、民間説話の研究などが、行く行くは大きな仕事になっていくと思う。戦時中にうんと集めてあった日本の昔話が少しずつ世の中に出るようになったとき、ほんとうにわれわれの気づいたことは、いわゆるアントロポスの共通性、種族相互間の説明しえられぬ類似というものだった。数百年をかさねて文化の移動を説き、文化圏を説き、諸民族の交渉ということ、もしくは民族の由来根源ということを説いていながら、こんなにはっきりとした争うべからざる一致が国際間にあって、しかもまだ少しも説明がつかない。これなんかはいちばんはっきりした未完成の実例であります。きょう話をしようと思って昨夜ちょっと読んでみたが、たとえば鳥言葉の昔話。この一種の説話の分布状態などは、日本からちょっと渡った中国の南から、遠くヨーロッパの中部までが一つの進んだ形で、それから向うのほうだけにわが国のと似た形がある。だいたいにこれには二種の型があって、その中の知能と感情との多く加わった複雑型ともいうべきものが、インド、近東、東欧を支配し、明らかにそれよりも素朴単純のものが日本とイギリス、フランスその他ヨーロッパの西のほうだけに、共通になって行なわれている。これは人種の関係でもなく、また緯度の関係でもなく、また史伝に現われた交通関係からも説明しえられない。欧洲には夙《はや》く一切の説話の源頭を、天竺《てんじく》の古文献から立証しようとしたインディアニストなるものが出て来て解説を試みたが、日本に多量の昔話があり、それがどういう内容を具するかがわかってきたために、まったく成り立たなくなったのはこればかりでない。説明の途は二つしかないので、こんな込み入った偶合ということは絶対にないとすれば、つまりはわれわれのまだ知らない、記録の上にも現われていない原始交通があったと考える見方が一つ。今一つは無限に年久しい時代の共同生活の痕跡が、ある肝要なる点のみに保存せられていたということである。フィンランドの学者たちの、この研究に関する功績は大きく、また他の国々にもそればかりに研究を深めている学者が何人かある。しかも極東の群島が、思いがけない資料を供出した影響は小さくない。たとえばミス・コックスは、三百数十のシンドレラ譚の分類を以て、古代の交通を考えようとしたが、日本で新たに集まった数十の同種説話は、まったくその分類を超越して、さまざまの異なる形を併存せしめている。あらかじめ知っていたら、とてもああいう大著は成り立たなかったろう、とにかくに民間説話の世界的一致は、いつかは開かるべき現代の深秘の扉であって、私たちはまだ近よって戸を敲《たた》くだけの力もないが、少なくともこれが個々の孤立の民族の手に渡されてから後に、いかにわれわれが保存し守り育て、または改良し変化させたかを、詳しく実験しうる地位にはあるというわけは中世以後、島々には新たに外から入って影響を与える途が極度に制限せられていたからで、したがって説話が今見るような形態となり、ないしは他の文芸の種子根基となってきた道筋が、だいたいに文化一般の進みと併行し、また互いに交渉しあった法則が、もしあるならば見つけることもできるわけで、これはまた決してある一つの民族だけに、特殊に発生しうるものではなかろうと考えられる。その研究の成果のまだ簡単に発表できないのは残念だが、とにかくに日本のフォークロアがエスノロジーに向って提供した問題は大きい。いつかは日本の学徒のだれかがその答えを完備しなければならない。説話がこのように世界に分布した起源ということもあるが、単にどこからどうして持ってきたかという問題の片づくのを待たないでも、お互いにかくれた、うわべにはちっとも現われてこない発達があったということが、昔話についてわかってくるのみでなく、ことによると、今しきりに諸君のやっている民謡の成長過程あるいはもう一つさかのぼって、言語ののびて豊かに変化してきた具合を見て、それに伴う個々の民族の思惟感覚の進み方もわかってくるのではないか。それを国内だけの現象として取り扱わずに、いくつかあるものの中のある一つの型として、精確にそれを日本人が記述することになったら、かなり大きな仕事になるのではないかと思う。日本でいう民俗学の領域が、他の国々に比べて広いのは事実だがそれは決して方向の差ではない。どこの国でもフォークロアと認めているものの中にも、われわれが大いに働きうるものがいくつかある。たとえば私たちの第三部と称する方面でも、新たにこちらの研究から寄与しうるものがだいぶ出てくるのではないかと私は思う。

生と死の近さなど

柳田　その一例として挙げられるのは、東洋人と西洋人のいわゆる文化型の違いには、その基底として生と死との距離の問題があるためじゃあないか。日本人などには、生から死、死から生への交通という考えが昔からあった。死んであの世に往っても、来ようと思えばこられる。また行こうと思えばこちらからも自由にいける。そういうようにして死を比較的軽んずるような形になることは、日本ばかりか対岸大陸でも注意せられている。この生死の近さが、一つの違った文化型をつくるのではないかと思う。ベネディクトの書いたものにはふれていないが、自分などは幾度かこういう悲壮なまたロマンチックな感慨にふけったことがある。生と死との距離をあまりに近くみようとする民族は、いくぶんか早く滅びやすかったのじゃあないか。死んでもまたやがて生まれて来られるという安心から、戦争でも徹底的に闘うという気持ちがあって絶滅しやすかったのではないか。日本だけは周囲に海をもっていたから、外から大きな力をもって入ってくるには障碍が多くて、神風の信仰が出来たり、元寇《げんこう》の先例でもってこれからもやっていけるだけの安全感を保持しえたのだったが、今度の戦争が一つのまったく新しい経験になるのじゃあなかったかと思う。そうなってくると大きな問題だ。霊魂の問題はこういう意味からも、単なる信仰の歴史というものと離れて、やはり日本ではフォークロアのかなり有力な課題の一つとして、今のうちに考えておくべきだ。日本人の伝統的な信仰は、仏教とはだいぶ違っているように思う。たとえば死んで生まれ変るといったようなときにも、六道三界どこへでもいって生まれるというのではなくて、必ず前世と縁のある近いところに生まれて、同じ故郷のために働き、またその見聞の範囲内に活躍する、そういうように生と死との交通がキリスト教なんかが考えているのと非常に違って、互いに驚くべく近かったのじゃあないかしらん。こんな問題が、これからさき、世界的に、文化史上の好題目を提出する事業になるのではないか。栄えてまた衰亡した民族は過去の世界に多い。その歴史は概して忘れられている。日本人とよく似た人類が地球の上に不思議に少ないのは、他ではすみやかに滅び去るようなこの民族性を、特徴としてもっていたからではないか。生まれ変るという考えはいい考えだけれども、返りそこなうというチャンスが非常に多い。だからわれわれの周囲に言語・体質・容貌・感情等の上から見て、日本人の親類らしいものがみつからなくなったのではないか。信仰の上からいっても、ごく似かよった民族というものが、この近くにいないような気がする。石田君などのご意見はどうですか。これから先のかなりおもしろい課題の一つではないだろうか。

石田　折口先生、ただいまの問題についてどういうふうにお考えでしょうか。

折口　日本人にたいする考え方というものを、みんな幸福なようにばっかり考えていたが、その幸福が不幸になっている。先生のおっしゃったお考えも、やはり従来日本人の考えていた考えを根本からくつがえしている。好戦国民だといわれ、ある点では、そんなことを自負していた人もある。だが、日本人は戦争が非常に下手ではなかったかと思う。重大な人はなにも戦いなどしていない。下剋上と言うが、下剋上ではない。重大な人が働かなくて、下の人がこれを育てつ助けつしてきている。戦争をするものは、俘囚として新しく位置を占めてきたような者だけが、専門に戦争をするというふうになって行ったものと考えることができる。日本民族の中に成長して行った異種族の歴史を調べてみれば、それがかなりはっきり証明できるようになるのではないかと思う。だから、江上さんの研究なども、そういう側から見れば、生きてくるのだと思う。われわれはいわばある点は、歴史家みたいな歩みもしているので、昔の木村鷹太郎氏などを襲うているのではないが、どうもああした態度にも、意義を見出すことができる。私らのやっていることは、日本民族の歴史、さっきお話にありました島嶼《とうしょ》日本における日本人じゃあなくて、日本島以前の日本の歴史を調べているのではないかというような気がときどきします。そうなると、ある点では、私どものしている仕事は、フォークロアの仕事を行なっているのだと自分では思っていましたが、どっちかというと、エスノロジーに現われてくる比較研究における民族古代学とでも言うべきものに近い部分の仕事をしていたのではないかと思う。日本人は——日本人の中心階級であった上層の人びとは、常に戦争は下手ですね。無論上層の人は戦争はきらいだ。元寇の乱のときでも非常に心配している。それより以前、宮廷や貴族がそばにひきつけていた武人は、みんな新付の野蛮人です。

柳田　元寇の乱のときの朝廷のご迷惑はたいへんなものだ。応仁の乱でもご詔勅が降って、戦をやめたほうがよかろうといわれたがやった。それをいつでも日本は武の国だ、弱いとは言えないというようにしてしまった。それで今まではすんでいたのが不幸だった。

折口　よその国から武の国だということを言われなくても、勝手に……。

〈恥の文化〉

柳田　ぼくはこのごろになって、「日本はなぜ負けたか」の問題について考えている。shame culture すなわち恥を基調とした文化には、時代時代の誘因が多かった。大きな文化を作るのに内部で結合をすることが必要であって仲間の思惑というものをほとんど神の罰と同じくらいに恐れる習慣が始まったのではないか。これが大きな交通がはじまったときに繁栄して、今までの面目面子をもって人の行動を導く方針が拡大した。小さな部落で必要である常識をおし拡めて国の政治をやってきたのが、私らが目撃した前代末期の党争であり、しかも必然的に表裏があったので、国の公私の生活は不愉快なものでみちていた。そこにたずねていくと、文化の型と言わんよりも、むしろ小さな島国に立て籠っていた小さな民族の運命を感ずる。これを自覚する学問の起らなかったことが、何といっても悲しい成行きだった。たとえば今度の陸海軍閥も同じことで、戦の結末はほぼ予想がついていながら、ああ負けたということが何としても言えなかったがために、講和をしなければならない時期を幾度か逸して、どん底までやってきたというきらいがある。あれは小部落の統一というものが非常に必要だった時代の印象が深く、環境に応ずる改造が十分行き届いてなかったためではないか。ただこういうことをいったら政治論なり随筆になるが、同じ歴史の学問をやるならば、こういうことをはっきりそうだったと、人に認めさせるだけの資料の整理をしてまず政治家たちに将来の行き方を考えさせるようにしたらどうか。私は教育としては事実を教えれば、後はめいめいで考えるだろうと思っているが、今の状勢でははたしてすぐにできることかどうかわからない。昨年だったかある男が、柳田は百年たたなければ日本がなぜ戦争に負けたかがわからないだろうというが、そんな気楽な話はないと攻撃したけれども、彼らに今きめさしたら何と言うかわからない。そうして人は何を言われても一応は信ずる、もう少し原因は人の気づかないところにあるということを悟らせる必要がある。エスノロジーがここまで進んでいるということはたいへんな助けだ。そういう学問があってやるのと、それがなくて日本民俗学だけがここではじめてやるのとでは、たいへんな難易の差があります。

時代区劃という概念

石田　折口先生のお書きになった項目の中にある時代区劃というようなことについて、何かお考えになっていることがおありですか。

柳田　私は必要にもとづいて考えている。新井白石の『読史余論』などを何回かよんだので、頭の中にはあの大勢変転の思想がこびりついてぬけないけれども、この民族の進んできたあとをたどるのに、あのくらい有害なものはおそらくあるまい。お蔭で民族の生活ぶりがまるで六枚屛風か何かのように、いちいち区切りをつけて改まったように、常人は考えがちになってしまった。もし時代別があるとすれば、一つ一つの問題毎にあるというこ とがほんとうじゃあないか。今度の民俗学研究所の例会で話をしてみたいと思うのは建築です。他の課目でもみなそうでしょうが大工という職業が出来たか出来ないか、これを境にしなければ何ものも境にしようがない。そしてそれはまた土地ごとに違っている。突き鉋《かんな》がはじまったのはいつだ、釘が今のように用いられたのがいつからだというのは小さい問題だが、これが始まってから住宅の形は一変したのだから、こんな大きなエポックはない。火の問題でいうならば、油をともすという習慣がはじまったこと、ローソクが入ってきたこと、そんな時が確かにあるのですが、それが真直に、鎌倉・室町・安土桃山時代などと、横に水平にされるものではない。ことに文化史を研究する人びとが、今以てあの時代別をやかましくいうのは真にたわいがない。ところが明治の大学で育ってきた人は、いかなる問題を考えるにも、まずこの横だんだらの線を考えてしかもその発端に意味をもたせようとする。しかも歴史は兆候がまず現われて、やや久しくしてから特徴を示し、やがて積弊の堪えがたきに苦しみ出すのである。明治の維新などもいい例で、天皇の御親政、東京が新たに出来て宮廷が関東に移ったということは、事件として大きく、人心を新たにする原因にはなっているが、現実に国情の変化したのはいちどきではなく、非常に斜めなものだ、ということをこれから常識に持たしめなければならないと思う。そうなるといわゆる何々時代は、あってもなくてもいいようなものだから、文献史学の人たちは承知しないでしょうが、神社神道の歴史などでも、時代を分けようとしたら、かなりこじつけの説明ばかりがまだ当分は流行しましょうね。

石田　要するに今までの歴史家は政治史的な時代区劃の先入主から抜けられないのですね。

柳田　政権が武門に移ったということは、大きなことは、大きなことに違いないが、それは村にひっこんで田を耕しているものには影響が遅くて微弱だ。またそれがなかったらぼくらはこの学問をやらない。ぼくらは辺鄙な所にいけば何か古い生活が残っているというポシビリティがあるから民俗学に力を入れるのだ。

石田　文化史的なエスノロジーも要するにそれを根柢として成り立っていると思います。

折口　私の時代区劃を申したのは、民俗学、フォークロアのほうで対象としていける時代はどこらくらいまでだろうという意味でした。

柳田　ここでもこのあいだ、あなたをまじえないでしばしば民俗学の時代性の議論をしました。応仁以来の日本がわかるという説も出て来ましたが、あれを近世の始めとする根拠もはっきりわからない。しかし、とにかく応仁乱後の混乱は全国的の変化ですね。国語の人の話もきいたが、あのころあたりからモダンな、今われわれが使っているような言葉がはじまっているとは言えそうです。人の考え方もあのころから今風になってきたかと思われます。ただ私などの考えているのは、これを過去三百年間ときるからいけない。前代というものは垂氷《つらら》のように、ただところどころにぶら下ってきているのではないか。たとえば松の火を燈火にしている山村は、現に今度の戦争中まであった。松の火より以前は考えられないから、これは上代の生活形態だというと、それは足利時代をずっと通りこして、土地によっては昭和の世までできている。燈火の時代別などはできるものでないが、それは決して物質生活に限らず、婚姻でも氏族組織でも、ある土地はすっかり改まり、他のある土地では以前のままでいる。時代区分などはなく、ただ順序があるのみである。信仰生活の中にみられる多くのものもそれで、明治以降祭の日を今のように改めたのが、せいぜい新旧暦移りよりもまだ後だ。応仁乱などはたまたまその変化のいくらかが、一時に現われた時代というにすぎぬのだ。

折口　しかし斎戸殿——神道について、最も意義のある——のなくなったというのも、応仁ですから、重大な時期です。

柳田　今度の戦争より長い混乱時代、文書は焼ける、お武家さんは逃げてしまう、京都が焼野原になって、文化の中絶は大きかった。あるいはあの時からの逆もどりもあるかもしれない。

折口　中世という言葉は、日本史では広過ぎます。平安朝などから言うことをさしくって、その後にしたら、西洋の中世という言葉とすぐこの点で似通うてくるのですが。

柳田　ヨーロッパではルネサンスというものが大きな仕事をして中世紀を壊している。福本和夫君などは日本にもルネサンスがあった、それをきめようという考えでかなり前からへばりついている。日本は国がらとしてそういうものもなく、ただだらだらじりじりと、目に立たずに移り動いたとみていいのじゃあありませんかね。したがって言葉なんぞはよほど変ったけれども、これに伴う心持ちが変らないというものがだいぶあるのじゃあないでしょうか。ああでもしなければ少年たちの頭に入らない。学習用だ。ああいうようにしておけば頭に入りやすい。いけないのは史学者までがそれにこだわることで、それも政治を歴史の中心と考える癖からです。世には昔という言葉を使う者が多いが、何年の何月に、また何という人が何という地でとささずしてただ昔といっても通じない、ということをすでに伊勢貞丈も論じている。今まではこの類の議論がかなりわれわれを苦しませた。

石田　応仁というような時代の、大きなその区劃は一応よくわかるのですが、折口先生の『古代研究』においては、もう少し古いところに手がかりをいくつかお考えになっておられるのではないでしょうか。あるいは文献以外でも。

折口　それはフォークロア風なものも、はじめから考えてみると、エスノロジーの領分に入っていくのではないかと思うものがずいぶんあります。もう一つ天つ罪、国つ罪というようなものも、あれは結局中心問題は、結婚等級で、結婚等級に入らないもの同士が結婚すると、国つ罪の禍が起ってくる。それなどもエスノロジー風に解釈していかねばならない。だからそこらになると、われわれのしている方法の一部分はエスノロジカルになっているのではないか、というように思っています。

民族学から得たもの

石田　それでは、司会者のほうから質問さしていただきたいのですが、この前の雑誌の座談会でも、エスノロジーのほうでああいうふうに利用されました材料がほとんど大部分、柳田・折口学の恩恵というものによっているとはっきり申されている。日本のエスノロジーという学問の発達の歴史をみましても、日本の国内で柳田先生が先鞭をつけられたフォークロアの研究が大きな刺戟になっていたと思う。同時にまた一昨日のお話で、あの厖大な『台湾蕃族調査報告書』を柳田先生も折口先生も、すでに大正の末年時代に読破して、いろいろヒントを得ているということを承りまして、今日エスノロジーに従事しておりますす私どもは、非常に忸怩《じくじ》たるものがありました。私をはじめ今日のエスノロジストのはたして幾人があの『台湾蕃族調査報告書』をよみこなしているかと省みれば、非常に心細い気がするので、先輩の先生方が学問のためにいかに努力されてきたかということをしみじみ感じさせられるのであります。今日はエスノロジー対フォークロアの問題に関連して、次に一つ、柳田先生、折口先生が学問をここまでうちたてられました助けに、エスノロジーという学問がどのくらい刺戟となり、また役立ってきたかという回顧談をきかしていただきたいのです。ひとり『台湾蕃族調査報告書』ばかりでなく、フレイザーやタイラーの業績などからも、暗示を受け、成果をとり入れられたことと存じますが、そういった思い出をもう少しおきかせ願えませんでしょうか。

柳田　私が陶酔するような気持ちで本を読んだのはフレイザーの『金枝篇』The Golden Bough だけです。『旧約聖書のフォクロア』Folklore in the Old Testament なども、新しい印象であったが、三分の二まで読んで後はまだ怠っている。あの人のものは今ふり返ってみると、注意力が非常に行き届いていて、結論が簡明直截でないのも貴とく、すべての小さな事実を粗末にしてはならぬという考えを養いえたのは、これはまったくフレイザー先生のおかげです。南方熊楠《みなかたくまぐす》氏の非凡さは、もっとまとまりがつかぬようだが、ともかくも国際的の一致、民族相互間の共通性というものがこんなにあるものかを考えて、終りにエリオット・スミスらの説にも、耳を傾けるようになった。時間が足りなくってドイツのものを読んだのはずっと少なく、日本の民俗学にもしもドイツの民族学者の影響が少なかったとすれば、それはわれわれも責任を分たなければならない。読んでいる人があるとは思うが、私がフレイザーを読んだような熱心さでは読んでいない。むしろ多くのえらい人の、違った説を並べて見なかったのは、気が散らなくてよかったと思う。しかし閑になったら読もうとして、買ってある本もあるのですが、もう早間に合わなくなりました。

石田　折口先生もフレイザーをお読みになったことを承りましたが。

折口　私は柳田先生に訓《さと》されて、『ゴールデン・バウ』の「コウン・スピリット」の部分を買ったものがよみ切れないでぐずぐずしているうちに、翻訳したものが二十何年たって出ました。

柳田　しかし「土俗と伝説」などに、一部分ずつ自分で訳して出していられる。

折口　柳田先生が「人類学雑誌」、「考古学雑誌」にお書きになっている時分に読ませていただいて、不思議な学問もあるものだと思いました。とにかく他の学問との違いを感じていましたが、その中に先生のいろいろな書物を拝見することができ雑誌も出てきました。その中から自分らの知らない態度も発見さしてもらって、後からぼつぼつついていくというくらいのことでした。私はフォークロアのほうは、あのむつかしいゴムのHandbook of Folklore——先生の外遊の記念に買って見えたのを、苦心してだいたい読ましていただいたという程度にしか、外国のものはよんでいませんが、その傾向のあるもので確かに影響をうけた本は、一冊読んでいる。メレジュコフスキーの『神々の死』です。普通ならば歴史のほうからの影響を受けるはずなのですが、あれは不思議にフォークロア風な刺戟が働く本でした。

柳田　『背教者ジューリアン』なんかと三部作になっていましたね。あれはずいぶんはやって大ぜい読んだものだ。私も読んだのだが、割合に影響を受けなかった。

折口　もっと早く読んでいたらよかったと思う書物は『嬉遊笑覧』。残念なことに、どういうわけか、学生時代がすんで、やっとしてから読んだので、影響はうけそこないました。

石田　アイヌについては早くからご注意なさっていらっしゃったのですか。

折口　金田一京助先生とは、学校で教わらない前からのお知りあいで、ユウカラの話などを聴いたのは、学生時代だったと思います。

石田　沖縄の研究はいつごろからお始めになりましたか。

柳田　大正何年だったかな。

折口　大正九年か十年でした。

柳田　金田一君はたしかに影響を与えている。本以外と練習法としては、日本の民俗学を起すのに、あんなに細かく民族を民族としてみようとしたものは、伊波・金田一、二君の足跡を追うてアイヌか沖縄を考えるよりほかはない。われわれの頭には日本は大きすぎた。

原始形態の復原について

石田　それからエスノロジーのほうの比較研究の問題に関連してうかがいたいことは、たとえば言語についていえば、日本語と周囲民族の言語とを比較するといっても、日本語は何千年かのあいだに変化を遂げていますし、周囲民族の言語もやはりそのあいだに変化している。これら変化したもの同士を比較して、それで古代の連関を論じたところで学問的に成り立たないのではないか。私たちが比較研究という以上は、そこにいったん原始形態に遡及して、たとえば母音調和の行なわれたころの形を日本の国語学のほうから復原してこれをアルタイ系諸語のやはり古い原始形と対比するところに意味があると思います。この原始形態への遡源、それは言語にかぎらず、民族学全般においても重大な問題になるので、日本民俗学自体にあっても、この問題をこれまでいろいろお考えになって、その方法論なんかもいくつかお書きになっていられると思うのですが、その結論的なお考えについてきかしていただきたいのでございます。

柳田　これには二つの方法がある。折口君がやっている方法と私のやっている方法とが違う。私のほうはあるいは廻りくどすぎたかもしれないが、日本の国土がこういうふうに、非常に地形の差、したがって開発段階が細かに分れる国であるということを利用したわけです。ですからすべて全国に共通していながら、少しずつ程度の違ったいくつかの生活事相を並べて、その間にこれとこれとが、どっちが早くはじまったか、最初に実は同じものだったのが、分岐してこうなっただろうということを証明しなければならない。その次にこのほうが古くてこのほうが新しい、ということを、あらゆる方法をつくしてきめようとする。これが古いという断定を下すには、古来の文献に書いてあるものと合えばよいが、合わない場合でもだいたいの目安になるものはある。たとえばわれわれがいちばん問題にしているのはヒモロギですが、神道家の多くはヒモロギはわかったようにいっているがそれは心もとない。ヒモロギは言葉の起りも実はわからない。以前のヒモロギがことごとく絶えてしまったか、あるいはなお民間に残っていて、名だけ用いられなくなっているのか。名だけの改まる場合は多いから、私たちは一応は残っていると考えるのである。そうすると古く存在する祭祀方式の中で、何か神籬という漢字を宛てても、さしつかえのないような土地の一区劃はないか。またヒモロギのキは木らしいから、何か樹木を利用して境を劃したものはないか。というふうに気をつけている。つまりは前代の記録と照らし合わせて、少しも矛盾を感じないいくつかのものを並べ比べて、一応はその中に隠れているものと推定して、だんだんに古い形に近づいて行こうとするのである。活きているか死んでいるかという言葉を私はよく使うが、それが現在の信仰行事の一部を成しているか、また単に遺跡として発見せられるかという点も一つの目安で、金石土器の類でなく、樹木がもしヒモロギであるならば、活きていなければ今までは残らぬだろう。だからいちだんと捜しやすいのである。言葉の上からでも証明はできんことはないが、名称はよく改まるから、私たちはこれを主なる証拠にすることを避けている。偶然に証拠だててくれればいいくらいに考えて、むしろ神籬と書いてヒモロギと読んだうぶな形から遠ざからないものに、気をつけているのがよいかと思う。サカキは阪樹とも書いて、境を標する木の意味だろうということは古人も説いている。現在は枝を折ってやがて枯らしてしまう祭のみ多いが、もとは移すにも根こじて栽えたという例が稀でない。そして対馬の竜良山とか熱田に付属した某の森のように、古い榊《さかき》の林叢は今でも処々にあり、殊に榊を今の木に限らなかったものとすると、年経る神の杜《もり》の多くはそのヒモロギだったとも言えるかもしれない。これとよく似た信仰の様式は、どこまで四隣の民族に行なわれているかがその次の問題になる。そんなことを探すとエスノロジーに束脩《そくしゅう》をもってはいっていかなければならないが、これが少しでももしわかってくれれば、日本における霊地思想の起りは古く、またどの程度にまで原始形が残っているかということが、実物によって今でも証明できるわけである。わが国の文献記録などは、千数百年前のものが若干と、他には最近百年と少しの期間に、法外に多量に出現した甲論乙駁の集積があるのみである。そんな偏した資料で、過去一千年の経過が、説き尽されているように思うのが誤りだ。近隣の民族との類似があろうがなかろうが、たいした違いはないと言えるのかもしれないが、ここだけにしかないものだと考えるといよいよ解説が放縦になりそうだ。似た習俗が他にもあるということを知れば、だいぶこちらの気持ちが違う。

石田　折口先生もそういった原始形態への遡及について、方法論的にやはりいろいろお考えになってきたことと思うのでございますが、何か少し……。

折口　私のは非常に悪い方法で、先生にしばしば叱られたわけですが——こんな話は、学問にはなりません。単に愚人の懺悔《ざんげ》たるにすぎません——論文をせめられて仕方のないときには、濫書狂みたいになって書いたのを渡しました。民俗学に関する情熱の盛んな時代には、コカインがあれば書くというようなことで、書くときは四十八時間くらいつづけて書いた。その後興奮がばたりと絶える。そのあいだに滅茶苦茶に書いた。そうした書き物のうち、理屈にかなっていると思うようなものを出しました。そうでない捨てたものがたくさんあります。だから滅茶苦茶な方向から偶然筋の通ったものだけを出したわけなんですが、しかし中には、筋の通っていないものがたくさんあります。書くときの方法は悪いと思いますが、書いた後で方法がかなっていて、結論がそんなに間違っていないというようなものも、少々はあったわけなんですが、なんせそんなことをしていたため、そのあいだ身体を動かすのがいやで、いちいち引用書を調べに立つことができませんし、頭に覚えているだけ限りの知識によったのです。頭に覚えているものがそういう状態になると相当に出てくる。勢い、思い違いや、入りかわりなどがあるが、まあいくらでも出てくる。潜在しているものが出てくる。そんなことで書いているということは、神がかりみたいなものので、恥ずかしいわけですが、それをいくらか、後で選択したというわけなのです。そういう習慣がなくなって書けなくなりました。

科学と直覚

柳田　実際ひどい状態だった。あれはほんとうにあぶなかった。これは民俗学とは直接関係のない問題だが、東洋にはある程度発達した直覚というものがある。それがどういうふうに学問の上に利用されているか。折口君は幸福なくらい直覚のよく当る人だが、当らない人がおりおりそれを真似することもある。そこでルールを作っておかなければならないと思う。その点はいつかお話しようと思っているが、直覚はしばしば推理の煩労を省いてくれるが、それを学問に利用しようとするには、だれにもあてはまる方法を使わなければならない。すなわち直覚でかりにまず結論が出たにしても、そのあともういっぺんそのほうに相反する事証のないか否かを確かめるようにしなければならない。私の見たところ、ヨーロッパの学者にも、アントロポロギーにしばしば直覚を使っているのがあり、中にはとうとう証明せずにしまっているものもある。したがってまたミスがある。しかしこのくらい複雑な機構になっている学問の推理過程を、全部ノートにとって論文を書くということは非常に困難なことで、殊に年を取るとその労を吝《お し》んで私などもときどきは人の信用を濫用し、仮定説をそのまま提出してしまうことがあり、後ではすこぶる気がとがめている。

石田　それは西洋の学者も問題にしているところです。眼の前に全部の証拠が並んでいて手に取ってからでないと物が言えないというならば、ほとんどすべての学問が成り立たないことになる。どうしてもそこに創造的な直感力というか、あるいはファンタジーというか、そうしたものが大きな学者ほど働いているように思います。そこに何か考えてみなければならぬ点があるのじゃあないでしょうか。

柳田　ましてこれは東洋人の一つの長所なのだ。それを失ってしまうようだったら、ほとんと民族としての存続も怪しい。貴重な点からいったらこれくらい貴重な能力はない。だからそれがいつでも健全な効果のみを収めるように、将来の研究方式を確立しておく必要がある。いわば日本民俗学の成長のための、これが大切な要件のようなものです。

石田　その一面、折口先生の直覚がよくお当りになるというのは、自分で意識されないでも、その直覚の基礎に非常に厖大なダーターが横たわっている点にもあるのではないでしょうか。

柳田　この人を前においていうのも失礼だが、折口君の場合はわれわれの読み方とは違う。読むときに本を二重に読んでいる。ノートにとらないけれども二つの入口から本の内容が入っている。ぼくらはかえって抄録をするので、注意がやや片よるきらいがある。それを折口君はいっぺんよむと無意識に直覚と一致させている。ただ単純な暗記や保存でなく、自分の素質みたいなものに変えてしまう。多くの学者はそうでしょう。殊に物理学なんかも、あれだけ直覚が役立っている学問だから、たぶん人の書を読む前から、直覚をする資格ができているのであろう。したがってこの癖を捨てるわけにはいかないのであろう。ただ自分などは、折口君がそれを盛んにやられるから、いくぶんかその逆を行こうとする姿があるかもしれない。

石田　柳田先生の学問にも非常に大きな直感と、雄大なファンタジーが働いていると思います。

柳田　せいぜいそれをしないような表現をするのだが。

石田　それをしないように、われわれには教えておいでになりますが、しかしどんな学問でもそれをとってしまえば死んでしまうような気がするのです。

現実へのつながり

柳田　折口君は直感が早過ぎるが、私はそれを東洋人の長所だと思う。これをほったらかしたり、かたづけたりしないほうがいい。ところで、古いものにたいしてあなたは非常に正確な解釈をもっているのだが、それが現在まで伝わっておるか、伝わっておらんか、伝わっているならばどうして伝わったか、変ったならばどうしてどこが変ったか、その解説にも少し力を入れられたらどうかと思う。よくあなたは感じたと思うが、万葉人の生活は非常に明るい。万葉人が鎌倉人・室町人になるために、何をどうつけ加え、また取り除いたか。あなたは国文学をやっていて、社会観や倫理の問題にどうして心を惹かれないだろうか。もしくはやれといって若い諸君に勧められないのだろうか。だいたい学問のいちばん大きな楽しみ、収穫というものは、今よりもいっそう人間が利口になることだ。今も利口だからもっと利口になることだ。それをするためには現在のものとつながらないと人をただの物知りにしてしまう。そこのところが私どもの気になる点ですが、あなたはどういうふうに考えておりますか。

折口　これは困りました。今までお話のあいだじゅう、反省しつづけていました。何かにつけて深い思い入れで、小さな動機までも、見落さないように見てやろうという御心に感謝せずにいられません。普通の生活態度というとおかしゅうございますが、学問以外のことですと、事実そんなところがあるようです。学問のほうでは、割合に私は現在——というより近世くらいのところでしょうか——そこからつなぎ過ぎる、あまり古代や中世が、近代とつながり過ぎています。これは自分でいちばんよく知っている弱点で、不自然だと思うことがよくございます。そのために近代までくだらずに中世くらいできっておくことがあるわけであります。何か反省のために水をさされるわけでございます。殊に国文学をしておりますものは——殊に私より若い人を見ると、いっそう自分自身ひやりとするのですが——まるで高等学校教員の検定試験を受ける資格をつくる人みたいに、何でもかでも脈絡なしに知っている。それが私にも濃厚にある。これがいやなものですから、古いこととか、中世初期とかというところで、上からのつづきをきってしまうというような形をとっておることになるのだと思います。この学問のほうでは、逆に近代から中世までくらいは、どんな場合にも関連させて、その考えを根柢に持っていなければならぬように思うのですが。

柳田　あなたはあまりそのことを言わないですね。

折口　いいえ、教場では相当にいいますが——書くことがおっくう、殊に議論をすることが、おっくうでして。こういう性格は、近代学者の資格に欠けているものです。

柳田　文学は表現ですから、連歌師が『源氏』にとったり『古今集』にとったりするように、古代の表現を背中に背負っているので、それを自分が作った世の中のように考えるものが多い。無意識にはたしかに背負っていながら、背負わないような気持ちがある。ああいうものは今日殊にはげしい。君らの思ったりしたりしていることは日本人だからそう言いそうしているのだ、日本人でなければやれないことをしているのだ、ということを反省させる必要がありはしないでしょうか。殊に国学院の人に教えるときには。

折口　国学院の若い人たちは、どうも新しいところを対象にしたがります。私たちの時代になりますと、もう学生の疑問が私の友人たちには受けきれないほど複雑になってきています。それで趣味の雑然とした私がそれぞれの解決に当るわけですが、明治・大正・昭和まで引き受けなければなりません。

柳田　私などの考えないことで、あそこで考えなければならないことは、いかなる方法でなりと国にたいする見方を統一しなければならない。私はもうあまりそういうことに働かれないが、もう少し積極的に動いてもらいたいと思う。

折口　何も色がない、国学院は何でも聞きすぎる学風に変っています。これは明治二十年代三十年代にしたことを、反省するようになったからだと思います。

歴史的と現在的

石田　柳田先生の学問には、最初から経国済民といった古い言葉で現わせるような、現代および未来への役に立つ学問という首尾一貫した大きな目安がおありになるのだろうと考えるのであります。これはエスノロジーのほうとも共通した問題ですが、一方において現代および未来に何らかの役に立ちたいという学問の欲求と、他方では直接の実用というようなことは一応離れても、人間自身の古い姿に向って、遠く深くさかのぼっていくということ自体も、われわれの世界観を拡げる大きな意義があるものだというような気持ちから、古いところへ古いところへとできるだけさかのぼりたいという一つの行き方とがある。いってみれば歴史的と現在的、この二つの学問的関心が民俗学・民族学を通じて大きな二つの流れをなしていやしないかと思います。この前の座談会「日本民族＝文化の源流と日本国家の形成」というようなのは、むしろ歴史的な方向への関心の現われで、われわれの現在の問題と直接結びつくというわけではありません。ところがこの二つの関心をば学問的に何か一個の体系に綜合統一することが可能であろうかどうか、もし可能ならば、その綜合の契機となるものは何か、というようなことを、私どもは絶えず考え悩んでいるのでありますが、やはり柳田先生や折口先生も、そういう問題はお考えになっておいでのことと思います。どうか一般的な問題としてお話を承らしていただきたいと存じます。

柳田　世の中が江戸時代の中ごろのような太平の時代ならば、学問は高尚なものとして、よかろうが悪かろうがおれにはわからないがこうしか言えないのだということがいえるけれども、なにしろ現在の苦悶というものは、何かの方法で抜けなければならない。学問もいわゆる象牙の塔から降りて来なければならないときだ。現在の苦悶の原因を解説してくれないような実用にならない学問は駄目だということを、前からもいっていたが、今日は殊に痛切にそれを感じている。敗戦の原因などは、静かに寝ていて考えていると、もう少しばかりでも、智慧が国民に多く与えられていたら、もう少し反省していたら、こうまではなるまいと思う場合が何べんでもある。気をつけてみると、日本で常識などというのは、凡庸愚鈍の別名のようなもので、時代の学問によってちっとも新たに養われていない。毎日の生き方と考え方、ないしそれに伴う疑問の解説だけは、せめて配給の程度に、これを入用ある人に頒《わか》つようにしなければ、普通教育などと言っても名ばかりで、人は依然として境遇のしもべとなってしまう。しかも人生の苦しみは多くはこの必要なるものの欠乏からきている。もっと学問の実際化、すなわち常識の培養に力を入れるようにと、今まで首唱して来たのはそのためであります。もちろんこれには反対の議論、反対の立場のあることを十分に予期している。現にわれわれの先輩の中にもそうでない人が多かった。自分らの意見だけに、一色に塗り固めてしまおうと思っていない。たまたま興味の中心を中世もしくは上世においている人があっても、その人の研究の獲物を、こちらで利用するようにすればそれでよいので、個々の学者は責められない。現に折口君などの今のような行き方が、あるのとないのとでは、民俗学の進むうえに大きな影響の差がある。よもや古代史ではそんな事実までは証明することができにくいと思うようなことを、いともやすやすと折口君は証明している。このごろになってからもたびたびそれに出くわすけれども、私自身としては昔の学問の型を追っているためか、実は解釈に行き詰まるようなことがまだ多かった。本居先生などはこうよりほかに読みようがない、解しようがない、だからこのとおりのことが昔はあったものと思うべきだと、半ば宗教的にはっきりと言っていられる。この直覚のみは、私にはついて行けなかった。昔の人だって見違えたかもしれない。書き違えまたは言いそこないがあるかもしれない。少なくとも後世われわれの抱くような不審を、あらかじめすべて答えておこうとはしなかったろう。こういうふうな概括的な不信用を、自分が責任のない地位にあるために、今までは抱きやすかったのである。だから折口式の直覚は、私らには大きな啓発であって、さきにも何らかの欠漏がありうるように、こちらにも当然の誤謬がありえたので、いよいよもって断定に余地を残す必要を痛感するのである。古代から近代へ降りて来るやり方と、今を足場にしてもとへさかのぼって行く研究態度とは、二つは両存しえられ、また双方の出合いが、胸ときめくばかり楽しいわけである。

石田　両方がぐっと手を握り合う問題、その問題が特に民俗学にはあるのではないでしょうか。

柳田　私が実際問題として今一つ苦しんでいるのは、近世史はすでに明らかになったように言うが、ほんとうは狭い片はししか知ることができない。たとえば維新の改変とからみついた事項、明治の財政や外交の変化などは委曲を尽しているが、それ以外の大きなカレントになって国民のあいだを流れていたものが、どう進路を変えて今のようになったか、まだだれ一人詳しく述べうる者がない。ひろい意味の近世史というものを、もういちだんと正確にすることが、やはりフォークロアのいちばん大きな任務じゃあないかと思う。神社神道はどうなってゆくか、またいくべきか。日本の国語はどうすればよくなっていくか、というような問題から、もっと漠然とした戦の後の大衆の不幸、多数の女や子供の悩みをどうしたら明るい安らかな時代に直せるかの問題に至るまで、あまりに現在は疑惑が多い。それを学問は学問、世相は世相というように別々に考えることができない。源にさかのぼって流れを澄ましめるようなよい思案が、この近世史のフォークロリックな考察から得られるのでないと、なんだ無用の学問と軽しめられても、抗議ができぬような気がする。

石田　折口先生はどういうようにお考えになるでしょうか。

折口　今のお話の古代とそれから現実との関係ですが柳田先生はご自身の中で二つが握手しているわけですから、われわれがはっきりと向って行くべき方針がそれで示されていますが、ただ個々の性癖というより、それだけ拡がっていくべき才能があるかないかということで、私などの場合は現実のほうにたいしてはたちおくれている。先生のおっしゃっていることには一つも異論はないわけですが――ただ、自分の最も庸劣な性癖をかえってすがりどころにしたような形で、研究をして来ました。よくとんでもない結論ばかりに行かなかったことだと胸を撫でます。だが、そうした先生の行き方が、私を牽引してくださっていた。そのために結論が悪傾向に陥らなかったということになるのだと思います。――時にあることとですが、このごろも、どこかで、柳田先生にはモラルがあるが、あなたにはモラルがないねと言われました。それは私は困るが、きっとその人は、現実にたいする態度、延いては、当来にたいする憂慮を持ちそうもないという点をつかまえて言ったのではないかと思う。私のやってきたことは、そこがディレッタンティズムなのだということになるのだろうと思うのですが、私はまるまるそうとも思われない。ただ何か、どの方面かに重要なものがあって、後は享楽というような傾向に向っていることになっているのではないかという感じがするのです。雑多な学や非学に興味を持ち過ぎる。いろいろなほうにふれている。そのどれが享楽で、どれが本務だということを言う勇気がない。だから、たとえば民俗学にしても、私の行き方は、もっと近代から現実まで出てこなければならない。だが、じれったいほどそこまでいっておらない。確かにその点では、もういっぺん努力しなければいけないと思っています。そういう行き方が、私の特殊な行き方だと守るわけではありません。

石田　その一面これまでのフォークロアの中に、中世および古代に密接につながるもののあるのを痛切にお感じになっているわけですね。

折口　それはあり過ぎるほどあります。われわれの見る古代は、それ自体、静かな整備した状態に近い。時代が進んでしまって、整理がついてしまって、ごくわずかの材料が非常にきちんとした形で残っている。それに反して、もっと確かにつかむことのできるはずの近世のことは、とてもそんなに簡単にはわからない。整理せられていない。実に学者を待っているものが、雑然と多過ぎるほどにある。それが、大きな距離をつくってまいるわけでしょう。

柳田　上代なり中世なりの社会相は整理せられて現われているに違いない。それから人間も単純であったかもしれない。実に背中でもなぜてやりたいような美徳を、多くの日本人が溢れるほどもっていた。それが現在においては現われない、何か新聞で美談などを書いても、後味が悪くてほんとうにしんから感ずるような悦《よろこ》びがない、昔はよかった、以前の状態はなつかしい。日本人は素直であったが、今は素直でなくなった、というような感傷的な批判はたくさんあるのですが、それを何とか、ほんとうはそうじゃあない、今でもあるのだが埋もれている、見ようが悪い、見当が違うというように、古代人にたいして理解する力をもって、現代人を理解してやるということはできないものか。われわれが問題にするのは、自分らと同時代の人だけだろうが、毎日の新聞をみても気持ちのいいことはめったに書いてない。こういう中からでも日本の古いもの、われわれのいう日本人らしいというものが出てくるものか、世が改ってとうてい出せなくなったか。いわゆる文化のパターンがある新しいものに移ったのか、またはただ一時的にこうなっているのか。それだけは民俗学によって明らかにしてみたい。

折口　今の民衆は、確かに平静な心で生活しているのではない。確かに平時には「悪」に倚《よ》った意識を改めることなく生を営んでいる。美を好むのと同じように、これをふり棄てても、生きて行ける時期が、もうそこに来ている。これだけのことがあって、それでも今の「悪さ」は、数年時を経れば、必ず移ります。つまりもっとよい生活の型を思い浮かべてくる時が来ます。今こそこんなふうで、まるで戦国時代の生活の型に入っているが、すぐまた古い生活が戻ってくるのじゃあないでしょうか。もちろんもう昔のままの幸福な古い型というわけにはいきませんが、存外平凡なモラルに落ちつくことになるのではないかと思います。

柳田　以前の田舎の村々の社会生活は、お互いに見えている隣り同士の生活だった。しばしばいい村と悪い村が並んで、その村だけの水準を保ったまま割拠していた。ところが現在は割拠できない。大東京は一人一人の寄合だ。しかしこの時代になってもまだ古い時代の習慣を残して、これは世間並だから、人並のことをしているのだからさしつかえない、みんながこういう悪いことをするからいわゆるご多分にもれないおつきあいをするというのが私は不幸のもとじゃあないかと思います。そういうふうだから、時代がすぐ悪くなるのだということをといて、いくらか反省させ警戒させることができるのではないか。つまりまだ学問がほんとうに学問の機能を果たしていないのではないかと思う。いつもこの研究所で問題にしているのですが、社会科の役目がおそらくはそれだ。社会科は今のようにきれぎれに事実を教えておっても意味がない。これをほんとうにこう見られる、考えられると、どの土地でも具体的に、教えることができれば非常に効果がある。それは必ずしも日本民俗学の仕事ではないが、そういうことのできる人を、多くするようでないと、この学問もただの道楽にすぎないとはいえる。

『菊と刀』の問題

石田　今、文化の型という問題をお出しになりましたが、さっきもちょっと出ましたベネディクトの『菊と刀』ですね。日本の学者よりも先にこうした形で提出された研究、これは日本民俗学にせよ、文化人類学にせよ、そういった学問にこれから取り上げねばならぬ根本問題になってくると思うのです。われわれ日本民族の心意、行動、倫理というようなもの、それらを規定する力がいったいどこにあるか、またそれらがどういう構造において日本民族の文化を形造っているか、そういうことこそ、また日本民俗学の当面の大きな課題ではないでしょうか。柳田先生なんかの意図なされている学問をお進めになってゆくうえに、そうした問題についてもやはり現在いろいろお考えになっていると思いますが、何かご感想を承りたいと存じます。

柳田 日本人は新しい言葉が好きだ。だから今にパターンという言葉がはやるだろう。しかしこの外人の批判を利用するには、まず自分のエスノロジーを持たなければならない。あの本は思いつきが非常にいい。ほとんどわれわれの気づかなかったところを、ひょっと言っていることを感ずる。しかし遠慮なく言えば、今日までのエスノロジーの弱点をやはり受けついでいる。文化人類学全般の弱点として、あなたもさっきいったように起源とか、由来とかいうものには重きをおくが、近世史を粗末に取り扱う。今度の本にも現われているが、江戸時代のロマンスやある時は中世の記録の断片を使って、維新以来の日本文化の型をきめ、これがこの民族の本質だと言おうとするのは、われわれに歴史の興味を失わせ、未来への努力を鈍らせる懸念もあるから、実は少々迷惑な話と言わなければならぬ。しかし正直なところこれは初耳で、新しいという点に意味がある。はたしてどの程度までそれが当っているか。その方向に向ってもう一度、日本人自らも考えてみたらどうかと勧告をするのも、われわれの学問の役目じゃあないであろうか。あのまま受け入れてどこがいけないかというと、それは態度でなく方法、または資料の集めようである。綜合せられたとびとびの事実が、私らから見るとひどく片よっている。二百年も昔の文芸作品とつい眼の前の最も平凡な数々の行動や言葉と、くくり合わせて見ても、古今を一貫した共通の特色は出そうもない。そのあいだに受けたわれわれの外からの衝動が、非常に大きいものだったからである。人口の数一つからいっても、外部、外国との交通を考えても、かなり大きな変化だからである。いわゆる他山の石として考えてみることはよいが、あのまま受け入れられては困ると思う。

石田　そうしますと、方法よろしきをうれば、ああした行き方も当然日本民俗学に取り容れられてよいとお考えですね。

柳田　その前にまずパターンは不変なものかどうかを決しておきたいと思いますね。二千年もつづいていた国としては、どうしても恒久不変なものがあるとは考えにくい。時代の風《ふう》ならば親切な観察者があればわかるだろう。それも外から見た人にはどうしても見落しが多いだろうから、国内で自ら反省するにこしたことはない。どうかしてああいう公平な、精確を念とする書物の影響をうけたいものだが、ああいうものをみても、結局はわれわれがやらなければならない、というようになってくれればそれがいちばん好い効果であろう。この本は良心的だが、一言にして言えば少し知らなすぎる。アメリカ人からいえば、あれくらいたくさんドキュメンテイションをやっているから間違いない、これくらい注意力を均分しているから間違いはないと、そうみえるだけに危険が多いかもしれぬ。たとえば何人かの渡航者の自伝風の記録などでも、どうも国内に残っている大多数の経歴や感想を代表しないような感じがする。新渡戸・岡倉等の先輩の書かれたものでも、名文であろうがなおかつ一種の弁明にすぎない。要するにわれわれが自らやらなかった結果が、まだ当分はこの程度の解釈で辛抱しなければならぬことになったので、うそではないまでもともかくも全貌ではない。

石田　ああいう研究が日本人でなければ不可能だ、ということは断言できないでしょうね。日本人でなくても方法がよく、材料が豊富であれば、成功しうるのではないでしょうか。

柳田　最近の民俗学の収穫を見渡して、ベネディクトが動かされるようなものが出来ておったら、あんな結論にはならなかったと思う。少なくもわれわれの経歴を説くのに近世史を粗末にしているということは言える。それも本元がまだ未熟なのだから是非がない。考えてみると前途はなかなか遠いね。これを世界中、だれでも互いに知るというところまで持ってくるのは大仕事だろう。ベネディクトなどは実際熱心で親切で、びっくりするほども資料をよく集めている。芝居もみておれば、映画の解説も聴き、捕虜の気持ちまでも読んでいる。それでいてなお何か見落しているものがあるような感じが消えない。あるいは君の考えているように、これはカンドコロの問題なのかもしれない。

民族学文献資料索引の必要

石田　それでは未来の日本の学問のために、広くこういった研究を包括して、文化人類学的と申しますか、民族学的と申しますか、とにかくそうした方向に発展しつつある学問に向っての両先生のご注文やご希望、ぜひこれからわれわれ後に進むものにやってもらいたい、とお考えになる題目、そうしたことがらの全般に亘ってぜひうかがいたいと存じます。実はこの座談会をお願いしました目的の一つもそこにあるのですが、どうか折口先生から一つ。

折口　まず先生のお考えをうかがいます。

柳田　他の学問についてはは、ぼくはぼんやりしか知らない。社会学や倫理学についてはこうなればいい、ということも具体的なことは言えず、またなっているがと言われても疑うすべを知らない。すべての学問の傾向について注文するだけの資格はない。しかしエスノロジーだけには希望がある。その希望は日本民族学協会の人によくきいてもらいたいと思う。いつか前にマレットの放送記を読んでいて、思わず一人で笑ったことがある。イギリス人くらい民族学について本を書いている人間がいないのにそれを自ら評して too bookish（本ばかり書いて）という言葉を使っている。民族学は本で解決することができる問題でないにもかかわらず、あのような旅行国ですら本で民族学を識《し》る人が多いのである。日本人などは必然的にブッキッシュなのだ。一時は少しく探検のできる時代もあったが、もうこれでできないというと、これからはほとんど書籍だけで学ばなければならない時代になった。よほど上手に本を活用してもらわぬと偏しますよ。ラボックやタイラーの時代なら、本で簡単に学者にもなれた。あれから文献の集積は非常なものであり、しかもその半分はまだ渡っておらず、または所在もわからない。かりに何でも手に入るとしても、これを読んでしまってかかるのでは、一生は本読みにつかれてしまう。日本の国で民族学を栄えさすには、皆が互いに手伝い合わなければならない。あらかじめ知っておきたいこと、ききたいことにそうたくさんの精力を費さず、なるべく自由に、せめて四十になる前から、自分のしたい研究と思索とができるようにしなければならない。そのためには、どうしても今ある書物の知識を整理して、容易に利用しうる状態におく必要がある。整理ということは、素人が助けられることは素人に助けさせ、金で何とかなることならば金で助けさせる。ボタンを押せばそこのところが出てくるまでにはゆくまいが、できるだけ予備知識のための労を少なくしておいて前に進む。いくら英邁な人が出てきても、古人の書いたものを理解するだけで一生を老いこみ、またはそれだけで学者の職業が成り立つようでは、国としては実は何もできない。怠け者の口実には十分かもしれないが、読んでも読んでも後から本が出てきて、一生本を読んで暮らしてしまったという人が多くては、ただの消費文化である。そうでなければ勉強をいい加減なところでやめて、やや当てずっぽうなことを、成るべく素人の方に説くようになる。それをしなければならないあいだは民族学が進むことがない。もちろん協会でも十分に共同研究の実を挙げるだろうが、もしそれで足りないとならば、国家に助けさせるべきである。あるだけの本を整理分類して、エンシクロペディックの作業を外部から助けるようにするのほかはない。そうすることがどれだけ効果があり、また有意義であるかを説くのは骨折りであろうが、それによってめいめいの表出力、同時にまた社会人の真の常識を磨き上げることもできると思う。民族学の分野は、日本民俗学が足元にも寄れぬほど広い。今もって調査の届かぬ区域も大きいうえに、だれかには知られていても、われわれにはまったく気がつかぬことが無性に多い。そのためにに学者の説は偏し、一つの題目がいつまでも明らかにならないのである。記述の学問にはもう一つ奥がある。二つのミンゾク学は末は一つになってしまうことが私たちの夢であるが、今のまんまではそれがいつ到達しようか。年をとった者は特にこの前途の見込の立たぬことをもどかしく思うのである。聞けば理科系統のいくつかの学問では、もうこの文献の索引はよほど進んで、学者のむだな労苦はよほど救われているという話だ。フォークロアのほうでも明治初年まではさかのぼって、やがてはこのインデッキスの見込は立っている。ただお隣りの民族学が、正直なところまだテンヤワンヤの状態にあるのだ。二つの学問が各自の国において、互いに助け合いうるような状態が、やがてはきっと来るという目当てだけでも、せめて確かめておいて安心をしたいものだと思うがどうですか。

石田　東亜の諸民族については、私どもが学士院の東亜諸民族調査室でそれをやろうということで整理していたのですが、その文献索引や民族百科辞典の大半を終戦前に焼いてしまいました。三ヵ所の印刷所に分れていたのが三ヵ所ともやけたのです。

柳田　国会図書館では何でもかでも本なら集めるという話だが、ほんとうだろうか。ただ集めただけでは国は賢くはならない。何か定まったいくつかの中心点をおいて、あそこに行けばこういう研究はできるという本をもう少し用意して、民族学のように文献のあまり豊富で苦しむ者を救うという方向に進んでもらいたいものだ。まだ創業日が浅いから、民族学のことまでは考えつかぬかもしれないが、本がない本がないといっている一方には、本さえ読めば偉くなるというような空想もある。困ったことだ。

学問におけるモラル

石田　折口先生にも何かエスノロジーへの将来へのご希望というようなことについて、ぜひ承りたいのでございますが。

折口　私などの対象になるものは、時代がさかのぼっていくことが多いので、エスノロジーと協力しなければならぬ。一国文化の中にも、エスノロジカル・フォークロアとでもいうべき形がある。つまり、フォークロアの対象とエスノロジーの対象とが、一つになるのです。これを時代で言うと、エスノロジーで行くべき境に到達し、さらに他領域に入りこんでしまうことがあるのです。それで私などはとりわけ、民族学のお蔭も蒙らなければならないのですが、全体として、民族学ばかりではない、日本の人文系の学問全体の上に感じることがないわけではありません。書物がたくさん出るが、人気のある書物は、やはり宗教的であるとか、人間の愛を書いた本が売れる。だが、何としても、根柢に「訴え」の精神を持ったものが喜ばれる。神を弱い声でいたぶってるような書物をよく見る。ほんとうに、神が、救いの精神を披瀝したようなものがない。根柢から日本人を創り直してゆくといった、日本人を「永遠」と向い合わせて、姿を見させるという精神はないようである。われわれの持って来た書物の欠けているところは、根本のモラルが欠けていることである。学者の学問でも、モラルを感じて心が清まるような書物が多く出てほしい。それは何も倫理書が出ることではない。日本人の学問を創り直す精神を持った書物が出ればよい。しかし根本としては研究の態度が問題でしょうが、それには調査報告といった、だれかが委嘱したという形をとってもらって行なって来た従来の学風は、改められなければなりませぬ。民俗学のほうは、まだ完全に大学の学問になっていないために、刻苦の精神を持ったものが多いのです。ところが、あの調査報告を整理した研究論文、これが研究や考察を重ねて第二論文第三論文と大きくなっていっている。こういう立場を取ることの多い人文科学者は、よほど注意してもらわぬと、単なるふところ学問になってゆく。民俗学では、日本人のモラルということを、痛切に考えねばならぬし、また日本人のもつモラルのよさをば感じさせることは事実であります。柳田先生のことをさきに申しましたときにふれましたように、それがきっかけになって、他の学者たちの研究にも、それが出てきてくれれば、日本人がどんなに幸福になるかしれないと思います。殊に大学などというところは、今みたいになってしまいますと、民間の学者が学問をしているのと違う。従来はその歴史性あることによって、品位が自らあった。この品位とは何かというと、結局は、道徳的な品位だと思います。近ごろそれがだんだん失われてくる傾向がありますが、どうかここでもう一度、クラシックな学問——クラシックといいましても、さきに問題になったような意味でなく、何か心を洗いきよめてくれるような、クラシックな学問——が続出して、学問に深くなるほど、学者が倫理的な光りを持つというふうになりたいものです。学問がそういう傾向を著しくして、日本人の学問がもとに帰っていってくれればいいと思います。その点でまだ大学にたいして望みを失いません。そんなことの手始めにといいますか——何やら、結末をつけるための話みたいになりますが——そうした意味において、民人の古典を研究する民俗学などは、大いに反省せられてよい学問なのです。歴史なんかは、かつてはそういう例の学問として働いたのですが、今ではそうきまりません。極端な諸否両派が出て、その古典的な立場を覆してしまった形すらあります。こうなると、歴史代りに省られるべきものは、民俗学以上に適当なものはありません。そういうことを準拠とすることが、結局日本のフォークロアをば、ほんとうのものにならせる途だ、ほんとうのただ一つの途だろうということを感じます。そうすれば、柳田先生の四十年に亘ってなされた努力ということも、正しく嗣《つ》がれてゆくことになりそうに思います。たいへん抽象的でございましたが、このへんで……。

石田　それでは、二日間に亘りまして長いあいだこれだけ熱心に、有益なお話をおきかせくださいましたことを、司会者といたしまして厚く御礼申し上げます。この座談会は、雑誌「民族学研究」に一回もしくは二回に亘って掲載さしていただきまして、これから先の学問、殊にエスノロジーの学問をやる人びとへの貴重なご教訓にしたいと考えている次第でございます。一応ここで閉会しましてのち、大ぜい傍聴にお出になった方からのご意見やご質問を、少しくつろいでしばらくの時間述べていただいたらどうかと思います。どうもありがとうございました。

（「民族学研究」昭和二十五年二月）

Ⅲ 村の信仰——私の哲学

幼ない頃

私の生家は神主をしていた。それも世襲の神主でなく、元来医者であったが医者は流行らないし、三十前後から時代にうながされて国学をやった父は、明治初年に私塾と神主をして暮しを立てたのです。すなわち、いわゆる三大人(真淵、宣長、篤胤)の影響を受けた人でした。従ってそういう側の人が多くするように歌をやりました。はっきりとは記憶していないが、私は小さい頃、これが当り前だと思って感化を受けていたものは神道だろうと思います。

ただ私の家は世襲神主の家のように自分に関係の深い社というものがないから、その点かなり違いはあったと思います。神様についてはいろいろと聞いてはおったがその理論的なものはわからなかったから、大きくなるまで本居と平田の態度の違いというようなことは知らなかったわけです。だから親父からの感化は間接的には生きているかも知れないが、神に対する概念とか信仰ということは教えられたような気持がしない。もし少しでもそういうものが残って愛国心の基礎になっているとすれば、それはその後の読書によるものです。この読書の傾向づけは比較的早くからで、十三、四の頃までには父の読むようなものを読んでおりました。こういうものを読んだらよいということは親から導かれ自分も考えたが、今私の持っている神の観念、通常の日本人の多数が古くから持っている信仰というものは、私の親は別に馬鹿にしてはいなかったが、それを主張するだけの熱意は持っていなかったように思います。そういうものは結局私は周囲から受けていたのであって、私の生まれた村は可なり氏神信仰の強い所でした。——というのは仏教の方が弱いところだったのです。

仏教は日蓮宗でも他の宗旨でも昔の固有信仰を蓋してしまうものですが、私の村は天台宗でしたから寺というものは葬式と法事以外にあまり干与しないし、日常眼にみえるものに対する考え方というものは、村の百姓の持っていたものを自分らも受けていたと思うのです。実例でいえば、村では夏から秋へかけて夕方よく子供がいなくなるのです。一年に一人、それほどでなくても二年に一ぺん位子供がいなくなることがあります。そうするとこれは大変な騒ぎです。村中で大さわぎをするのですが、大抵の場合子供は戻って来ます。そのあとで村の者は直ぐ結びつけて考えるのが氏神様なんです。氏神様に護られて帰って来たとか、中にはさもありそうに小説的なことをいうのです。きれいな白髪のお爺さんに出合ったら、家で心配しているから早く帰れといわれたから帰って来た、というようなことまで噂が立つくらいで、今とは大変違っております。そんなときには仏教は顔を出しません。我々の親父がやっていたような新しい国学の神道も出て来ません。やはり自分の村を支配している氏神様が、隠れたる保護者であったという気持が行きわたっていました。

そんな空気の中で私は大きくなったのですが、それは今でも思い出せますね。東京の人間には想像もつかない位、氏神というものと村の住民の関係は深かったものです。私は、理論的にこれを信じたわけではないけれども、信ずる空気の中において大きくなったことは事実です。だから全くあやふやな信仰ではあるけれども、郷里をはなれる十三の歳までの、眼にみえない信仰といえばそれでした。何か困ったことがあったり、苦しいことがあったりすると、氏神様の力ということを考えたもので、今の若い人には田舎に育った私ら位の年輩の者の立場というものは、想像がつかないかも知れません。それはつい最近まで続いておりましたね。たとえば召集されると氏神様に詣るとか、軍隊から帰って来るとその足ですぐ氏神様に詣るということは、決して強いられたものではありません。そのやり方にも非常に儀式ばったものと、ホームリイにやったものとがあったけれども、そういう生活が続いていたわけです。だからごく平凡な人生観というもので大きくなったわけで、それにプラス親父の感化というところです。

私の家はかなり貧乏だったので、子供の頃何になろうという考えをはっきりとは持っていなかったように思うが、村で大きくなるということは出来なかったから、何かにならなければならないということは考えていたと思います。殊に私は末の方の児だから、何かにならなければならぬ、とは考えさせられていたのであって、村にじっといて大きくなるわけに行かないということは知っていた。

あの時代のこれも極く有りふれた空気だったのだけれども、少し学校の出来がよくて目立ったところでもあると、偉くならなければいけないというようなことを、村の人もいうし他所から来た人もいうのです。その偉いというのがどういうことかはわからなかったけれども、まず新聞に名の出る人が偉い人なんだろうという位には思っておったので、その程度の野心は確かに持っていたでしょう。

学生時代

何になったらいいかということは、そういうわけではっきり考えているのではないが、一番末の弟（松岡映丘画伯）の場合には兄貴や親父が集まって話合って、一人くらいは絵描きがいてもよいでしょうということを兄貴がいったのをおぼえております。私も、尤もだと思ってそれからは弟に絵を描くことを止めないとか、少し珍らしい絵でもあると弟にやるというように兄弟がしたことがあります。それの上が海軍に行っていたが、あとで聞いた話によると母親が夢をみたということをいっておりました。この子は軍人になるのだということを、夢をみてから母親がいっておったのを記憶しております。

この間も或る雑誌に書いたのですが、私らが高等学校に入った頃には、私らのような境遇の者ばかりが集まっておったようで、東京の者で、親が相当の地位にいるようなものは数が少く、私どもと似たり寄ったりの者が多かったものです。これはあの時代の世相だったかも知れませんが、時勢がそういう人材を入れる余地があった時代で、目的はいずれ決めようという気持だったと思います。偉いというのがどういうものかわからないが、まあ優秀な人間になりたいという気持でした。

私の生涯を振りかえってみて、これを幾つくらいに区分するかということですが、まず親父の死んだことが大きな段階です。それまでは親父は学問をしていて、ちっとも世に出ないでしまったものですから、この親父をよろこばせようという気持が強かったのですが、私が二十歳の高等学校時代に死んでしまったのです。そのすぐ前に、母親も死んでいたので、急に気持が変ってしまって、偉い人になろうという考えが弱まって、その代り、大変自由になったような気になったものです。

私は法科をやったので、詩を書いたりしたのは友達の影響に過ぎません。尤も歌は十歳位から詠んだものです。今の人には想像もつかぬほど子供の頃から、新年の御題を詠進しました。無論、当選はしませんでしたがそんなことで盛んにやったものです。東京へ来た兄貴も歌をやりましたので、私も十五くらいの時からはちゃんと先生に正式に入門して、かなり大きくなるまでやりました。その歌の先生のところで新しい友だちが見つかった。田山花袋も同門です。私が田山と懇意になったのはその歌の先生のところです。それからほかの諸君、あの当時の文学界の諸君とつき合ったのは田山君の紹介です。国木田君、島崎君、その他後に有名になった人が多い。ちょうど明治三十年頃で何をしてもよいという自由な気持になっている頃だから、詩をつくるということも、そういう人たちにかぶれたのだと思います。それ以外には、詩人になってみようというような気持は無かったように思う。

時代の空気――文芸への興味

あの頃は誰もがそうだけれども、そう大きな抱負を持つというようなことはなく、少しでも秀れておればよいというようなことじゃなかったのでしょうか。だから世界的なというようなことは勿論考えていないし、全国的というような程度にも考えなかったでしょう。いわば、あの新しい文化の興った時代ですから人間が有名になる途が余りにも沢山あって、楽で自由だったんです。もっとも、そうはいうけれども政治方面や実業界はその当時でもむずかしいものがあったが、ほかの面では名を為すことが楽だったんです。のちになると段々、えり嫌いが出て来たり、或る者は辛抱がなくなってくるとかして、何か早くからそう志を立ててやっているように見えましたけれども、文芸がややもっともらしい形になって、文学という言葉が一つの地位職分のようになったのは森さんからでしょうね。

鷗外さんが出られた頃が境だろうと思います。作品自体でなく、世の中の文学に対する考え方もそうです。殊に私は鷗外さんの感化はよく受けている。これは親をなくする前、十四、五歳位の頃からですね。私の周囲に沢山崇拝者がおりましたから、私一人が特に感化をうけたわけではありません。今と大変ちがうのは作品の数が少いから、一つ出るとそれが大分長く、暫らくの間は世間を動かしているという状態でした。たとえば坪内さんの「書生気質」なども今から考えれば大したものではないが、その当時東京における本を読める学生と、その家族などにもてはやされた時代は随分長いものでした。ことによるとそれが「うき雲」まで続いているかも知れません。その間に硯友社という尾崎紅葉一派が入って来るのですが、それまでは「書生気質」です。今から読んでみるといやなものですが、あれを私らが読んだのが、意識して文学を読み出したはじめであり、文学の趣味の眼ざめですね。

硯友社一派の作品の説明をすると、それ以前、戯作者の書いた方法を用いて、新しい生活を書いたものです。だから、それ自身が走りですからね。今とちがって私たちは、書生のことなんかが小説になるとは思っていなかったのです。その前に「世路日記」というのがあります。これは堅い文章のもので、若い男と女が二人出て来て、それが難儀をして大きくなって行く道を書いたものであるが、随分固いものです。それを多くの書生が読んでいました。私はちょっと覗いたくらいで深入りしなかったが、そういうのがその前に出ております。坪内さんのは新しいスタイルで、リアルにその当時の生活を書いたから、非常によく読まれたものでした。その次に「うき雲」の時代が来るのです。これなんかは今どういう風に解釈しているか知らないが、私たちはこれを全く調子のかわった新規の文学だとまでは思っていなかった。こういうのもあると思って読んで見ただけで、それも人が多くもてはやすからでした。

その頃から私も小説というものを読み出して、よく兄貴たちに、また小説を読んでいると叱られた時代が大分続いておりますね。国会が開かれた明治二十三、四年頃にはいろいろ新しいものが出ました。東京へ出てからも「都の花」などは毎号のように私は見ていました。

遠野物語などというのを私も書いたことがありますが、決して文芸家として立つという気持で書いたわけではありません。中沢臨川とか木下杢太郎のような人で、一方に何か職を持っていて小説を書いた人がありましたが、私はそういうのにも賛成しなかった。ただ友だちになったから自分らも文人とつき合うというような気持だけだったと思います。

それから詩にしても、島崎君なんかの詩が出はじめて来た頃には、我々はもうやめようとしていたのですから、我々の方が島崎君より一つ前でした。

官吏生活

学校を出てからは直ぐ農商務省に入って役人生活をはじめたわけですが、なぜ役人になったか、別に大した理由もありません。あの時代には学校のクラスの全体の空気もありますし、法科を出る以上、役人になれというようなことで、極く普通の道筋だったんでしょう。それのみならず、私はそれから間もなく柳田氏になったんですが、柳田は柳田の要求もあるし、尋常な道を歩いたものと思っています。ただ、悪い癖がついてしまって、もう一つくらい何か余暇に出来るだろうという気持があったんです。道楽としてというか、副業として何か出来るだろうという気持を持ったわけです。それもアヴァンチュールといえばアヴァンチュールだが、何か他の者とは違うものをもっていることを示そうというきざな気持もあったんだろうと思います。

私の歩いて行った道筋が、偶然ではあるが、ちょうどああいう路をあるき出すのに都合がよかった。軍人でいえば中佐とか少佐とかになると仕事が一杯あるのです。従って酒以外の道楽をやることは仕事の邪魔になります。ところが私のあるいた道が、役人のうちでも暇の多い所だったので、民俗学というものの材料をあつめる仕事を仮りにやらなかったとしたら、何かほかの道楽をやる時でもあったわけです。たとえば謡とか碁が上手になるという時期だったのですね。そこで子供のころから持っていた読書の習慣で本を読んだものです。それに、本を読んでいればだらけていないのだという気持があったので盛んに読みました。いろいろなチャンスが手伝ってそうなったもので、自分でつくりあげたものだとは思っておりません。

その頃は内閣と議会がよく衝突をして、何辺でも解散をします。私はその頃、農商務省から法制局に移っておりましたが、この法制局は、解散になると一年も半年も暇になってしまいます。法制局は法律案をつくるところですが、法律案を作っても議会が解散になると議会に提出されないし、解散している間は法制局はまるで不用になります。さて次の内閣が成立して議会が開かれても、前に作った法律案を出すという具合ですから、とにかく暇が多い。それに、役所としても金が残るので出張して来ないかと旅行をすすめます。我々の同僚などは優秀な人も多かったので、あちらこちらの嘱託などをして金を貰って外国へ行くのです。とてもヨーロッパまで行くだけの時間はないが、それでもちょっと行って来るとか或は近くの支那とかジャワ、印度あたりへ旅行していたものです。私はそれだけはしたくないと思っていました。僕は金をくれるなら国内を歩きたいと考え、また旅行が好きだったので盛んに歩いたものです。それでも成るべく人の行かない所ばかり歩きました。この歩くということが私には良い道楽だったのでしょう。そのおかげで体が弱いに拘わらず足が丈夫で、今まで永生きが出来たのです。その時分は鞋をはいて歩いたのですが、そんなわけで私も日本の旅行家と看做されておりますが、そういうことが出来たのも、何かといえば直ぐ解散という議会の空気の強かった時代であったことが幸しておったのだと思います。

旅行から帰って来れば、人の知らないことを知っているわけですから、多少の優越感で喋るし、それを研究していろいろな意見もいうし、またそれを自分の財産にするという気持になったわけです。それが段々、今私のやっている民俗学という方へ来ることになるのです。

私は大学の時分には経済をやっておりました。あの頃には政治科の中にあったもので、その時に松崎という先生の下で農政をやることにしたら、それは非常にいいことだ、是非やれといわれて、もうその頃から趣味は農村に傾いていました。三年の時はそういうわけで主として農政をやりました。卒業論文はありませんでしたが、松崎さんが世話をしてくれて、学校を出るなり直ぐに早稲田大学とかその他方々の学校で農政の講義をしたんです。二十七、八歳の頃で、随分大胆な話ですが、それでも一生懸命にドイツの本を読んで、講義材料を作っては講義をしたものです。

農商務省でもやはり農業政策をやりたかったんですが、今とちがって農政課などというものの地位は非常に微弱なもので、一つもポストがないのです。行政官で農業だけをやるというものがいなかったのです。僕としては辛抱してもよいと思ったんですが、周囲の者がやかましくいって、僕を無理やり引っぱり出して、前にお話しした法制局に連れていったのです。それでも前に農商務省におったのであるし、学校で講義もしているしするので、田舎の問題に口を出すことは続けており、帝国農会の前身の全国農事会などで働きました。だから旅行をするようになってからも、旅行が非常におもしろかったんですね。

法制局の役人をして暇が多かったので、本を読む、旅行もするようになったが、そうかといって別に並の役人とちがった人生観を持とうと考えていたわけではないのですが、まあ、こういうことは言えるでしょう。こういうひまな地位にいると、どうも他人の裏がみえて仕様がないのです。つまり役人の弱点ですね。そこで度々いやになってしまうことがあったのですが、それならばといって一つの見本を作って、自分が新しい官吏道を樹てようというほどの野心は持っているわけではなかった。ただ如何にも、官界に勢力争いが激しく、人が栄達を計るのに汲々としているのが嫌やで仕方がなかったので、幾らか反撥するのがもとになって、自分だけの生活があると思いついたかも知れません。しかし別ににくいわけでもないのです。ほんの駈け出しから入って、あそこの最古参になるまでおったわけです。その間に宮内省や内閣の書記官を兼ねたりしたので、ますます官界の裏面がわかったものですから、これは永くいる所ではないという用意はしておったんですが、それでも勤めていさえすれば晩年は悠々遊べるという気持があって、何でもないのに見限りをつけようとは思わなかった。つまり至極平凡無事な官僚生活だった。そのうちに、日露戦争で段々に忙しくなって来て、学校の講義も五つくらい持っていたのをやめてしまって、一生懸命に職務につくしていたんだけれども、実際はこれでは駄目だと思いましたね。

今考えてみると、国がこんな状態になる原因が遠くあんな所から探し出せるものではないかと思うのです。もう明治のはじめから、国の公けの事業が非常に個人的な動機から計画されていたので、これは今でもまだ残っていると思うが、何をしても人の家の名誉というようなものが非常に大事がられる。自分ではパーソナルだと思っていないのだろうが、郷党とか家というものが偉くなるとまず大騒ぎをする。賄賂を懐かせぬ限りは私を営む人間とはいわなかったけれども、立身権勢もつまりは家や郷党の勝利者なんですから、それを心がけるということは折々は公けを忘れることになったんじゃないかと思います。本当に世の中のために尽そうという者があれば、つき合いたいと思っても、そういう人が至って少なかった。つまり書生のようにすぐ天下国家を論ずるというような者が、役人のなかにいなかったほど、自己の栄達、昇進を大事に考えるのが一般だったのです。

官僚の意識

別に私が口角泡をとばして天下国家を論じたわけではないのです。ただ実際問題として、あの時分よく流行った多数の人間の最大の幸福という議論の影響をうけていたものだから、成るべく突っかかるところだけ避けながら進んで行くというやり方に反対しておりました。殊にいろいろな微細な点に余り拘束が多いものだから、大きなことを考える時間がないことは確かでした。第一、余程心がけないと本がよめなかったときで、東京の役人でも本を買って読むというような者は二十人に一人もなかったでしょう。みんなその日その日に追われ、地位の安全と昇進の便宜とかいうことに一生懸命で、文官は非常に忙しいのですから我々のように旅行の出来た者は例外だったでしょう。

そんな片隅の閑な所におって官界の様子をみていたものですから、妙なことに気がつきました。私らが非常に気にして屢々人にいったことは軍人のことでした。軍人に時と能力の余裕のある者が中々多い、それに優秀な人物が志願して軍人になっている。文官はこれに比べるとあまりに忙しい。のちに後藤さんなんかにも私は注意しました。こんな制度をつづけたら、今に軍人が政治に口を出す時代が来ますよといったこともあります。軍人で西洋に駐在させられているような者は、月に一遍くらい報告を送る位で、あとは何んにも仕事が無く、また大公使ともあまり接触しないのです。道楽もするけれども道楽だけで暮せるものでないから、本を読むし雑誌もみる。帰って来て講演などするのを聴くと、受売りかもしれないが中々筋の通ったことをいう。いわゆる頭のいい人の多いのは毎度感心させられる。アジア問題や極東問題を注意していて、責任の無い地位から中々鋭い批判をする。一方外務省の方の連中はいわゆる交際に忙しく、また秘密を守るから、とても彼等と議論を上下することが出来ない。国論はしばしば軍部の政治通から醸し出されることが多かった。そういう余計な知識を養って来た者が、政治的な野心を持ち、次第に軍閥政治を作る動機を為していたのではないかと思います。この状態が十年以上もつづき、私たちが西洋にいた頃にも、後に政界の曲者になった少壮軍人が幾らもいた。そうで無くとも少し真面目な連中は本を読んだり言葉を稽古し、また自由に西洋人の内幕を見て来るから、見聞談をさせても外交官などとは段違いなんですね。こんなことではいけない。片方が才智を磨く機会を持ち、片方はその日暮しに追われておったのでは、文武の片おもりが出来るだろう。それも軍人が真面目に職分だけを護ってくれればよいが、もしも国政に口を出すようだったら必ず圧迫するだろうということを、いつも私は有力者に説いたものです。それはそうだねとはいってくるけれども、それならどうしようという手を打たなかったからいけなかったと思います。今考え直してみると、いくらかは手を打ったのかも知れない。

とにかくそれからのち文官の方も優秀な人を随分外国に送ったんだが、これらは職分が狭く、第一オルガニゼーションが違うでしょう。だから此方に、真面目な初期の代議士のような者ばかり出て来れば問題がなかったんだが、実際は先例の責任のがれのひどいものだったんですからね。殊に政党の内幕などというものは、醜状みるに忍びないものがあったので、若い軍人が怒ってタンクで議会を押しつぶしてしまえというようなことをいわれても仕方がなかったのです。軍閥跳梁の原因は一つは政治の腐敗、また一つは軍人に批判力が強くなったことです。今度の敗戦の原因にしても、折があったらいいたいことですが、簡単な理由で片づけるのは間違いです。その根は維新前からあったといえるし、それを育成した事情も一つや二つでは無いのです。

　つまり今の新聞記者のいう意味の官僚主義とは概念は違いますが、そういう性質のもので、いわば公人としての意識が足りなかったといってよいのではないかと思います。どんな偉い人でも藩閥の有力者だったんですから、日本全体を考えるというものが少なかったわけです。

　こういうことになると政治の観念ということに遡る必要がありましょうが、実際我々は未だ曽って国全体ということを本当に考えたことがないのではなかろうか。大体国という言葉を学者は使っているけれども、実際に、国全体を考える機会が以前は少なかったと思うのです。

これは簡単には説明がつかないから、これから先、文化史をやる人が心をひそめてつき究めて行くべき点です。民俗学が何かデータを残しておこうというのはそこです。間違いないようなものを整理して残しておいて、それによって戦争の原因、敗戦の原因を根底から解いて貰いたいと思っております。社会は概念の上にはあっても、未だ曽って国全体の結合をしたことがなかったんですから、練習が足りないというところにその根があり、一方軍隊の方はそれを実行していろいろの形で結合したんですね。こちらもやろうとはしたのですけれども実は出来ておりません。単に薩摩の人間が、或は長州佐賀の人間が、同藩士の馴染みで結合して、勢力を張ろうというだけではいけなかったのです。地方的理解、家相互の理解が先になっているのに、その方法はまだ具わっていなかったのです。

国民教育がもう少し具体的であったなら、余程情況は変っていたかも知れませんが、あまりに理論が空々しかったのですね。それは今更いってみても仕方がないし、僕らが意見を出しても通用する時代ではなくなったんですからね。

人生の転機

――自分の物の考え方、世の中の見方に、特に著しい変化をみたというわゆる転機については、別に思い出すことはありません。ただ強いていえば役人をやめて、民間の学者になって境遇が変ったということでしょう。何かの機会にぱっと悟ったというようなものもありません。今までかかっていたスクリーンが急に落ちたという変り方をした記憶はありません。幾らかシニックな、ものを裏から見ようという考え方などは、子供の時から養われたことだと思っています。よくありますね、十六、七くらいになると、大人のすることなすことの裏がよくみえる時代があります。日本の青年はみな一度はそういう時期を経るのが普通です。人生の知識が少し深くなって来ると、大人のすることに何か弱味があるような気がして、一時批判的になるものです。私などの場合は、それをそのまま育てて来て未だに持っているわけです。いろいろ尤もらしい弁護はするけれども、要するにあの青年心から発達して来たものです。

幸　福

幸福とはどういうものかということについてよく聞かれることがあるが、今から考えると私自身が実は幸福に過して来ているので、人のための幸福というものについては考えていて、こういうことが幸福だろうとは思うけれども、私自身こうしなければならぬというようなものは尠いのです。いわばこういうのが幸福な人間なのだろうと思っていますのは、欲しいものは買えるし、行きたい所へ行けるということです。せずに我慢したというようなことがあまりありません。もっとも極く小さい時は別です。家が貧しかったから苦しんだこともあるけれども、それからこの方自分の幸福というものについて、特に考えたことがないように思います。しかしその点年をとって、記憶がうすれたのかも知れません。

私は生来、体がよわかったので、弱いということは不幸だから、どうかしてもう少し抵抗力のある体にしたいとか、不眠ということは苦しいことだから、その原因を絶とうと努力したことはあります。たとえば高等学校の時分に——あの頃の流行だったのでしょうけれども、いろいろな煩悶があって夜ねむれないことがありましたが、そういう時仕方なしに本郷にあった基督教の会堂によく行ったものです。その頃本郷の会堂にコーッさんという人がおりました。綺麗な奥さまをつれて来たばかりでした。あのコーッさんという人が可愛がってくれましたから、感化の見込のある人間だと思ってくれたのだと思いますが、どうも本当に信者になる気になれませんでした。なぜ好きになれなかったのかといわれても、別にどういう所ということはありませんが、何となくなまけたのでしょう。やはり嫌いだったんですね。それにあの日本のキリスト教徒型が嫌やで仕方がなかったんです。あの頃の東京におりました信者は、独特な新しい型なんです。内村さんのお弟子たちは知りませんでしたが、植村さんの周囲の人をよく知っておりました。どうもあの人たちの生活の型が、僕らに合わなかったんです。そんな具合でとうとう洗礼をうけてみようということもなしに終ったものです。聖書は読みましたし、コンメンタリイのようなものを読んだことも少しはあります。

現在私の周囲にはキリスト教を信仰する者が増えて来たのですが、それでもやはり親しめません。ばかげた排斥はしないけれども依然としてその昔と同じ気持です。

仏教・キリスト教・神道

しかし考えてみると、この点日本は随分不幸な国ですね。いろいろな宗教が同じ位の強さで入っていて、信仰の自由ということが向うのとは違いますね。こちらはひろいのです。新しい宗教もあれば仏教も各派がある。キリスト教伝道も何派もある。そのどれをとってもよいということになれば、また別の問題も起きて来るでしょう。失敬ないい方だけれども、地域別にセクトの領域を変えたりして、お前はここを持てということをやるより仕方がないと思いますね。そうしなければ迷った群集が一つのところへ行きません。余程えらい指導者があるとか、つよい因縁に促されるということならばまた別ですが――。仏教は昔から因縁ということをいって来ておったのです。隣に偉い和尚がおっても、接する機会がなければ因縁が少ないのです。この気持は若い人にはわからないかも知れません。私はキリスト教にも行ってみたし禅にも行ったし、また密宗の「行」で固めて行く宗派にも入ってみたりといろいろなことをしたんですが、その中ではやはり僕らには保守的な分子があるとみえて、比較的古風な仏教の方に間近さを感じます。殊に観音様の信仰が一番、親しみがあります。だから観音の寺ときくと一歩近よる気持がします。

実証主義と宗教

私が実証主義の立場にありながら宗教に興味を持っているということは、要するに幸福というものに対する考え方です。自分の幸福を明けても暮れても、考えなければならぬような境遇におらなかったからです。幸福というのは大勢の人の幸福をという気持があるから、いまどうしたら多くの人間が静かに生きて行けるかということを考えてみると、どうも仏教だけではいけないと思うのです。そこで日本の固有の信仰というものを考えているわけです。はじめて日本にゼスウィット・ミッションが入って来た時は、これを信ずる以上お前の方の持っているものを捨てろということをいったのです。ですから天草地方の例をみるとわかりますが、立派な仏像を叩きこわし海へ投げすてさせ、信徒をもう動きの取れぬものとしているのです。ところが仏教はそれをやっておりません。まるで違った形で仏教は入って来ております。日蓮宗などでもそうです。何時でも在来から持っているもの、在来の信仰をそのままにしておいて、周囲から段々と、本拠まで取ってしまったのです。ですから幾つもの仏教の宗派が日本に入って来た道は、およそ基督教の伝道とは違った行き方だったわけです。それは仏教というものがもとは非常に力の弱いものであったからとか、或る程度のもので満足するものだったということがいえるかも知れません。

宗教が何故必要か、どうして大切かということは、宗教によって人間が悪いことが出来なくなるからだというのが、一番簡単じゃないでしょうか。永い間、悪い人、よい人ということを決めて、悪い人を増やさないようにしていたんでしょう。それのもとになるものは、目にみえない判断があるということを信じていたからではありませんか。つまり物質的でない力があると信じていたからだと思うのです。その点において過去はもちろん、これから先も宗教というものは、無くてはならぬものだということになるのではないでしょうか。

道　徳

こういうと、それでは道徳を信用しないのかという反問が出ると思いますが、その通りで、最近の私の経験では、道徳をあまり信用しない方がよいのじゃないかという気がします。理窟を立てて、それでうんといわせるということはどうかと思います。それもこちらがたやすくうんというからいけないのですが、代々の人の作り上げた道徳を大きくみることはいけないのじゃないでしょうか。どちらかといえば、既存の道義律によってひどい目に会っているんですからね。たとえば家を存続するために悪い息子を切腹させるということを平気でやって来た日本なんです。今から考えると、どうしても反抗しなければならないことを永い間やって来たんだから、道徳というものに高い点をつけないのは当り前でしょう。しかし、新しいものを作るということなら議論はないのです。宗教の力を藉りないでそういうものを作れるという学者もあるのでしょうが、僕は作れるものか、とまでは見くびりませんが、しかし本当に納得することが出来るかどうかについては疑わしいと思います。

私の宗教心

かくして私は宗教の必要性を認め、日本人の宗教的な慣習というようなものを、民俗学の立場から確認しようとしておりますが、これは現代の若い人たちには信じられないようなものが多いと思います。そういう資料によって実証される事実が、それでは私自身にどう反応するかということになると、実はぼんやりしているのです。

たとえば人には魂があるか、またあるとすれば人が死んでからその魂が何処へ行くかという問題ですが、これが一番大きな最初の出発点です。それらについて昔の日本人は、死んでも魂は何処へも行かない。島の外へは出ない、郷里の外に出ない。郷里の近くに、段々稀薄にはなるけれども残っていて、去ってしまうということはないと考えていたのでありまして、この考えを日本人が持ち続けて来たことは、証明せられる科学的事実なんです。しかし、確かに学問で証明出来るのは過去の事実のみで、翻って私自身が死ねば果して魂がこの辺の何処かにいると思っているかどうかについては、どうも確かなことはいえないけれども、もう思っていないのじゃないか知らんと、よほど危ぶんでいるところなんです。甚だ申訳ないことだとは思うけれども、これはどうも仕方ないのです。比較宗教学に指を染めた人々は、自分の心をさえよく見定めることが出来なくなるのです。一つの信仰に身を置く人々は、よほど再々反省をして見ないと、うっかりとこの学問には入って行けません。もっと平たくいうと、昔の人のあるいた跡について行くことが出来なくなります。私も理論というものをはなれて、どう考えれば心が落ちつくか、無邪気にそうなることを願い望んでいるのかを考えて見ますが、やはり祖父祖母たちの信じていた通り、出来るものならば信じていたいと思います。昔の人たちは、死ねば体は汚いものだから、魂は体から離れて高いところへ段々上って行って、その以前にすでに一と塊となっている祖先の霊の塊の中に参加して大きな塊になると考えていました。その通りなら安心だとも思い、またそう考えた方が快よいことだとは思うのですが、果して確かにそうなるのかとダメを押されると少しばかりあやふやになって来るのです。その点では他には何も考えずに、当然にそうなるのだと信じていた昔の人の方がありがたいのかも知れません。

キリスト教の人たちに一ぺんは聞いてみたいことは、完全に一生を送った人が行くという天国は、今と大昔と少しも変りはないのかという点です。子供たちはヘヴンというものが、本当に何処かにあるのだと思っておりますね。しかし果して牧師さんたちが、やはりそう信じて人に説いているかどうか、或はもっとむずかしく理論的にその意味を解説して聴かせているのではないか。たとえば、人間が何の不安も無く、楽々と人の世を去って行く状態が、即ち昇天だという風にいわないと、もうそれらの人が承知しなくなっているのではないか。そうなると仏教の極楽も、我々日本人の「あの世」というものも、段々と互いに近よって来るように思われます。仏教でも尠くとも近頃は、極楽という浄土があるという風には信じておりません。この間も名古屋の浄土宗の或る坊さんと話したことがありますが、今の僧侶たちで、極楽というものが本当にあって、完全な一生を遂げた者は、そこへ行くと信じている者がありますかといったら、一人もないでしょうと極めて無雑作に答えたことでした。私等のように老いて過去を追憶する者には、この内容の知らぬうちの変化推移が、道理だとは思いつつも、たとえようもなく淋しいのです。

神ということになると、仏教とはまたちがった問題を持っているでしょう。たとえば神というものは沢山にあってよいものかどうか、それとも神は唯一人であったのかということは問題です。西洋でも小文字で書くゴッズという語を認めていますが、それを我々のカミと訳すのが正しいかどうかということは簡単にきめられません。その問題をまず決めなければ、神道の話は出来ないと、たびたび僕はいうのですが、その訳し方にも実は伝道の目的があったのかもしれません。即ちまだ精霊の人生を支配する力を信じている階段にある人たちに、わざとこういう新しい話を授けて、永い間に少しずつ、その言葉の内容が歩み寄って、こちらの期する所に移って来ることを待っていたのかも知れません。単なる便利の為ならばともかくも、うっかりとこの対訳を承認してしまうことは考えものでありま す。日本でカミまたはカミサマというのは、英語のゴッズとそっくりと同じかどうかは、向うの言葉の意味も確かめなければならぬが、一方にはまたこちらでも十分にその成立を究めて見なければなりません。それが神道研究の第一歩であって、しかも国際、また諸民族間の比較は、今はまだ一向に進んでおらず、ただ何となく世界でいろいろのゴッズとして報告せられているものと、日本のカミガミとはどうも違うらしいと、ただ一途に思い込んでいたのであります。それがどの程度に正しいかをきめるのは、これからの研究です。仏言葉は厄介な国の垣根ですが、これがあるために比較を精確にしうる利益もあります。仏教は基督教とちがって、最初からこの国ではカミという名を使うことを避けました。ホトケは仏または浮屠から出た語とはいいますが、その語源は実はまだ明らかでありません。ただ何処までも今までの神との混淆をさし控えましたために、幸いにして我々は今も固有の神々の存在を知り得るのであります。これに対して五島や天草の旧切支丹は、カミという名を使ったばかりに、三百年の鎖国期間に、かなり奇怪な変化を受けております。

私の信仰は極めて心もとなく、人からは不信者の如く見えるか知らぬが、それでも未だ曽って宗教をフィクションと思ったこともいったこともありません。フィクションは人が造り構えたもの、事実で無いという意味であろうが、これを造った人はどこにも見当らぬのみか、現実に人が信じていることは事実である故に、いずれの点から見てもフィクションとはいわれません。民俗学の学徒はよく事実ということをいうので、新しい哲学をやる人たちからみると問題になるかも知れません。しかし信仰は強いるものでもないし、またこれによってこれを観ればというような結論でもありません。ある時は狐を神と思い、ある時は蛇を神だと思う人があっても、それとても確かな事実であって、それには必ず各々の意義があります。我々はその事美を探して誤りの無いことを受合うのが役目で、批判はのちのちの人、または賛成反対の側の人がやることは随意ですが、しかしその以前に是非とも事実は単純でなく、また私たちの手でまだ見付け出さぬものが、幾らも残っているかもしれぬということを認めなければならぬ。誰れかが造り設けたことが仮に明白に立証せられても、フィクションだからこわすのが人間の道だとかいうことまでは、民俗学の管轄するところでありません。それは余計なことでもあり、また往々にして同情の足らぬことにもなります。同胞国民としてまた隣人として、もしも彼らが心からそう信じているのが事実ならば、妨げずにそれを遂げさせてやりたいと思います。人が持っているものをこわすということは楽ですが、それをやった結果、その代りになるものがなくなってしまって、それまでまとまった生活をしていた者が、それから急に散慢放逸な生活になって来た例を多く知っておりますので、むしろ自由に各人の信ずることに依らしめようとしている。そういう気持で自分らは、娘がキリスト教に入っても抑えることをしないのです。前には私もそれと反対の行動をしたが、今では悔い歎いております。私の兄嫁の一人などは、かなりよい信仰を持っていて洗礼までうけたのです。それを私たちはへっぽこな理論を以って攻撃していたのです。口ではかなわぬので、すなおな兄嫁は、あきらめて信仰をやめてしまったのですが、それから間もなく死にまして、さぞ臨終が不安であったろうと思って、気の毒でなりません。それからこの方は、単なる自由というような問題でなく、いわば愛するほどにして抱きかかえているものは、たとえ悪いと思っても、必ずそれに代るよいものなしに、こわすことはしないように考えております。多くの日本人の中には、随分変なものを持っているのがありますが、それでも信じて通していければ、それでも結構だと思います。そこが他の学者と我々の違いであって、これから世の中を改革するにしても、かく改革せよということはいわず、単に国民の経験を確実に伝え、これだけの事実は幾らでも証明出来る、争うことの出来ない事実だということまでを語り告げて、それから以後は人々の判断によってきめたいと思います。国家総体の問題ですらも、こうしてあきらめるより他に道はありません。ましてや信仰は一人一人の問題である場合が普通なのです。

しかし別の立場に立って、今後の若い人たちが、現在の村の信仰、民間に実際信じられている神道を、続けて行くのがよいかどうかということになると、問題はなかなかむずかしい。このために意見が二つに分れ、村に争いが起るというような懸念があれば、或は今後の方針を決定して、努めて双方からこれに寄って来るように勧誘する必要も起るかも知れません。もしそういう面倒なことが無いならば、ここ暫らくは今のままに、そっとしておくのが本当だと思います。今日の世情を見るのに、急いでこのような精神上の問題を、右とも左とも決定し得るだけの、心の落付きをもった人がまだ少ない。あわただしい改良は失敗に帰しやすく、また無益の攪乱にもなる。実をいうと感心しないことが沢山あるのですから、向うから相談に来れば今の信仰はこのままでは永続しないであろうとか、この点は理由がない、または伝来の考え方と合わない。だからこうした場合に衝突が起りまたは反動を招くかもしれぬとか、いうような忠告を試みてもよいのですが、実際は殆んど相談に来るような者がありません。それだけの余裕がある位なら、自分だけでももう少し考えて見るでしょう。実際不必要に迷ったり悩んだりしているのです。それ故に出来るだけ問題を簡単にし、解決の延期し得られるものは延期して、今はまず心の落付きと判断力とを養っているべき時ではないかと思う。それは臆病な一時のがれのように見えるだろうが、一旦きめて見たところで、間も無くひっかかりかえるようでは何にもならない。しかも日本人は行き掛りに囚われて、中々後へは引返せない気質をもっている。何かこの際に火事場稼ぎをしようとする者は別として、多数の我々はもっと事態を観望し、そのついでに今少しこれまで気づかなかった過去の事実を反省して見るべき時節ではないかと思う。これが我々民俗学の仲間の、あせらずに学問を続けている立場なのであります。

敗戦から受けた教訓

今度の戦争のあとの四ヵ年間の経験というものは、かなり我々を動揺させたわけです。つまり社会というものは崩潰すればリインタグレイトするものだということがわかって、従って反対のことも出来るというような政治上の可能性というようなものについては、以前考えなかった程度まで今は考えているのです。従って「ふりはば」なんかも以前想像していたものより今日では広くなったかも知れないと思います。

一方ではたのしみもあるのです。この世がどういうことになって行くか。悪くなっていくという考えも若干考えなければならぬし、よくなって行く場合も、もっとひろく想像出来るかも知れない。それがなぜ悪いかということは深く考えると理由はないのです。我々が人に向っていう時には、当然一緒の所におさまって行くものならばリアクションの「ふりはば」は広くするのは損ではないかということをいっておったんです。これは私が永い間に書いて来たものの中に現われておりますけれども、それをいってもなお且つやはり揺れるものは揺れないと、私が誤っていないのだということはいえないし、今となると、百年後はかくあるべきだという結論をする勇気は、私ばかりでなく誰にもなくなって来たのです。

今の人たちは理想のアイデアルを持っているのでしょうね。それがたとえ政策であっても結局は宗教に近いものです。ところが私にはもうそういうものを持てなくなってしまったのです。いくらか虚脱状態になったのかも知れません。

人間は兄弟の間でも争うものだ。争えば力の強いものが勝つのは当り前だ、という考えが加わったのではないかと思います。これは本当に情ないことだと思いますがどうも仕方ありませんね。今まではなるべく血を流さないのがよいことだということをいって来たんですが、戦争の半ばから、勝っても負けても、とにかく、あとが困ることになるだろうから、少しでも将来起るべき「ふりはば」を少くしようというのが我々の狙いであったのです。無益なものが伴うからそれを少くしたいというのが我々の考えでした。

従って革命というものをしないで行くことが昔からの理想です。しかし結局は「振幅」が広くなればこれは革命ですね。一つですむか、終りに「S」をつけるかどうかの違いですが、振幅をひろくすれば革命があるのが当り前です。

男女関係

日本の戦後風俗の一つの現われとして男女関係などの問題が採りあげられますが、これは実は日本では貞節というものが極度に発達しているものだから、今それをいうのは罪悪のようですが、動物はもちろん、人間の場合未開状態以前にはこの問題はなかったでしょう。そうすればファミリイというものと恋愛とのズレがあると思うのです。

東京のように色々の快楽のあるところで変愛遊戯をするのは間違っていると思うが、孤島、山村の生活のように何のたのしみもない所では、今のような状態が起るのは仕方がないと思っておったのです。ところが今度はそれが非常にはげしくなって、それに利慾が入る、計算が加わる、また変な哲学まで入って来るということで繁雑になって来たけれども、それでもまだ私はそう思っております。この問題のために一夫一婦制度の厳格さを通すのはよくないと思います。試験婚のような生活を経て完全な結婚をする途があるならばそれも仕方がないのじゃないかと思います。ただ、そういうことは成るべくしない方がよいという気がするだけで、防ぐことは出来ないだろうと思います。

ましてやパンパンのように、食えないからするのだということになれば私などには一言もないわけです。だから、どうも情けないことだけれども、混乱というか、擬似恋愛が出るのは仕方ないのではありませんか。そんなことは余り文献には出ていないけれども、南の方でも伊豆七島なんかは、青年男女が何のたのしみもなく暮しているので、遊びといってはこれというのがないために、男女の遊戯が起ります。これなどはそのための弊害はあろうけれども、私は仕方がないのじゃないかと思います。また実際に西洋人だって性的純潔ということを説いた人たちでも、ある条件においては例外を認めていると思います。ただそれをよろしい、よろしいといって宣伝するのか、あるいは肚の中で承認するかが問題ですが、それが風俗を害するとか秩序を害するということになっても、大きな目でみれば社会の一時的現象ではないかと思います。

フランスの小説を読む人はそんなことは当り前のようにいっているでしょう。未婚者は別として、既婚の女子が夫以外の男と勝手放題のことをしているというのが殆んど普通の状態のようになっておりますね。

教育勅語

こういう混乱も結局敗戦の結果であり、あの戦争と敗戦の原因が根深くも明治維新前後にあったということは先程申上げましたが、国民教育の缺陥ということも十分考えなければなりません。

教育勅語が検討され、新しいものが必要だといわれておりますが、これも何か大きな団体で決議して非常な名文で出来ればよいかも知れませんが、前にあったものをこわして、議会で決議して出来たところで、それは駄目です。そんなものでは我々自身が承認しません。

私もあの当時、教育勅語の批判がましいことをいって一時右系の者から狙われたことがありましたが、あまりに表に現われている道徳律に捉われすぎて、あれだけでは足りません。公徳心、公衆道徳というものが書いてありません。愛国ということはあるけれども愛村、愛県、愛地方というものがないし、一般に人に対する態度というようなものを決めるものが出ておりません。そういうものが足りないといったら右系の者が怒って困ったことがありました。あの大きな力をもって作ったものすらそれに異議を差し挟んだ者があった位だから、これから力の弱いものが新しい教育勅語を決議したからといって、刑罰でもつければ別だけれども、駄目だろうと思いますね。この頃は議会が自分のプレステージを乱用しておりますが、あんなことをしたって何にもならないのです。

社会主義・共産主義

新しい思想が表面に出ていますが私は漠然としていて、はっきりわかりませんね。どういうものが本当の社会主義か判らないのです。共産主義については、ロシアのヴォルシェヴィキを共産主義とみてよいのでしょうが、日本にある共産主義がそれならば反対です。近頃それについて確答を迫られた場合が多いのです。我々は道筋を持っているから生きていられるので、それだからこそ学問の生活が齢をとってからも続けておられるのだが、学者の自由をみとめない政党は賛成出来ないという返事をします。ロシアでは学者に対してアナイレーされたのがひどいようですね。

我々は人間全体として井戸、泉のようなものだから、それを塞ぐというだけでも反対してよいと思います。ところが日本では学者が大分共産党に入りましたね。私はああいう人たちが本当に学者なんだろうかと思うのです。そういうと、中で議論をして勝てばよいじゃないかという反対論があるんだろうけれども、実際問題としては殆んど議論は出来ないでしょうね。今はぐらぐら変っているんだけれども、それにも拘わらず、現在の中央のプリンシプルというものを動かそうと試みる者が出るとそれは異端なんだから、馬鹿げた話なんです。その点だけ考えてもデモクラシイの方がいいと思いますね。それにしても、自由という言葉も考えてみる必要があると思うね。いまのように誤解されるならば割引して考えないといけないが、自由がないのだからね。

言論の自由

言論の自由というものがよく問題となって論議されるが、これだって無統制な言論の自由が許されるべきではないと思います。但し思考の自由はこれとは全く別でしょう。私のいわんとするところは考えることの自由です。それを失わないために警察だって干与するし、自分が一種の警察であって、たとえば話をする場合にも、こういう話はこの人には聞かせたくないということは話す自分自身にもあるわけです。ましてや周囲からの要求もあるのだから無統制な言論の自由は考えられません。だから僕らは幾らか遠慮しすぎているかも知れません。神道の議論にしても、自分らの考えていることをそのままいうことは折角立直そうとしている神社信奉の人に面倒な困難を起す惧れがあるから、もう少し基礎の出来るまで、発表は待つべきだということをいっております。もし出すとしても徐々に匂わせて行く方がよいと思います。

信じているのだからといって残らず口に出さなければならぬということはいけない、我々は義務もなければ権利もないのだということをいったのですが、自由というものは無制限にあってよいと思う人もありますね。

もしその場合、統制する方法が悪ければその統制方法を攻撃すればよいのであって、統制することがいけないということはいえないでしょう。

国　家

国家というものの存続の可否という問題はなかなかむずかしい問題ですが、果してあの言葉がよいかどうかははっきりわかりませんが、カントリイという言葉は無くては困ると思います。これがなかったらいわゆる世界政府ですが、世界政府が出来てしまったら生きておられないと思いますね。我々には沢山の弱味がありまして、そのために非常に悪い条件で我々は生きています。その悪い条件で生きてゆかれるのは群があるからです。

この群はどんな形のものにしてもやはり主権を持つべきものです。民族の権利として群は主権を持つべきです。

この群は主権によって結合されます。それは今の国際条約でも同じことです。自分で制限する立憲政体のようなものもあるし、こういう条件で行うからその積りでおれということをいうこともあるのですから、主権がなければ結合は出来ないと思います。

天皇陛下

天皇陛下については余りはっきりいいたくないのだけれども、私としては勤皇心を持っております。如何なる場合でも陛下に忠実であるべきだと思っております。ただ、非常に苦しい立場においでになるものだから、今我々がわいわい騒ぐとわずらわしくお思いになりはしないかという意味から何も言いません。これは四年前に御詔勅をうかがった時から、皇室の問題を問題にすることを避けようと決心して、それ以来未だに何も書きません。少しはお休ませ申さなければならぬような気がします。日本には古来そういう時代が随分ありました。今のように天皇問題の議論が盛んになった時代というものはあまりありませんが、天皇問題は日本人にとって運命的といってよい位で、宗教と同じように感情問題ですから、理論で説明しなければやれないというものではありません。

日本人の考え

日本人の考え方については、民族学研究所で今問題になっていますが、直覚をどの位まで認めるかという問題と掬み合っております。東洋人全体の共通な点ですが非常に直覚が発達しているんです。日本人も特にこの直覚ということが発達しております。これをどれまで抑えるかという問題に帰着するのです。たとえば私らも、よいか悪いかわからないがカンで仕事をしておりますね。論理的に一歩、一歩進めずに、もうこれから先はわかっていると思えばやらないというようなやり方をしております。

それから日本人の考え方のもう一つの例として、勝つかも知れないというところが半分もあるならば別だが、全然ないのにやるということがあります。今度の戦争における竹槍戦術、焦土戦術がそれだったんですが、悪いことが予想出来て頭に押しかかっているにも拘わらず、未だやるという行き方はいけません。

ところがこれを日本の武士はやっておりますね。武士は戦国時代などに、はっきりわかっているのに戦をやっております。軍書に書いてあることがそのままあったことかどうかわからないけれども、まるきり滅びることがわかっておって戦をした例に平家なんかがあげられます。

これは近世というか、中世以後現われたもので時代的な特徴であって、昔からの日本人の特徴ということは出来ません。証明がはっきり出来ないけれども私はそう見ております。

賢い人ならば、今はそうであっても行く行くはそういうことの無いように努力して行ったろうと思いますけれども、今度の戦争は極端でしたね。乾坤一てきといっても、これだけ大きなものはあまりありませんね。一年半くらい経ってから、見込なしとはっきりわかっても、命さえ捨てればよいじゃないかというような、馬鹿げたことをしたものです。これからさき、直感とか直覚という問題はもう少し細かく緻密に考えなければならないと思います。東洋人の直感というものを全然捨ててしまって、推理だけで組立てて行くという哲学はやはり駄目でしょうね。だから、何でも彼でも組立てて一歩一歩進んで行くという哲学にしようとすることは出来ないと思います。

この直感を学問に応用しながら、また一方では実証主義の立場に立って考えてみると、西洋の学問との間にその方法において相違があると思うのです。西洋のことを沢山知っているわけではありませんが、たとえば河が流れていてその河の向うへ行くことが目的なんだが、その場合、あそこに着くより仕方がないということがわかっている時には、そこに藪があるとか樹があるとか、穴が開いているということを研究する必要はない。つまり、先がみえていることをやってみても仕方がないと思うのに西洋の学問はそれをやっております。直覚で先の見通しがつけば後の手間を省くという所に、東洋人の哲学があったと思います。そういうものが特徴になっているのだろうと思います。「頓悟」といっているのもこれです。長いことといじりまわしていても仕方がない。あるところが見つかったらそれへ、ひょいと行くということで、これがこの間からいろいろ問題になっているのですが、我々の学問は新しい学問だから、実証を基礎にし、資料を基礎にして、これより以上はいいようがないというところまでかかって行くべきものだ。直感を皆にゆるすと、でたらめをやるんです。自信のある人だけがやればよいのだが、なかなかそういう具合に行っていないのです。

直覚を尊重するやり方は実は普通教育にはとりいれないのがよいのです。普通教育では、むしろ、直感を制限する工夫がされなくてはいけません。普通教育で直覚を教えてしまったらどんなことになるかわからない。ところが社会生活においては我々が直覚によって労力を省いているものを、悉く積みあげて行く必要があるかということになると、する方が無理じゃないかと思います。結局、思想上の貴族といったり優秀者の世界といったりするんですが、問題はそれじゃありませんか。渡辺慧あたりのいい方かも知れないが、思想上の貴族というものが新しい形で現われて来ることを公々然と待ってよいかどうかが問題です。そうしたら我も我もと出て来ますよ。

「大詩人出でよ出でよと呼ばれれば、おいと答えて出る冠者かな」という類ですね。偉い人出でよといったって駄目なんです。デマゴーグの働き得る余地がありませんからね。

だから政策的にいったら今は直覚を制限しなければならないでしょう。もし直覚だけで進んで行ったら大変だろうと思います。

しかし実際には教育をはなれて学問をやって行くと、やはり東洋的な直覚を活用せざるを得ないと思います。天下の動きを早くみるということは弊があったかどうかは知りませんが、とにかくやって来たことです。

私も、論文の中でよくそれをやりますね。間のステップを抜いてしまって、それはこうなんだということをいってしまうんです。あとでそれが気がとがめるので証拠を集めて、結局私のいった通りだろうというようなことにしますが、それをいわずに済む人もありますが、私は成るべく長い間かかって証拠で空間を埋めて行こうとしているんです。

最もたしかな思想

どういうものが最も確かであるかということについての実感は、私は理科のことを知らないものですから、どういうやり方が普通行われているのかわからないけれども、しかし、事実の証明ということだと思います。つまり実証的な基礎を与えないで自分の信用を利用して直感したことをいって詰めこむことは悪いと思います。こういうやり方をよく学校の先生がやるらしいことですが、いけないことだと思います。

私が昔、フランスに行った際、ルーブルの絵を和田英作君と観た行ったことがあります。たしかカンパネラの絵だったと思いますが、これは非常によい絵なんだからよく見ておけというから、どこがいいのかと訊ねたら、和田君はちょっと軽蔑するような顔をして、「いや、いや」といって通り越してしまったんです。私はそういうようなことは決してやらないようにしたいと思います。説明は下手でもよいのだから、何故と聞かれたら返事をしなければならぬと思っているのです。もしそれがどうしてもいえなかったなら、それは私一個の考えだがねとか、私の想像だがねと断るとか、あるいは、そういう説明は上手にしなければ通じないから、とかいうことをつけ加えてでも、苦笑いして通りすぎることはしない積りです。

学校教育では試験というものがあるから仕方なしに先生の結論について来るんです。それがひどかったのは私の知る限りでは穂積八束さんでしたね。自分の出した結論でないものを試験の時の答案に書いたりすると、うんと点をわるくされたものです。だから不審があっても質問もしません。私らも二年間教えて貰いましたが、到頭、何故ですかということを一度も聞きませんでした。妙な学派をつくっておりまして、上杉慎吉君なんかもそうです。

大学の先生の中にはどうも未だにそれがあるように思いますね。私はそういうものを軽蔑しています。それだから試験をやめろということをいっているんです。先生を批評することが罪悪だと思っているんですから困ったものですよ。

学問と芸術

学問というものはそういうものであるべきだということはこれで申上げた積りだが、学問と芸術の相違はどこにあるかというと、自由に私の意見をいえば、芸術は切れ切れなものではないかと思います。学問の方は一つのつながりがあるような気がします。

芸術として総括した美というものを出すためには、今までの学者は大分無理をしておりますね。我々にのみこめないような論理を振り廻わして無理をしておりますが、元来美は感覚から来たものなんでしょう。だから一回一回でその生涯が過ぎてしまうんではないでしょうか。きのう美しく思ったことと今日美しく思ったこととの間に、一筋の糸でつながなければならぬということは間違いではないかと思います。

だから美しいと思うことは毎日あります。私などは美についてカテゴリイを持っていないから新たに発見するものが多くて、たのしみは多いですね。私らがみるのは植物とか亀とか風景とか或は人情の美しさというようなものですが、こっちにカテゴリイというものがないから、その時々の気分にもよるけれども、たのしみが多いのです。ですから私は、大きな美学の体系のようなものがあるようにいうのがわからないのです。ですから殊によると規則に照らせば美しくないものを美しいと思っているかも知れませんね。そういう見方では余りに素人くさいでしょうか。

芸術にくらべて学問の方は、きれぎれになっていながら何処かに一貫しているものがあると思います。

私がもと詩人をしていて商売替えをしたようにいわれるけれどもそうではないのです。私が詩を書いたのは若い時分で、ただ趣味としてやってみただけです。学問がそれよりも後に来ただけのことです。決して転業したわけではありません。しかも今でも何処かに美しいものがないかと探しております、何か美しいものにぶつかろうと努力しております。また他人にも美しい感じを抱かせようという気持を持っております。それがやはり何となく、きれぎれのようなものに思います。

私の書くエッセイに美しいものをどう表現しようかという狙いを特に持ってはおりませんが、それでも時々古い書物を読んだり新しい生活をみて、友達に話してやりたいというようなものが出て参ります。そういうものは、今すぐではないが、何時かは書きます。ただそれが、この間お前が美しいと思ったものと今度のものと違うねといわれることがあるかも知れませんが、それでよいのだと思っております。

一つのカテゴリイで美というものを決めてしまっては、たのしむ人生が狭くなったような気がしますね。まだ他にあるようなものを断念してしまっている形ですよ。結局、学問には比較的一貫したものがあるけれども、芸術はそれがなくてきれぎれのものだということでしょうね。そのくせ、美しいものに憧れ、きたないものをみて暮して来た不愉快さを誰よりも感じているのだけれども……。

哲学に望む

日本の哲学についていいたいことは、どうも表現の技術が進まないということです。私はいわゆるプロフェッショナルな哲学が全滅すべきだとは考えていないが、日本の言葉を自由にし、クリアにする哲学が出来れば美のためにも必要だと思います。そのためには単純な言葉でなければなりません。今日のようなむずかしい言葉で書く哲学は、私共が一番簡単な方法としては逃げることです。あんなものをやらなければならぬほど悪いことをしていないということなんです。どうしても言葉の研究、言語の研究が必要だと思います。それには、日本語に欠けているものを用意しておいて、一番近い表現を持って来る努力をして、多数の人間にわからせるということを眼中におくべきです。哲学は今までそれを殊更に口にしていたようだが、一般の人を対象にしているのではなく、若干の教養ある人を目標にしているのだというようなことはいけないと思います。そういうことをいうと、青年などは却って一生懸命になって読みますから、この頃では書く人の方が我儘で読まされる者が奴隷なのです。こういうことはこわさなければ駄目です。

国語教育というものをもう少し真面目に考えてくれなければ困ると思います。根本的な誤りを正すことは我々の力では出来ないけれども、こういうことまでは出来るということを、国民学術協会というのがありましてそれに提案したんですが、それは本を書く場合に、その本の中でこれは読者に始めてだろうと思われる五十でも三十でもの言葉は拾い出して、この中で使ってあるこの言葉は外国ではこういう風に使うのだということを約束して使うようにする。それをせずに、自分だけで思いついたような訳語を使うのは実に失敬な話だと思うということをいっておきましたが、それを哲学者がやっておりますね。今日まで、哲学をむずかしくしたのは訳語の選定がわるかったことと、人によって訳語が違うことです。それをちっとも断っていないから混乱を免れない。それが哲学を不人望にしたのだと思っております。しかし、それだからといって彼らをまるっきり押出さなければならぬと考えてはおりません。これから先、解り易い百万人の哲学というのが生まれれば私も或は読むかも知れません。

しかしたとえそういう本が出来るとしても、最初からイデオロギイがあってそれを信じさせようとして書いたものであったら、どんなにうまい表現をしていても読めませんね。そうなれば却って表現のわかりにくい方がありがたい位でしょう。その場合、もう一つ前者の行きすぎをバランスするようなものが出来て、その二つをつき合わせて考えさせる余裕がなければ教育にはならぬと思います。教育は判断ですから、判断が出来るようにするには、片方だけでは困難ですね。

私のしてきた仕事の価値

私は私の学問を通じてそんなに沢山の野心を持ってはおりません。ただ、私の側の学問、つまり民俗学の方法は事によったら、他の考古学、歴史学というようなものに応用が出来やしないかという野心は持っております。

実証科学というものを日本においておこして行くいとぐちになりたいと思います。証拠から入って行くべきだということが根本の条件になる教え方、説き方が私どもの学問が先駆となって、今後、日本の心理学でも社会学でも、それで行くようになるのではないかという気がします。自惚れかも知れないけれどもその点において逸早く始めただけです。私が、たとえ誤ったことをいっているとしても、その点だけで手柄があると思っております。

これまでの日本の文化科学というものはそれぞれ師匠があって、それをそのまま受けつぐとか、もしそれに反対するならば一つの門戸を開いてやらなければならないのですが、我々の方は、師匠の知らない証拠があったならばどんどん反対してよいという学問だから、努力によって学問をすすめて行くべきだとよくいうのです。

国語学なんかは私達の方法をとりいれれば、進むだろうと思います。証拠のないことをいっているんですからね。殊に近世の学者は自分に対する一般の信用を濫用しておりますね。それさえなくなれば国語学は進むような気がします。そうなると一時貧乏になったような気がするかも知れないが、かえってよくなって来ると思います。だから証拠があるからということが口癖になるようにする必要があります。もちろん、証拠だけではいけないでしょう。判断も要るでしょうから一口にはいい切れませんが、この証拠を利用してこれだけの判断をした場合、それは判断の道筋が誤っていると、他の誤りを指摘することが出来るようになります。ただ私がこう信じるというのは学問でなくて宗教ですよ。

日本では今日まで、あんなに偉い人がいうのだから信じてもよいだろうという行き方でした。学問の方面でさえそうです。今はもうオーソリティをゆるがせる必要はないことですが、幸田さんなんかでも直覚でいっておりますからね。幸田さんは偉い人だからといってそれだけで信じておっては進まないと思います。幸田さんは支那の学問はよく読んでいるし記憶力もよい人だけれども、それだけではいけないのです。だから学校で指導するにしても、我々のいったことを疑わせる練習をしなければならぬと思います。果してこんなことが正しいのかどうか、という疑問を持たせる練習をするべきです。

ところが、日本人から除きがたい群集心理が強く作用しておりまして、なかなか思うようには行かないのは事実です。しかし大学の学生あたりがそれに拘束されてしまうことは困りものです。

生涯をかえり見て

私にもう一度新しい生涯が与えられるとしても、さて何をしようかということは考えつかないが、よく七生報国ということをいうのを聞きますね。あれは要するにポエジイであって、そんなことは有り得ないことだから、これぱかりは直覚の仕様がないが、まあ、知識慾は止めどもないものなんだから、五年十年永く生きられることがはっきりわかったなら、やってみたいこともあります。しかし大抵はつけ加えで、新しくやってみようという考えはありません。

あの時分にあの本を読んでおけばよかったというような感じならあります。たとえば私はアフリカのものをよく読みましたが、今となると太平洋のものをもう少し読んでおけばよかったと思ったりします。

しかし仕事としてはやはり学問が一番価値があったと思っていることは勿論で、ただもう少し早く学徒生活に入ればよかったと思っています。私は四十になってからこの方に入ったのです。もう一度やり直すとしても政治家や実業家になるという気は全然ありません。

（思想の科学研究会編『私の哲学』、昭和二十五年）

解説

佐藤健二

この一冊の文庫にまとめられたのは、柳田國男が一九二五年から一九五〇年までの四半世紀に、民俗学の方法について説いた論説であり、語った意見・考察である。

第Ⅰ部の最初の、郷土研究をめぐる三つの講演（「郷土研究といふこと」「日本の民俗学」「Ethnologyとは何か」）は、地方教育会の教員たちの集まり、日本社会学会、大学卒業の実業家の交流会などで昭和の初め頃に話されたもので、『青年と学問』（日本青年館、一九二八）に収録された。

柳田が最初に刊行した方法論の書物はというと、既存の郷土誌を分類して批評し、郷土研究の方法的規準を打ち出した『郷土誌論』（郷土研究社、一九二二）であった。ここには、一九一〇年代の『郷土研究』誌上での南方熊楠の批判に対して「菅沼可兒彦」の筆名で柳田が書いた積極的な弁明がまとめられている。『青年と学問』は、再版で『郷土研究十講』と改題されることにもうかがわれるように、郷土での研究の問題意識と方法意識とに関わる論考が集められた。昭和初年の文部省主導の「郷土教育」「郷土研究」の気運を横目で歓迎しながら、それが上から外からの働きかけでしかないことに危惧をいだき、下から内からの学問として立ち上げるには、なにが大切になるのかという基本的な態度と必要な知識とを具体的に論じていった。『青年と学問』の一冊は、『郷土研究』誌の運営に力を注いでいた一九一〇年代の実験的な方法論議と、日本民俗学の方法論を体系化したとされる一九三〇年代の著作、すなわち『民間伝承論』(共立社、一九三四)『郷土生活の研究法』(刀江書院、一九三五)への橋渡しに位置する。

次に配置された「郷土研究の将来」は、柳田國男・中山久四郎・辻村太郎監修、郷土科学研究会編の『郷土科学講座』の第一冊(四海書房、一九三一)を初出とする。この年が、柳田が主張する新しい史学の、まさに大胆な試行という意味での実験作『明治大正史世相篇』(朝日新聞社、一九三一)の刊行年と同じであることには、偶然とは思えない符合を感じる。『郷土科学講座』は全一二冊予定の集成として企画されながら、結局のところ第一冊を出しただけで終わってしまった。事前に配布された会員募集予約の内容見本をみると、柳田は「郷土研究の将来」以外に、「伝説」や「道徳律」などについて、自分自身で書く予定のいくつかの主題を挙げている。講座計画の失敗の意図せざるなりゆきだが、あらためて国史研究会編集の岩波講座『日本歴史』第一七回配本の一論文(岩波書店、一九三五)としてまとめられた「国史と民俗学」は、『郷土科学講座』で書けなかった主題を存分に盛り込んだものであるとも位置づけられる。すでに活動している歴史研究者にむけて刊行された講座のなかでの主張ということで、傍証引例の典拠は目がくらむほどに幅広く、調べつつでないとわからなくて立ち止まってしまう章句や知識も少なくないが、敵陣に乗りこむ柳田の覚悟のほどがうかがえる。現象がそこに存在することの何故を問う自由な疑問としての「史心」と、観察・採集・釈義・分類・比較・証明等の技法の総体としての「史力」の結合として、史学のもつ可能性を複合的にとらえ直す着想がユニークである。

同じ一九三五（昭和一〇）年には、柳田國男の還暦を記念して各地の同志たちが集まって「日本民俗学講習会」を開催した。「実験の史学」は、もともとは「採集期と採集技能」というタイトルのもとで、同年八月四日のこの講習会で行われた講演である。柳田國男編『日本民俗学研究』（岩波書店、一九三五）に同題で収められたが、『定本柳田國男集 第二五巻』（筑摩書房、一九六四）に収録されたとき、柳田の「朱筆書入れ」に基づいて「実験の史学」と改題されたという。柳田の「実験」は、やや古い時代からの意味である実際経験・実地体験の直接性を強調すると同時に、予測や理論の当否を観察のもとで確かめる自然科学的な手法という意味をも含み込んで使われている。

ここまでの六本の論考は、いわば「戦後」以前の民俗学論である。あらためて読み返して印象に残るのは、民俗学に限らず学問そのものの発達が、余裕があり知識を楽しめるものとそうでないものとの格差に根ざしていることの発見であり、「奇異なるもの」として意外な事実にまずは目を留め調べ解説してきた主体の態度には、免れえない「時代の偏り／地域の偏り／階級の偏り」があるという、透徹した認識である。

　だからこそ「学問の地方的分業」を実現させたいのであれば、同時に、郷土という単位の重視が伴いやすい「お国自慢」や「わが仏尊し」の競争に潜む無自覚なエゴイズムとエスノセントリズムを、方法的に乗り越えなければならない。「蛮夷を知る」ことの興味で開拓されてきた異文化研究の方法を「自分たちを知る」省察のために役立てる。そのためにこそ、史学は自らの既往の常識を反省し、「書外史料」と柳田が呼ぶ「文字史料」の外に拡がる沃地を耕し、「有史以外」の領域でわれわれを規定している歴史を探究し、自覚しなければならない。文書のなかに潜む性質としての「計画記録／偶然記録」という区分の効用や、比較と重ね写しの重要性に焦点をあわせた「単独立証法／重出立証法」という概念の提案も、そこに取り組む方法的なしかけである。

　次の「現代科学ということ」は、第二次世界大戦後の民俗学論で、民俗学研究所編『民俗学新講』（明世堂書店、一九四七）の巻頭論文として掲載された。一九四六年に靖国神社遊就館に付属する国防館（現・靖国会館）を会場として開かれた、日本民俗学講座での講演をもとにしている。続く「日本を知るために」は、一九四九年九月二四日に行われた日本民俗学会第一回年会の公開講演で、機関誌の『民間伝承』（第一三巻第一一号、日本民俗学会、一九四九）に掲載された。双方とも、郷土研究・民間伝承研究の戦後復興期の主張ということになろう。

この二本の論考において注目すべきは、戦争期の動員や抑圧や挙国一致の諸現象を、民俗学の方法において深く解明しなければならないとする確信である。「現代科学ということ」が説く、「何ゆえに父母妻子を家に残して、死にに行かねばならぬか」という切実な生活上の実際問題に対して、国があらかじめ「堂々たる答え」を準備することで、「各自の自由な疑問」が封じられてしまう。そうした状況こそが、柳田が転回しなければならぬと説いた「中央集権」であり「学問上の屈従」である。「ツマラナイ」という形容詞の流行を、「封建的」という戦後社会科学を席巻した用語の作用に重ねて、解読すべき問題と提案しているのがおもしろい。「日本を知るために」の会長講演は、「わずかな注意と用心をもってすれば、多分は陥らずにすんだであろう悪い状態」が学問のなかにも社会にもしばしば生まれ、その現在と民俗学は向かい合わなければならないという覚悟において、学問の実用を説く。

第Ⅱ部の「日本人の神と霊魂の観念そのほか」と「民俗学から民族学へ——日本民俗学の足跡を顧みて」の折口信夫との二つの対談は、一九四九年四月一六日と一八日の二日にわたり、石田英一郎の司会のもとで行われた。民俗学研究所と民族学協会との合同主催になる対談の記録である。機関誌『民族学研究』の第一四巻第三号（一九四九）と第一四巻第三号（一九五〇）に掲載された。当時発表されて話題になっていた「騎馬民族説」をどう受け止めるかという関心で設定された機会だったというが、耳で聞いたら同じミンゾクガクで区別がつかない「民俗学」と「民族学」、柳田の苦心にそっていいかえるなら「一国民族誌学」と「比較民族誌学」の領域的・方法的な分界へのこだわりは、第Ⅰ部の論考とも呼応している。内容的には、すでにまとめた『郷土生活の研究法』（前掲）での論述を踏まえて声で再演している部分もあり、「敗戦の原因」など「現代科学ということ」で論じたこととの対応などが混じる。対談なので構成の約束・規則はないが、連歌のような主題の推移と行く末を楽しみつつ読むのも一興である。

第Ⅲ部の「村の信仰――私の哲学」は、思想の科学研究会編『私の哲学』（中央公論社、一九五〇）に掲載された。この一冊は「ひとびとの哲学叢書」と題され、「日本文化のさまざまな方面で大きな仕事を残したひとびと」の「生活信条」を聞くという企画で編まれた。

しかしながら、他の各界代表者の記録が、談話の日時や質問者や文責の担当者を記しているのに、柳田のこの記録には日時の記録も文責の表示もない。あるいは、速記の記録に柳田自身が手を入れて整えたものかもしれない。文中にある「幸福」「敗戦から受けた教訓」「男女関係」「教育勅語」「社会主義」「言論の自由」「国家」「天皇陛下」「最もたしかな思想」「生涯をかえり見て」等々の中見出しや、そこにあらわれる「人生」「宗教」の語は、他の人びとのインタビュー記録との記載の重複から類推して、思想の科学研究会の質問者が問いかけた主題に由来し、質問として提示されたものだと思われる。

初出には柳田國男の略歴のほか、「柳田國男氏は、言葉あわせの術に達した人である。年齢と立場とにかかわらず、相手の話を直ちに了解して、それを核として、自分の話をされる。若い者の話を、これほど早く、正しくのみこむ老人を他に知らない」という感想が記されていて、インタビュアーの驚きがうかがえる。このとき柳田は還暦のお祝いから一〇年が経っていたが、臼井吉見もまた「敗戦直後、僕が会った多くの人たちのなかで七十歳を越えた柳田國男にくらべられるほど、いきいきとした感覚と気力にはずんだ人を、ついぞ見かけなかった」（臼井吉見『人間の確かめ』文藝春秋、一九六八：七五頁）と感心する。しかしながら、柳田自身が開拓してきた新しい学問もすでに蓄積が厚くなり、後進の世代も増え、もはや歴史として対象化すべきものとなりつつあった。柳田自身をもっと本格的な語り手とするライフヒストリーの資料収集の必要は、『故郷七十年』（のじぎく文庫、一九五九）の長編インタビューを生み出していくことになる。

全体にわたってすこしとっつきにくいと思うのは、直線的とはいえない解説の曲折である。ときに「郷土研究」を唱え、時代の「郷土教育」の流行をどこか言祝ぎつつも、「いまだかつて自分たちの関わっている学問を、自らこの名称をもって呼んだことがない」と留保したりする。あるいは、「このごろようやく成り立とうとしている一系統の知識」とか「われわれの文化史学」とか確かな自信をもって学の旗を高く掲げつつ、「エスノロジー／フォークロア／アントロポロジー」の微妙な境界線と重なり合いを行き交い、なおひとつの名づけや既存の説明にとらわれてはならぬと、定義において確定しようとしない。くりかえされる勉強の必要は、さらなる博捜と比較にむけて開かれ、読者を単純な安心決《あんじんけつ》定《じょう》の境地に導かない。柳田独特の変奏や不協和音をちりばめた個性的な話法には、すこしの慣れと小さな免疫力・抵抗力が必要かもしれない。

それもまた、あたりまえだと思い込んで問わずに依存している自分たちの生活世界や文化の由来を、あらためて徹底して問う疑問の自由が、この学問の根ともいうべき推進力であることと深く関係している。日常的現実の歴史的・思想的・社会的な解明でもある新しい学問領域の開拓について、創成者自身がさまざまな機会をとらえて述べたり、書いたり、話し合ったりしたものを集めて考えてみる意味も、そこにある。

（さとう・けんじ　歴史社会学／東京大学教授）

編集付記

一、本書は著者の民俗学の方法に関する論考を独自に編集し、折口信夫との対談、談話「村の信仰」を合わせて一冊にしたものである。中公文庫オリジナル。

一、『青年と学問』『国史と民俗学』所収の論考は筑摩書房版『柳田國男全集』、それ以外はちくま文庫版『柳田國男全集』を底本とした。対談はちくま学芸文庫版『柳田國男対談集』、談話は思想の科学研究会編『私の哲学』（中央公論社）に拠った。

一、収録にあたり、旧仮名遣いは新仮名遣いに改め、明らかな誤植と思われる箇所は訂正した。

一、本文中、今日の人権意識に照らして不適切な語句や表現が見受けられるが、著者が故人であること、刊行当時の時代背景と作品の文化的価値に鑑みて、底本のままとした。

中公文庫

日本《にほん》の民俗学《みんぞくがく》

2019年 6 月25日　初版発行
2021年12月25日　再版発行

著　者　柳《やなぎ》 田《た》 國《くに》 男《お》

発行者　松 田 陽 三

発行所　中央公論新社
〒100-8152　東京都千代田区大手町 1-7-1
電話　販売 03-5299-1730　編集 03-5299-1890
URL http://www.chuko.co.jp/

ＤＴＰ　嵐下英治
印　刷　三晃印刷
製　本　小泉製本

Published by CHUOKORON-SHINSHA, INC.
Printed in Japan　ISBN978-4-12-206749-3 C1139

中公文庫既刊より

各書目の下段の数字はISBNコードです。978－4－12が省略してあります。

は-19-4
日本史のしくみ　変革と情報の史観
林屋辰三郎
梅棹忠夫 編
山崎正和
編者に上田正昭、司馬遼太郎、原田伴彦、村井康彦を加えた多彩な執筆陣が「変革」を縦軸、「情報」を横軸に日本史を捉え直した記念碑的著作の待望の新装版。
206700-4

し-6-46
日本人と日本文化〈対談〉
司馬遼太郎
ドナルド・キーン
日本文化の誕生から日本人のモラルや美意識にいたる〈双方の体温で感じとった日本文化〉を縦横に語りあいながら、世界的視野で日本人の姿を見定める。
202664-3

し-6-42
世界のなかの日本　十六世紀まで遡って見る
司馬遼太郎
ドナルド・キーン
近松や勝海舟、夏目漱石たち江戸・明治人のことばと文学、モラルと思想、世界との関りから日本人の特質を説き、世界の一員としての日本を考えてゆく。
202510-3

キ-3-10
日本人の美意識
ドナルド・キーン
金関寿夫 訳
芭蕉の句「枯枝に烏」の烏は単数か複数か、その曖昧性に潜む日本の美学。ユニークな一休の肖像画、日清戦争の文化的影響など、独創的な日本論。
203400-6

し-6-57
日本人の内と外〈対談〉
司馬遼太郎
山崎正和
欧米はもちろん、アジアの他の国々とも異なる日本文化の独自性を歴史のなかに探り、「日本人」が国際社会で真に果たすべき役割について語り合う。
203806-6

ま-17-12
日本史を読む
丸谷才一
山崎正和
37冊の本を起点に、古代から近代までの流れを語り合う。想像力を駆使して大胆な仮説をたてる、談論風発、実に面白い刺戟的な日本および日本人論。
203771-7

ま-17-11
二十世紀を読む
丸谷才一
山崎正和
昭和史と日蓮主義から『ライフ』の女性写真家まで、皇女から匪賊まで、人類史上全く例外的な百年を、大知識人二人が語り合う。〈解説〉鹿島　茂
203552-2

た-7-2
敗戦日記
高見　順
〝最後の文士〟として昭和という時代を見つめ続けた著者の戦時中の記録。日記文学の最高峰であり昭和史の一級資料。昭和二十年の元日から大晦日までを収録。
204560-6

う-9-7
東京焼盡《しょうじん》
内田　百閒
空襲に明け暮れる太平洋戦争末期の日々を、文学の目と現実の目をないまぜつつ綴る日録。詩精神あふれる稀有の東京空襲体験記。
204340-4

う-9-12
百鬼園戦後日記Ⅰ
内田　百閒
『東京焼盡』の翌日、昭和二十年八月二十二日から二十一年十二月三十一日までを収録。掘立て小屋の暮しを飄然と綴る。〈巻末エッセイ〉谷中安規（全三巻）
206677-9

う-9-13
百鬼園戦後日記Ⅱ
内田　百閒
念願の新居完成。焼き出されて以来、三年にわたる小屋暮しは終わる。昭和二十二年一月一日から二十三年五月三十一日までを収録。〈巻末エッセイ〉高原四郎
206691-5

う-9-14
百鬼園戦後日記Ⅲ
内田　百閒
自宅へ客を招き九晩かけて還暦を祝う。昭和二十三年六月一日から二十四年十二月三十一日まで。索引付。〈巻末エッセイ〉平山三郎・中村武志〈解説〉佐伯泰英
206704-2

み-9-13
戦後日記
三島由紀夫
「小説家の休暇」「裸体と衣裳」ほか、昭和二十三年から四十二年の間日記形式で発表されたエッセイを年代順に収録。三島による戦後史のドキュメント。
206726-4

み-9-11
小説読本
三島由紀夫
作家を志す人々のために「小説とは何か」を解き明かし、自ら実践する小説作法を披瀝する、三島由紀夫による小説指南の書。〈解説〉平野啓一郎
206302-0

み-9-12
古典文学読本
三島由紀夫
「日本文学小史」をはじめ、独自の美意識によって古今集や能、葉隠まで古典の魅力を綴った秀抜なエッセイを初集成。文庫オリジナル。〈解説〉富岡幸一郎
206323-5

各書目の下段の数字はISBNコードです。978－4－12が省略してあります。

お-2-12
大岡昇平 歴史小説集成
大岡　昇平
「挙兵」「吉村虎太郎」など長篇『天誅組』に連なる作品群ほか、「高杉晋作」「竜馬殺し」「将門記」など戦争小説としての歴史小説全10編。〈解説〉川村　湊
206352-5

よ-17-14
吉行淳之介娼婦小説集成
吉行淳之介
赤線地帯の疲労が心と身体に降り積もり、街から抜け出せなくなる繊細な神経の女たち。「赤線の娼婦」を描いた全十篇に自作に関するエッセイを加えた決定版。
205969-6

や-1-2
安岡章太郎 戦争小説集成
安岡章太郎
軍隊生活の滑稽と悲惨を巧みに描いた長篇「遁走」ほか、短篇五編を含む文庫オリジナル作品集。巻末に開高健との対談「戦争文学と暴力をめぐって」を併録。
206596-3

て-9-1
辰野隆 日仏の円形広場
出口　裕弘
小林秀雄も太宰治もこの人に学んだ――近代西洋建築の巨人を父とする東大仏文科の偉大な名物教授辰野隆。彼を軸に、日仏の一三〇年を自在に往還する。
206713-4

ひ-37-1
実歴阿房列車先生
平山　三郎
阿房列車の同行者〈ヒマラヤ山系〉にして国鉄職員だった著者が内田百閒の旅と日常を綴った好エッセイ。人物像を伝えるエピソード満載。〈解説〉酒井順子
206639-7

お-2-17
小林秀雄
大岡　昇平
親交五十五年、評論から追悼文まで「人生の教師」であった批評家の詩と真実を綴った全文集。巻末に小林との対談収録。文庫オリジナル。〈解説〉山城むつみ
206656-4

い-38-4
太宰治
井伏　鱒二
師として友として太宰治と親しくつきあった井伏鱒二。二十年ちかくにわたる交遊の思い出や作品解説など太宰に関する文章を精選集成。〈あとがき〉小沼　丹
206607-6

よ-5-12
父のこと
吉田　健一
ワンマン宰相はワンマン親爺だったのか。長男である著者の吉田茂に関する全エッセイと父子対談「大磯清談」を併せた待望の一冊。吉田茂没後50年記念出版。
206453-9

よ-15-10
親鸞の言葉
吉本隆明
名著『最後の親鸞』の著者による現代語訳で知る親鸞思想の核心。鮎川信夫、佐藤正英、中沢新一との対談を収録。文庫オリジナル。〈巻末エッセイ〉梅原　猛
206683-0

よ-15-9
吉本隆明　江藤淳　全対話
吉本隆明
江藤　淳
二大批評家による四半世紀にわたる全対話を収める。『文学と非文学の倫理』に吉本のインタビューを増補し改題した決定版。〈解説対談〉内田樹・高橋源一郎
206367-9

は-73-1
幕末明治人物誌
橋川文三
吉田松陰、西郷隆盛から乃木希典、岡倉天心まで。歴史に翻弄された敗者たちへの想像力に満ちた出色の人物論集。文庫オリジナル。〈解説〉渡辺京二
206457-7

む-28-1
幕末　非命の維新者
村上一郎
大塩平八郎、橋本左内から真木和泉守、伴林光平まで。歌人にして評論家である著者が非命に倒れた維新者たちの心情に迫る、幕末の精神史。〈解説〉渡辺京二
206456-0

し-10-5
新編　特攻体験と戦後
島尾敏雄
吉田　満
戦艦大和からの生還、震洋特攻隊隊長という極限の実体験とそれぞれの思いを二人の作家が語り合う。関連するエッセイを加えた新編増補版。〈解説〉加藤典洋
205984-9

し-10-6
妻への祈り　島尾敏雄作品集
島尾敏雄
梯久美子編
加計呂麻島での運命の出会いから、二人はどのようにして『死の棘』に至ったのか。島尾敏雄の諸作品から妻ミホの姿を浮かび上がらせる、文庫オリジナル編集。
206303-7

う-16-3
日本人の「あの世」観
梅原　猛
アイヌと沖縄の文化の中に日本の精神文化の原形を探り、人類の文明の在り方を根本的に問い直す、知的刺激に満ちた日本文化論集。〈解説〉久野　昭
201973-7

う-16-4
地獄の思想　日本精神の一系譜
梅原　猛
生の暗さを凝視する地獄の思想が、人間への深い洞察と生命への真摯な態度を教え、日本人の魂の深みを形成した。日本文学分析の名著。〈解説〉小潟昭夫
204861-4

各書目の下段の数字はISBNコードです。978-4-12が省略してあります。

お-41-2
死者の書・身毒丸《しんとくまる》　折口信夫
古墳の闇から復活した大津皇子の魂と藤原郎女との交感を描く名作と「山越しの阿弥陀像の画因」。高安長者伝説から起草した「身毒丸」。〈解説〉川村二郎
203442-6

え-5-2
日本妖怪変化史　江馬　務
妖怪をその前身、変化の要因などで分類し、風俗史学の立場から考察した表題論文ほか全三編を収録。大正十二年刊行当時の「自序」を追加。〈解説〉香川雅信
204384-8

お-54-1
沖縄文化論　忘れられた日本　岡本太郎
苛酷な歴史に翻弄されつつも古代日本の息吹を今日まで伝える沖縄文化。その源に潜む島民の魂を画家の眼と詩人の直観で把えた名著。〈解説〉岡本敏子
202620-9

し-11-2
海辺の生と死　島尾ミホ
記憶の奥に刻まれた奄美の暮らしや風物、幼時の思い出、特攻隊長として島にやって来た夫島尾敏雄との出会いなどを、ひたむきな眼差しで心のままに綴る。
205816-3

よ-47-1
洟《はな》をたらした神　吉野せい
詩人である夫とともに開墾者として生きた女性の年代記。残酷なまでに厳しい自然、弱くも逞しくもある人々、夫との愛憎などを、質実かつ研ぎ澄まされた言葉でつづる。
205727-2

ふ-2-7
楢山節考／東北の神武たち　深沢七郎初期短篇集　深沢七郎
「楢山節考」をはじめとする初期短篇のほか、伊藤整・武田泰淳・三島由紀夫による選評などを収録。文壇に衝撃をもって迎えられた当時の様子を再現する。〈解説〉小山田浩子
206010-4

ふ-2-6
庶民烈伝　深沢七郎
周囲を気遣って本音は言わずにいる老婆（「おくま嘘歌」）、美しくも滑稽な四姉妹（「お燈明の姉妹」）ほか、烈しくも哀愁漂う庶民を描いた連作短篇集。〈解説〉蜂飼　耳
205745-6

ふ-2-5
みちのくの人形たち　深沢七郎
お産が近づくと屏風を借りにくる村人たち、両腕のない仏さまと人形——奇習と宿業の中に生の暗闇を描いた表題作をはじめ七篇を収録。〈解説〉荒川洋治
205644-2